# 最近私が気がついたコミュニケーションの基礎とその関連

及び中国滞在心象記と帰国後の体験談　第一巻

中島仙太

講談社エディトリアル

# まえがき

まさか本を執筆するとは思わなかった。これを書き始めたのは、二〇一〇年の五月ごろからで、金がなかったので原稿料が入るのではないかと思ったのだ。構想自体は二〇〇八年の春から初夏にかけて、基本的な着想を得ていた。

いわゆるガイドブックやハウツーものではない。むろん、トリセツ（取扱説明書）のたぐいでもない。「発見記」あるいは「体験談」である。こういうことに気がついた、あるいは、このように推測した、という内容だ。あくまでも、その当時は、とか、私の場合は、ということであって、一般性があるかどうかはわからない。

推測の部分は、まちがっているものがけっこうあるだろう。そういうことなので、信じてもらっては困るが、考える材料や頭の体操にはなるかもしれない。

この本を書くにあたり、個々の見聞についてノートを取っていたわけではない（たとえば、第二編でのNHKの短波ニュースの内容など）。記憶にもとづいて、あとで文章にしているため、正確さはわからない。「発見記」「体験談」だ。気がついたことはだいたい述べていると思う。自分でわかれば勉強にもなるが、時間やお金、コストがかかる。他人の発見は知識だ。わかっていれば常識でも、私はこの本で述べたことに気がつくのに二十三年かかっている。

第二編の主題となる中国渡航については、本文中にもあるとおり、物価の安い所で生活したいというのが動機だった。ただ、実際にはいろいろと危ないことがあり、誰かがふらっと出かけて事故にでも会うといけない。国が違えば、規準も規格も違う。日本で危ない物が中国ではなんでもなく、逆に、日本で日常的な物が中国ではものすごく危険で、不用意・不注意に取り扱うと即、命に関わるということもある。とにかく、物価の安い国に行ってみたいと思っただけで、ビジネスとか留学ではない。

本書の内容は、コミュニケーション全般に関することがらが基本である。話の聞き方とか話し方などである。第一編において、それを基本から関連事項まで述べたために長くなった。

なお、私は人と会うつもりはない。会っても話題がないからだが、そもそも人に会うという気力・気分はもはやない。「中島仙太」は筆名だ。

本書の内容はいかにも常識のように思えるかもしれない。が、私はこれまでこのような話を、聞いたり、読んだりしたことはなかった。

原稿の分量が多く、一冊の本にまとめることができなかった。今回は第一巻として半分程度を出版する。もし、機会があれば第二巻を出版したい。その内容は、第二編の続き、その最後あたりと、第三編として各論、そして、第四編が帰国後の体験談である。

なお、本書では、「もどき」という意味で、〝〟を使用している。

# 目次

＊念のために——本書を海外へ持って行ったり、現地の人に見せることで、その国の法律でめんどうなことがないよう、気をつけてください。

# 最近私が気がついたコミュニケーションの基礎とその関連　第一巻

及び中国滞在心象記と帰国後の体験談

装幀／SHINDOKEISHODO GRAPHICS

# 第一編　コミュニケーションとその周辺に関する私の一般論

# 第1章　コミュニケーションの現状

## 1　コミュニケーションは難しい

### 確かなのは仕事の話まで？

人の言うことは、ウソだと思う。ただし、仕事以外の話についてだ。たとえば、毎日その仕事をしている人が「だいたい、こういうことです」とか、「大丈夫でしょう」とか、あるいは、「無理です」と言った場合、まず、その通りだろう。特に、仕事の関連でいつも聞く人にいつも聞くことをたずねた場合は、その通りだろう。

むろん、仕事でも今まであまり話したことのない人の場合などは、少し違うのだろうが、とにかくそれが仕事の話であれば、その内容はずいぶん正確だ。特に今日の機械文明を支える分野の仕事であれば、話はとても正確だ。

しかし、正確なのはそこまでだ。たとえばオフィスなどで、担当者が外出中に顧客から問い合わせの電話があった場合、普通はあとで本人から返事をさせるところ、あいにく相手も急いでおり、電話を受けた者も通知書か何かを見ていると、「その製品は製造中止になりました。新製品は〇〇です」と答えてしまう。夕方、担当者本人が帰ってきてその話をすると「たしかに製造中止になりましたが、まだ在庫があるので販売を続けています」と返事するかもしれない。

もし、その顧客が問屋なら、もう一度訂正の電話をあちこちにかけるのかもしれないが、面倒だ。結局、一緒に仕事をしている人といっても、その言う事は必ずしも正確ではない。まして、仕事以外の話、趣味とか雑談・暇つぶしのたぐいであれば、論外だ。なんといっても、仕事で一日中正確な話し方をしているので、一種の催眠術にかかっているような状態かもしれない。その意味でも、他人の言うことはあてにならないとか、正確なものの言い方をするのは難しいという感覚をもつことは、大切だと思う。

## 仕事以外の話の確かさは？

休み時間に誰かがウソか冗談を言うとしても、業界によって、全く同じ冗談でも受ける印象は違うかもしれない。例えば「ゴキブリを唐揚げにして塩をふって食べたらおいしいよ」と電気会社の営業部内で暇つぶしに、そのような冗談を言ったとすれば、それはずいぶんウソだ。なぜかと言えば、会社は人を選んでいるからだ。しかし、製薬会社の営業部内で同様の冗談があった場合は、少しだが、ウソから遠のくかもしれない。つまり、その業界の人の感覚ということで、同じウソを言うにも、声色が違ったり、言葉が少し違うかもしれない。少し言いよどんでしまうとか、語調にためらいがあらわれるなど。ただし、いずれにしても、冗談ならわざわざウソだと言ってもしょうがないわけだが。念のために言えば、学生が言えば、そのウソの程度は中間だろう。会社は人を選んで採用しているので、昆虫採集が趣味だという人間は電気会社の場合、一〇〇〇人に三人かもしれないが、製薬会社だったら三〇人かもしれない。

なお、これは全くたとえばの話であって、私はゴキブリの味とか毒性について全然知識はない。ひょっとすると、重金属が蓄積されているかもしれない。あるいは、熱では簡単に分解されないホルモンで人間には有毒なものがあるかもしれない。

結局、仕事以外の話の確かさというのは、どういう人達が何を話すか、といった状況によって違うのだろう。

### 仕事上の話の確かさは

営業マンはあてにならないとかウソをつく、といった評判はあるかもしれないが、やたらにウソを言うわけはないわけで、話が難しいとか、その営業マンが十分有能ではなかったなどというときに、信用を落としてしまうのだろう。製造業における営業部員は、工場から人事異動で来る人がいるかもしれない。その場合、職業高校とか工業高校で電気や機械を学び、次に工場でそういった仕事をし、さらに営業に呼び寄せられて仕事をするわけだが、これは例えて言えば、東京に出てきて同じ村の出身者と話をするといった状況に似ているかもしれない（ただし、生産財の販売の場合だ。お客というのは、よその工場の技師とか作業員である）。そういう意味では、そんなにあてにならないわけではない。

私の体験談だが、在職中、まだ国内営業にいたころだが、晴海で業界の展示会があり、営業にいたので説明員ということで出かけた。実際には説明員の補助か手伝いみたいなもので、とにかく工場から技術の人が来たり、本社の中でも営業技術課みたいな所の人だとか、詳しい人が来ていたので、なんとかそこにいることができたわけだ。

### 社史の特徴

晴海の展示会を見ていたとき、社史を売っている会社があったので購入した。私が勤めていた会社でも社長が半生記を出版したことがあり、それは社内販売で購入した。ただこのような本は、都内に数ヵ所あるような大きな書店でも売っていないようだった。おそらく、社史とか経営者の半生記・立志伝というのは、数百冊ではなく、何千冊も出版されているのかもしれない。それを書店が扱っていないというのは、売れないのだろう。まず社内販売をして、客先には営業が贈呈するのだろう。

が、まだ理由があるかもしれない。つまり、かなり知識が偏ってしまうので、一般人にとって、メリット、利益があるかわからないのだろう。理想は全業種・全ての会社の社史と全ての立志伝ということになってしまう。数千冊だ。平社員の人生録もあればたのしいだろうか。

あとは推測・想像なのだが、社風などという言葉もあり、会社によって雰囲気は違うだろうが、業界によってかなり雰囲気は違うと思う。そうすると、何となく他業界の本を読んでいて、その業界の雰囲気とか何か知識・コツ・ポイントみたいなものを把握したとしたら、アカデミックにいうのであればそれは知識であり、知識の増加だが、実際問題としては、有害ではないにしても、不必要な知識を頭に入れてしまった、ということかもしれない。なんといっても、会社は他社と競争しており、コストを節約したりして、利益を確保した会社が残るわけである。そうすると能率が大切で、不必要な知識はその功罪が問題である。とくに業界の感覚みたいなものに影響するものは、どんなものだろうか。もし、何百冊も読み、さらに、自分の業界の本をていねいに読むなら、大変にけっこうということだが、一部の本しか読まないのであれば、よくない影響が絶対にないとは言えないわけで、結局、本を買ってくれた人（ただし数百冊ではない）にわずかだが、淘汰の圧力がかかってしまうので、書店では販売していないのだろう。

### コミュニケーションに関する職業間の問題

さて次に、職業ごとのコミュニケーションの違いをわかりやすい例で検討してみたい。

たとえば、農業を営む方たちにとって天気とは何であろう。答えは簡単、そんなものはどうでもよい事柄であり、心配したり、何かの判断を必要とする対象ではない。むろん、天候不良で収穫ゼロという可能性も皆無ではないだろうが（以前、岩手県を中心にヤマセが吹いて、冷夏となりコメの収量がゼロという年があった）、やはり農業と天候は関係ない、と断言したい。

なぜかというと、天気予報によって何ヵ月か前にそういうことがわかっていれば、栽培するものを変えるとか、極端な場合は中途で刈り取り（それは牛のエサにでもして）、あとは野菜やイモなどをうえるといった対応が取れるが、実際にはそのような確実な長期予報というものはない。せいぜい「どうしようか」と迷う程度で、はっきりわかるのは数日先くらいまでだ。

一方、漁業の場合は、行きは船で三〇分、帰りは泳いで、というわけにはいかないので、天気・天候は大切な問題である。もし農村の人が漁村で天気の話をしても、あまり話が通じないかもしれない。むろん、野外作業であるという点において、農業は土木・建築などと同様、天気が大切なことであることは言うまでもない。

自分の仕事以外の話や不案内な分野の話だと、当人同士もよくわからないことをしゃべったり、あるいはそのようなことをしゃべっているということに、気づかないことがあると思う。なんとなく、ただバクゼンと聞いているだけならかまわないのだろうが、それが〝あ、そーか〟と感心したり、〇〇さんがこう言っていた、と人に伝わったりすることもあるかもしれない。

そもそも、仕事以外の話を聞くときは、雑談かヒマつぶしのたぐいなのだということを認識すべきだ。人のウワサなどもこのたぐいだが、その場合もあまり軽率な雰囲気（声の調子？　あるいは言葉？）で話すと、不謹慎だと言われかねない。それに、いちいち声の調子などを変えながらしゃべるのは無理であり、雰囲気だけで確実な話かそうでないかを判断するのは、けっこう難しい。やはり、仕事以外の話を聞いた場合は、ホントかなあ、といった気持ちも持っておくべきだ。しょせん雑談とかヒマつぶしの話（軽い話、くだらない話、よくわからない話、結局、仕事以外の話）である。

## 村　論

「物量作戦」という言葉がある。これは村の中のコミュニケーションのあり方にあてはまると言っていい。村内、どの家も生活や仕事が似ていて、しかも何百年も前からだ。こういう状況で、何かについてものすごく長い間、話をし、また、誰それさんの家はこういう気質なのでというように、その人にわかりやすい言葉で説明したり議論できる。情報における一種の「物量作戦」みたいなものかもしれない。

しかし、話が村と村や、都会の中でとなると、こうはいかない。それはちょうど、ある職業と別の職業の人が話をするときも似ている。

会社など組織の中で人のウワサ話をする場合、話をしているうちに、「あー、そうなんだ」ということでニュアンスや結論が変わったり、「そんなものかなあ」ということで、意見が変わることはありうる。しかし、いつまでも話しているわけにはいかない。結局、電話がかかってきて雑談が終ったときの結論が「結論」であったり、しゃべり疲れたときの結論が「結論」であったりする。

まず、ウワサなどにならないように気をつけるべきだろうが、それはともかく……いろいろしゃべっていれば、国語力とか話術も身につき、知識だって身につくだろう。つまり、ウワサされている誰かのおかげで国語力などが身につくという場合もあるだろう。

が、それはかすかに、悪魔教における人身御供のような雰囲気がないだろうか。むろん、こういうことは何とでも言えるわけで、全くの空理・空論かもしれないが、主張しうる数多くの説の中のひとつだとは思う。

シェークスピアの戯曲『ジュリアス・シーザー』で、シーザーが「賽《さい》は投げられた」と言ってルビコン川を渡る場面があるらしいが、この場合、シーザーは軍司令官であって、つまり本業について十分に検討したうえで、軍を率いて川を渡っていく。人のウワサ話をヒマつぶしにしていてサイコロを投げていたのではなく、本業について十分に検討したうえでの言葉だろう。それでもなお、勝敗については確心が持てず、それでこのようなことを言ったのだろう。

**コミュニケーションは難しい**

コミュニケーションで難しいのは仕事以外の話だけではない。本来、仕事上の話でも相当に難しいわけだが、社員は皆、仕事をするために働いているわけで、大勢の人がその関連で働いている。話（あるいは物）が届いた場合、それは正確な、ちゃんとしたものであり、わからないことがあれば問い合わせることができる。

しかし、仕事以外のことがらだと、正確には判然としなかったり、わからないときにあらためて問い合わせることもできない……という状況だってある。結局のところ、仕事では多くの人が職業としてきちんと関与しているため、本来は難しいことがらが、行なわれているのだろう。

## 2　アメリカでは契約がとても重んじられているらしい

以前、会社を辞めるころだったが、面白い本を読んだ。書名はナンセンスでふざけたものだったが、内容はアメリカの弁護士界の裏話みたいなもので、冗談が多く、軽い気分で読んだ。たとえば、アメリカは不文法の国なので、判例の検索が大切で、依頼を受けた弁護士は判例集をずーっと見ながら、似たようなケースの判例を、さがしていくとのことで、そのような作業をシェパダイズというらしい。しかも、かかった所要時間は費用として請求できるということだったが、やはり仕事は大変らしい。体力がもたないので、土曜日、家でゴロゴロしているわけだが、事務所の受付の女の子に電話をかけ、ナントカ弁護士（自分のこと）を呼んで下さいと言うらしい。すると、構内放送で「○○弁護士、○番にお電話がかかっています」と呼ぶので、土曜も出勤している同僚たちに、「あー、○○弁護士もがんばっているんだなあ」と印象づけることができるということで、むろん、これは冗談だろう。

ただ、一ヵ所だけ、雰囲気が変わったというのか、まじめな調子で、「約束は死んでも守らなければいけないんだ」と書いてあった。アメリカの法律について知識はないが、日本人の感覚で言えば、これは誤りだ。

ただ、職人が仕事を終え、あとは品物を届けるだけ、という場合でも、「ミスター○○は大丈夫かなあ。この機械、渡して大丈夫だろうか」と心配する場合があるかもしれない。私の想像だが。完ぺきな取説はなく、主に口頭で説明する機械だってあるかもしれない。せっかく渡しても、壊してしまったり、何か不都合があるといけないわけで、そのような時に弁護士が「大丈夫ですよ」と言えば、あとで、そうではなかった場合に、弁護士が責任を追及されるといけない。それで苦しまぎれに、そんなことを言ったのかもしれない。つまり、「契約に従って物を渡しただけなので責任なんかありませんよ。壊してしまった人の責任、当人の責任ですよ」ということを、ほんとは言いたかったのかもしれない。

もう一つの可能性は呪術だと思う。つまり、弁護士の所に来る人というのは、何かうまくいかなかったとか、困ったことがある、といった人たちなので、弁護士というのは何かわけのわからないことを言う人間だ、ひょっとすると意外にレベルが低いのかなぐらいのイメージがあった方が、うまくいく職業なのかもしれない。

が、ひょっとすると「村の論理」みたいのがあるのかもしれない。つまり、村の中は皆だいたい同じような仕事・生活だろう。しかも変化が少ない。したがって、意志の疎通は都会よりも簡単というべきだろう。そのような見通しのつきやすい社会でのコミュニケーションというと、無理が少なく、あっても納得のいく理由が多いのではないだろうか。それだけに、約束違反があると、重く見られたり、重く見ることが可能なのかもしれない。私は、世界の大部分はこのような〝村〟だと思う。都会だ、町だといってもあやしいもので、やはり〝村〟のたぐいではないだろうか。まさかニューヨークの弁護士はカッペだったと言うつもりはないが、世界の大部分の地域と同じように〝村〟の論理が通じるんだ、いやこれが世界の姿だ、世界の論理はニューヨークにも及んでいるといった宣伝あるいは告発、暴露だったのかもしれない。

なお、弁護士の仕事というのはとても難しく、しかも民事なら、双方のどちらかは負けるので、二人に一人の弁護士は依頼人の信頼に答えられなかったということだろうか。もっとも逆転判決もあるので、確定判決に反した判決をしていた裁判官はまちがっていたのかという疑問があるが、話が少し無理なので、こういう議論は無意味だろう。

## 3　石器時代におけるコミュニケーションを推測する

木の実と干物の交易。種類によっては木の実は保存がきかない。一方、海産物は干物にするとけっこう保存がきくものがあるのではないだろうか。以前、日本史の本をみていたら（大系本の第一巻）、縄文時代の遺跡を発掘していたら、カキの殻がたくさん出土した、よく調べてみると、数家族が何百年にもわたってカキを収穫して、たしか加工していたという説明だった。塩ゆでにしてから干物にすれば、保存がきき、交易に使える。秋には植物の実がなる。食べきれないが、保存はできないというものが多ければ、内陸部の村と漁村で物々交換ができる。一方の側は、売らないとムダにしてしまうわけで、他方は、引き続き魚を食べていればよいので、カロリーで比較すると、少ない干物でたくさんの木の実を手に入れたと推測できる。

太古の様子を想像しているわけだが、ひょっとすると、禁漁期のようなメリットだってあったかもしれない。丸木船などで漁をするのだろうが、おそらく食料の収量に応じて人口が決まり、あとは不足する季節がその人口を最終的に決定していたのだろう。つまり漁を続けているよりも、〝禁漁期〟が終った後の方が、同じ月でも収量（漁獲高）が多いかもしれない。

内陸部と沿岸部の交易は相方に利があり、海岸線にそって長い間、続いていたと推測できる。

さて、このような交易を行っていると、きっと、交渉の才能とか言葉に対する感性とか感覚、あるいは別の〝職業〟の人に対するコミュニケーション能力などが身についていったと思われる。

すでに述べたが、村の中では〝物量作戦〟でコミュニケーションが行なわれており、簡単に何かを説明するとか、それを可能にする文化といったものは必要ない。しかし、このような交易により、新たな感性などが身についていったのだろう。

歴史の本を見ていたら、一つの学説だったかもしれないが、縄文時代の草・前・中・後・晩の各期は民族が入れかわっていたという記述があったので、このような才能がどのくらい今日に伝わっているか、それは不明ということかもしれない。

さて、よその土地の状況はどうだろうか。海岸の総延長で考えると、中国・ヨーロッパ・アフリカなど、いずれの土地もこういった交易はかなりあったと想像しうる。しかし、日本が細長い国であるのに対し、これらの地域は一つの大きなかたまりである。つまり内陸部の割合が大きい。

歴史時代となって統一王朝が現れたあとは、沿海部の文化は衰退していったのだろう。

ただ、アフリカは少し違うかもしれない。熱帯なので秋の収穫期があるのかわからない。それに食品の保存も悪いだろう。従って、そのときどきの収穫物で多すぎるものを交易すると利益があったかもしれない。

しかしライオンなどの猛獣がいるので、一〇人、二〇人とグループを結成しなければ、よその村へ交易に行くのは難しいだろう。すると、それくらいの人数をうまくまとめることのできる人間が幅をきかすわけだ。

交渉能力の獲得については、他の地域と同様だろう。

日本の場合はさまざまなパターンで交易があったかもしれない。たとえば、もっと少人数で、とか。こまめに交易できただろうか。

なお、これらの交易は、物々交換だけではなく、カケ売りもあったかもしれない。

第2章

# 世界の根本のいくつかがコミュニケーションに及ぼす影響

## 1　都合と予想・競争と人の変化・破壊及び知識の欠如・短い話が好まれるが

大切なことはたくさんある

たとえば、私にとって何か大切なこと、あるいは気をつけねばならないことは、たくさんあると認識している。しかし、それでも一種の達人のような人は「今や自分にとって大切なことは○○だけである」と言えるのだろう。それは、すでに他の物事を取得・理解しているからだ。ということで、ここでは世界の根本について、特にコミュニケーションの根本について、検討してみたい。

まず重要なのは、「都合」は絶対だということである。これは現代世界の根本をなす特徴のひとつである。予測が難しく、個々の必然性がすぐには見えてこない。

そしてもうひとつは、常に競争状態が存在するということであり、競争に負けるのはよくないということだ。しかも、これは現代に限ったことではなく、太古からだ。とにかく、長い話はできない、ということだ。コミュニケーションの根本のひとつは、短い言葉が好まれるということではないだろうか。ただし、それが可能なのは、そのテーマについてかなり理解しており、国語力に恵まれている場合だ。

## 都合はどうしてもというのは、大切なことである

どうしてもという都合があるが、現代文明においては顕著だ。たとえば、一個五円の部品でも、それが届かなければ一〇〇万円の製品であっても組立ては完了しない。

予測というのは昔も難しかったのだろうが、現代世界ではもう少し難しいのかもしれない。つまり、必然性みたいなものがわからないのではないだろうか。

なお、少し話は違うが、現代においては必要とされる知識の量はとてもふえている。したがって、たくさんしゃべるとはずれが出てくるという傾向は増大しているのではないだろうか。結局、長い間には、あまり自分ではしゃべらず、人に言わせるという傾向が出てくるのではないだろうか。

## 競争状態下における禁じ手の普及

さて、世界の根本のもう一つは、競争状態があるということであり、そして、競争に負けるとよくないということだ。太古からの状況だろうが、人間が進化して、本能だけでなく、知能というのか理性でもってい

ろいろ判断する状況となったが、禁じ手破りみたいのがあるのだろう。すると、禁じ手を破ったものが競争に勝ち、しだいに、それは禁じ手ではなくなっていくのだろう。つまり、そうしない者が消滅していくので。いわば〝良識派〟が全滅するようなものだろうか。

もっとも、厳密にいえば、それは禁じ手というものではないかもしれない。つまり、何らかの理由で、たとえば、少し面倒だとか、器用じゃないとムリだとか、慣れないことはできないのでとか、まず何かをやって、そのあと別の何かをしないとダメだとかいったものかもしれない。

が、本来の禁じ手もあるだろう。モラルに反するとか、犯罪であるとか。が、いずれにしても、〝皆〟の行動パターンが変わっていくというダイナミズムはあると思う。

破壊のコスト及び効き目

競争状態について話をもどすが、何かをする場合、技術上の理由で方法が限られるということは多いかもしれない。例えば、二階から家を建てるのはムリだとか。さらに競争があるので、経済的理由とかコストで、方法はさらに限られる。一方、破壊とか邪魔をする方法は無数ではないだろうか。建造物の取りこわしなら、クレーンで鋼塊をぶつけるとか、ビルを爆破するとか、など。しかも建設に比べれば費用は少ない。いわば、建設は全ての要素を集めることで、破壊はその要素の一つを取り除くことで十分だ。禁じ手といってもいろいろだろうが、破壊とか邪魔するということが効き目があるならば、しだいに世界の〝ルール〟になってしまうのかもしれない。

## 知識の欠除

現代においては必要な知識量はおそらくかなり大きいのだろうが、知識がない、あるいは、与えられないというのは影響が大きい。人あるいは人々を動かすため、ある知識を与えるのと、別のある知識を逆に与えないのとでは、どちらがそうするためのコストが大きいのかよくわからないが、一般に、知識の取得をさまたげるのは簡単ではなく、もし、ある部族・民族に対してそのようなことをするとすれば、年月がかかるかもしれない。しかし、状況が急に変わり、まだその知識は一部にしか普及していないという時は、特に知らせないということではなくても、何か、優先順位とか（つまり、そのことを知らせるなら、まず、あのことを先に知らせた方がよいだろうといった配慮）、あるいは能力の限度（パンフレットを配るだけでは不十分で、ＴＶやラジオ・新聞で詳しく、いろいろと説明しなければムリだとか）といったことが原因で、知識を普及させることが難しいということはあるかもしれない。もし、その知識が大切なものであり、生存競争に影響あるいは大きく影響するものなら、その有無は建設に対する破壊にも匹敵する大きな問題である。

## 短い話が好まれるが

世界の根本についてさらに述べるが、それは競争状態の影響もあって、長い話はできないということだ。例えば、全従業員が一日にさらに五分間むだ話を毎日した場合、八時間勤務で労賃は売上の三割とすると、売上の〇・三％の額が減益だろうか。もし、会社の利益が三％なら、いっきに一〇％の減益ということだろうか。以前新聞を見ていたとき、〇〇会社、今期の利益は三割アップという記事があった。減益一〇％というのは、無意味な数字ではない。管理職はこういうことにも気をつけているのだろうが、利益の基盤は弱いわけだ。あるいは節約すればそっくりもうけということだろうか。

おそらくコミュニケーションの根本の一つは、短い言葉が好まれるということではないだろうか。ただし、それが可能なのは、少なくともその分野、そのこと、その物について、全て理解している場合である。このような場合には、短い言葉で、正確に、わかりやすく説明できるであろう。あとは、国語力があれば、何か当意即妙のことが言えるかもしれない。ゴマかすというのか、基本問題に目を向けるということか。不適切な人に質問するというのがまちがいだが、判断がつかないだろう。それにしても、どこに伝わるかわからないとか、○○さんがこう言っていると、どこまでも延々と伝わるとか、考えてしまう場合はあるだろう。結局、短い言葉というのは、それを言える人が言えばよいのであって、それ以外は、何も言わないか、あるいは中途半端はいけないということで、アーだ、コーだと詳細な話を延々と続けるか、といったことかもしれない。

なお学生っぽいという言葉があるが、学生というのはただ授業で話を聞いているだけであって、友人でもいて話をすることが多ければ別だろうが、わりに、聞くことが多く、話をすることは少ない、という生活が長いわけだ。社会人になっても、すぐには変わらないだろう（むろん、仕事以外の話について）。

## 2 農業時代・会社の発展例と国家・コストの一例

畑というのはたがやすと収量がふえる。腕力が強いと好都合だろうか。農業時代が長く続くと進化というのか特殊化が進むかもしれない。ついでに変わるものがあるとすれば、人間のタイプ（気質・性格・体質）も少し変わったかもしれない。すると、コミュニケーションは、それ以前（狩猟採集経済）とくらべて少し難しくなっただろうか。

## 文化は変わる

利益を確保するには、ムダをはぶくという方法がある。たとえば、文化、習俗を維持するのにコストがかかるとすれば、もはや必要のないものがあれば、それをすてることでコストを節約できる。つまり、文化、習俗は、変化特化していく。文化などの変化も、コミュニケーションに影響を与える。たとえば共通の文化要素が失われることにより、なお一層、コミュニケーションの才能が必要とされるなど。

話は変わるが、会社には、のれんとか一定の業務範囲というものがある。特注で新しい仕事を引き受けても、メンテナンスがあるので、一定の要員は、今やっている仕事のほかに、特注についても覚えていないといけないだろう。多少の負担となる。

さらに話は変わるが、ある本（行政法の本）を見ていたら、第一ページで、権力の乱用はいけないと述べていた。これは注意すべきことなのだろう。

## ノウハウが集積するとわかることは

つまり国家としても慣れないことはできないわけで、例えばムリに研究不足で何かに重税をかけると、昔だと反乱が起きるかもしれない。これはすぐわかることなので（歴史の本はそのたぐいの話が多い）、国家ぐらいなら（つまり、ノウハウが集積しているので）、そのようなことをわりに回避しているのだろう。すると、どうしても金が必要な場合は、わかっている分野・慣れている事柄・システムが整っている分野・文書をちょっと発行すれば変更できる分野で増税したりするのかもしれない。これはすぐ、権力の乱用みたいな状況をたどりやすいので注意が必要だ。つまり、〝制度〟は整っているので、反乱はあまり起きないかもしれないが、国民経済自体が大きな打撃を受けてしまうので、昔から一言注意があったのだろう。

一般に予測がつかないというのは、普通である。考えるだけでも大変で、コストがかかる。毎日の生活がある。いったい、どのくらいコストをかけることができるのだろうか

## 私の理想

これまでの半生で私はあまり人と話した経験がなかったように思う。小学校のときも、まわりが無口な人ばかりというわけではなかったが、話をするということは少なかった。

勤めを辞めて、もうすっかり長くなってしまったが、もしあのころ、こういうことができたらとか、こういうことがあったら、という仮の想像をすれば、たとえば、昼休みあるいは定時後、誰かが来て、最近こんな本を読んだよと、五分くらいでその概略・要旨・要点・あらすじなどを話してくれれば、とてもうれしい。それには、ノートを取りながら読まないとダメだろうが、きちんとした要約ノートでなくても、気に入った言葉や感心した言葉を抜き書きしたものでも、ちょっとした勉強にはなるのではないか。もっとも、他の人が聞いてご利益を得るためには、客観性が必要だろうけれど。

なお、このような理想のほかに、私はもうすでに原則のようなものを決めている。原則であって、いつもかならず絶対というわけではないが……私はもはや人と話をしない、議論をしない、質問にも答えないということを決めている。その上でこのような理想を想像してみたわけで、あとで「どう思いますか？」と聞かれても、返事らしい返事はないだろう。

## 大切なこと――印象が大切

正しいことは正しく、良いことは良いわけだ。が、必ずしも見解の相違ということではなく、他人が何か良いことをしているのを見つけると、鬼の首でも取ったように騒ぐ人たちはいるかもしれない。こういう場合、はじめは褒めていても、しだいにトーンが変わり、結局ネガティブなとらえ方になって、世論をたきつけるための材料にされてしまう恐れもある。つまり、立派ですね、ああじゃなきゃダメですよと最初は言っていても、そのうち、ああ立派だよと様子が変わり、最後にはこれは用心しなきゃいけない、ということになってしまう。特に政治・経済体制の違いでマネすることができないようなことを見せつけられると、印象が悪いのかもしれない。あげく、通りにくかった国防予算がスッと通過してしまったりするのかもしれない。

そういう意味で、何か良いこと、あたりまえのことでも、控えめに行うとか、宣伝はしない、宣伝するなら別のことを選ぶとか、秘密にするわけではないが伏せておくというのが、常態化するかもしれない。つまり、印象を大切にするということだ。国によっては、こういうことを特に心配したり、大きな変革期で選択肢がたくさんあるという場合、ある程度同じ目的を達することができるならば、いっそう注意・配慮をして、たとえ良くないことでも、他国ですでに行われている方法を真似するかもしれない。相手としてもうっかり批判すると自国のボロが出てしまうので、慎重にならざるを得ないからだ。

ひどい話だが、こういうことは現実にあるのかもしれない。根拠はなく、推測にすぎないが、多くの困難――資源・気候・歴史・国際情勢といった問題にすでに対処していると、これ以上は余裕がない、他にもう少し方法はないだろうかということで、今述べたような行動（国外への印象に気をつけ、場合によっては、何か良くないことでもマネしてしまうということ）を一種の原則にしてしまうのかもしれない。この場合、必然性のようなものがないので、予想が難しいだろう。

ほかに、コミュニケーションの根本として、大切なことは何かあるだろうか？　それは、自分が今持っている五円が、大切であること。相手が持っている一〇円はどうやって手に入れたのかな？　という点だ。あるいは、明日の一〇円よりも今日の五円（この方が確実だ）ということだ。それが、現在の世界の状況ではないだろうか。

## どのように知識を入手しているか

カンや推測だけではわからないものがある。競争状況下における淘汰の圧力や禁じ手の普及といったことを考えると、現実には、つかまえた人間を拷問したり、おどかしたりというのが、けっして少なくはなかったのかもしれない。ひょっとすると、こういうのが、今日の世界の基本の一つかもしれない。プラスαではなく、根本の一つかもしれない。だとすると、状況の把握というのはずいぶん、頼りないわけで、そういうことができない時は、鬼に金棒の逆で、金棒のない鬼みたいなものかもしれない。

知識というのは大切で、何かの才能を代替するかもしれない。知識に関して一定の状況が長く続くと、それに対応して人間のタイプが変化していくかもしれない。

## 未来の予測のひとつとして

未来の予測のひとつとして、次のようなことも考えた。

弓とか槍・刀（そういうものでさえ、途方もないものだが）なら、戦争はわりにいつでもできただろう。しかし、現代では戦争をするには、準備が必要だ。戦後、世界が比較的平和だったのはなぜだろう。まだ続くのだろうか？　主要国のトップ会談で、決着がついているのだろうか？　仮にそのような場合でも、それはどのような決着なのだろうか。

ひとつ考えられること。それは、現代においては即、全面戦争に移行するのではという心配やリスクのために、かえって戦争の可能性が抑えられているのかもしれない、ということだ。平和は積極的な理由だけでなく、そうした消極的な理由からも支えられているのではないかと思う。

第3章

# ある法学書の要約および関連書籍の読後感想文と抜粋

## 1　ある法学書の要約

言葉の使い方の例をさがし、何か良さそうな考え方を見聞きするため、法学書を要約した。教養・知識・感性のためでもある。一般に、何かしっかりした考え方とかバランスのとれているものは良い。その意味でも注目に値すると思った。

大学の一般教養科目で法学の授業があったが、その教科書『法学新講』を要約してみた。昭和四二年に出版されたもので、若手が執筆した、批判的に読んでほしいと序にあった。

# 一　総論

## 1　法と法学

序論。法というのは、たとえて言えば裾野の広い大きな山のようなものだとのこと。つまり、理想は高く、しかも現実世界に広く裾野が拡がっている。さらに、人間内奥の要求と関わりをもたない価値とか理屈は、社会に存立できないだろうとのこと。さらに、現実社会の進歩は常に、ただ、次の一歩だけしか踏むことができないが、この一歩を支え導くものは、本来の意味の法であるとのことだ。

## 2　法と社会

### ①　法の概念

［法と社会規範］　孤立しては生活しえない人間は、社会的交渉によって生きている。そして、この交渉はある「秩序」によって行なわなければならない。「こうしなければならない」とか「こうしてはならない」というように、行為の準則が存在しなければならない。これを社会規範という。諺にいわく、「社会あるところ法あり」。

［法と事実］　宗教や道徳とちがい、法は現実に行ないうることを不可欠の要件としている。

〔法と強制〕　古代、未開の社会においては、法とか道徳は習俗のうちに含まれていた。そして、後に、道徳が慣習から分化し、さらに法が分化して来た。道徳は心理的な強制による社会規範であり、一方、法は、社会の中心権力により物理的に強制される社会規範である。

〔法と国家〕　ある学者は、法とは主権者の命令であると言ったが、現代においては、法とは、「国家社会の、その成員によって定立され、あるいは承認される社会規範であって、物理的強制により実行性を保証せられるところのもの」である。

② 法の本質

〔問題の意味〕　今までの説明は、法の形式ないしは機能的側面について。法秩序の実質的妥当性について見る。法思想を見る。まず、法の本質を神意であるとする思想があらわれ、これがキリスト教に受けつがれた。一方、ギリシアでは、法の本質を哲学的観念としての正義と考え、アリストテレスの正義は自然法であると考えられ、トマス・アクィナスは、これを統合して、キリスト教的自然法思想が確立し、その後、近世自然法思想は、自然法の根拠を神の意思から人間の理性へと移した。これに対し、近代の実証主義的精神は、法の内容ではなく、ある種の規範に法としての効力を付与する基礎は何かということを、法の本質の問題とした。

〔学説点描〕　自然法説。古代ギリシアにおいてはアリストテレスの正義は一般的に妥当する自然的な法則として、時と所に応じて変化する実定法と対立し、しかもこれに優越すべきものと考えられた。この思想はローマに受けつがれ、さらに中世において、トマス・アクィナスは自然法をもって神の宇宙支配法則の人間の理性への投影と考え、実定法はそのような自然法の特殊的確定にすぎないとした。一七、一八世紀においては、自然法理論は人間の本性にその基礎をもとめた。グロチウス、ホッブス、ロック、プーフェンドルフ、トマジウス、ルソー、カント。カントは、人間は自由でなければならず、そのためには、必然的に自然状態から出て、法の支配の下に入らなければならないと述べた。これが、近代法治主義の理念。歴史法説。サヴィニーは、法は、言語や芸術などと同じように民族精神の表現であるとした。歴史的慣行によって無意識の間におのずから生成されるものであって、慣習法を成文化することができるだけとした。法実証主義への道を開いた。権力説。法の妥当基礎を、その規範内容ではなく、法を作る側と服する側の力関係に見いだしている。強者の実力が法秩序の根拠であるとするマルキシズムの法学派や、社会の中心権力の有する実力が国家主権の本質であるとする社会学的法学派がある。これに対して、法的権威としての国家主権に本質をもとめるものは、政治的正統性を前提としている。社会契約説、実証主義の分析法学派（オースチン）、新カント派のラートブルフ、ケルゼンらの純粋法学派。後者の、前者（実力説）に対するちがいは、主権の発動が、法の範囲内においてのみ妥当性を有するかどうかである。利益説。イエーリングは、人間のエゴイズムの社会的調和を、法の目的とした。

### 3　法と他の社会規範

#### ①　総説

宗教、道徳、礼儀、習俗、法などの社会規範が、社会統制を行っている（日本では、法以外の規範によって紛争が解決されることが好まれている)。が、法規範以外は、その存在を客観的に認識することが難しい。なお、今日、法規範に対して、その倫理化・道徳化をはかる者もないわけではないが、両者は別の物だ。昔は宗教の力が強く、権力や帝王、法、裁判も宗教の力に頼る面があった。が、啓蒙期以後は、法と道徳が峻別されていった。

② 法と道徳

啓蒙思想の興隆により、中世の暗黒裁判、特に魔女裁判や糺問訴訟に対する反情がうながされた。そして、法による国家秩序の整備により、法と道徳が区別されていった。法は外面的で、道徳は内面的。適用範囲ではなく、関心方向か。義務づけの仕方もちがい、一方は道徳感情により、他方は刑罰をのがれるためなど。効力の淵源は、法にあっては行為者の外、道徳にあっては行為者の内にそれはある。確信犯人は、法と別の道徳の対立、抗争。法は定型化されており、内容が明確だが、道徳は個人性をもち、非定型で、黙示的であり、不明確。社会道徳と実定道徳(たとえば、例の、忠君愛国思想とか家族主義)。

③ 法と習俗・宗教

[法と習俗] 善良な風俗(良俗)とか取引上の慣習を取り入れて、慣習・慣習法ができる。なお、当書は、習俗を礼儀作法と民衆的習俗に分け、前者は、意識的に作られ、身分的性格があり、都会的で、よそよそしく、立居振舞の洗練さを要求するので人々を分離せしめるが、後者は、農村的であり、かざらない田夫野人的性格をもち、共感を基盤とするから、相互結合的だ、と述べている。

## ４　法規範の構造

### ①　道徳規範の単層構造と法規範の重層構造

純粋の道徳は行為規範にすぎず、一方、刑法や民法の多くの条文は、裁判規範あるいは強制規範のみの単層構造をもつように見える。しかし、実は、行為規範が予定されており、その実効性が法により担保されているのである。つまり、実は重層的規範だ。

### ②　二重構造論

マイヤー。いろいろ見解があるが、法規範が社会規範の存在を前提とするという意味で、法規範の重層構造性を肯定しながらも、法規範の前提たる行為規範としての社会規範の法規範性を否定しようとする点で共通している。これを裁判規範説と呼ぶ。なお、社会規範により行為規範が裏づけられない場合、たとえば、技術的な行政法規にあっては、その行為規範性を肯定せざるをえない。

### ③　法の三重構造論

行政組織を定める組織規範だけでなく、私有財産、契約自由、過失責任主義などの原理も組織規範であるとして、これが、行為規範や裁判規範を総攬、裁可するとした。

④　法の重層構造論批判

結局、組織規範は裁判規範ないし行為規範に還元される。組織規範は抽象的で、具体的でない。

## 二　基本概念

### 5　法の淵源（その一）

①　序説

実定法について分析する。

[法の淵源の意義]　法の存在を認識するための材料を法の淵源または法源という。法の存在形式には、成文法、不文法という二つの形態があり、日本は成文法主義だ。

[成文法、不文法]

②　成文法

[憲法]　広義の憲法（実質的意義の憲法）とは、日本国憲法、国会法、内閣法、裁判所法などを指す。狭義（形式的意義）では、日本国憲法を指す。

[法律]　広義で法律というときは成文法と同様の意義。狭義では国会を通過して成立したものをいう。

法律が完成すれば、公布する（官報に掲載）。
［命令］　政令、府令、省令など。
［規則］　議院および最高裁判所が規定するもの。
［自治規則］　条例、規則。
［条約］　調印さらに批准が必要。

## 6　法の淵源（その二）

①　慣習法（民事法においては、日本でも慣習法がある）
［慣習法の意義ならびに成文法との関係］
［慣習法の成立要件］
［商慣習法］
［事実たる慣習］

②　判例法
ヨーロッパ大陸諸国やわが国においては、判例には法源性はない。イギリスでは、先例拘束性の原理が一三世紀末までに確立していたと言われ、やがて、コモンロー（普通法）が形成された。

③　条理

もののすじみちあるいは事実自然の理のこと。法源でもある。明治八年太政官布告一〇三号裁判事務心得三条が、「成文アルモノハ成文ニ依リ成文ナキトキハ慣習ニ因リ成文慣習共ニ存セザルトキハ条理ヲ推考シテ裁判スヘシ」としている。

7　法の種類（その一）

①　強行法・任意法

②　普通法・特別法

特別法は普通法に優先する。

8　法の種類（その二）

①　公法と私法

私的自由主義は弊害が大きいので、社会本意の立場から私法原理が修正された。社会法とよばれるものが形成された。

②　実体法と手続法

③　固有法と継受法

ヨーロッパ、特にドイツでは中世・近世にローマ法が自然的・慣習的に継受された（普通法の継受という）。ナポレオン法典はベルギー・イタリアにおいて立法的に継受された。日本の現行民法はフランス民法およびドイツ民法第一草案を資料として制定された（間接継受法）。一九二六年のトルコ民法はスイス民法をそのまま継受した直接継受法である。

④国内法と国際法

国際法は国家間の合憲にもとづいて成立する。

9　法律関係と権利

①　法律関係

法律関係は義務本位から権利本位に移行している。公共の福祉などの理由から、権利・義務の社会的意義が重視されている。

②　権利の意義

権利とは法的な力あるいは地位である。

③　権利主体と権利客体

権利主体となり得る法律上の資格を権利能力という。自然人と法人である。

④　権利の変動

発生、消滅、変更がある。法律事実（たとえば、申込や承諾）が集って法律要件を組成する。これが権利を変動させる。

⑤　権利の分類

公権については、国家的公権と個人的公権（自由権、受益権、参政権など）がある。私権については、支配権（所有権など）、請求権（債権など）、形成権（取消権など）がある。

## 三　法の理念

### 10　法の理念と目的

①　法理念をめぐる問題点

経験上みいだされるさまざまな価値が、各人の主観によって窮極的なものとして意識されるが、普遍性があるか、国家が人間の諸行為を調整する規準となるか、などを検討して、法価値をさがす。正当性、目的合理性、安定性がある。

②　正当性―正義

正義は各分野（倫理、政治、経済）の問題でもあり、さらに正義自体の論理的問題（配分的正義と均分的正義）などもあり、包括的な性格を持っている。つまり、法の理念的諸要請を統合した姿である。そこで上記三つの法価値の調和・統合の状態を法の理念としての正義としてとらえていく。ウルピアヌスはアリストテレスの正義を説明するにあたり、「各人に彼のものを帰属せしめようとする恒常不断の意志」と述べた。名高い定式である。

③　目的合理性―公共の福祉

社会的利益は個人的利益を通じて実現され、それを調整・統合する原理は、目的合理性である。つまり、個人と社会との調和的状態（公共の福祉）を要請するわけである。

④　法的安定性

## 四　法の機能

### 11　法の解釈

#### ①　法の解釈

#### ②　法解釈の区別

〔立法解釈〕　同一法令中の解釈規定。
〔司法解釈〕　最高裁の判決など。
〔行政解釈〕　訓令、指令、通牒、通達、回答など。
〔文理解釈〕〔論理解釈〕　拡張解釈（拡大解釈）、縮小解釈（制限解釈）、反対解釈、勿論解釈、補正解釈（変更解釈、更正解釈）、沿革解釈（歴史的解釈）。

### 12　類推

#### ①　類推の意義

ある事項について、何かの規定がない場合でも、類似している他の事項に規定があれば、それが適用されるという考えである。ただし、刑法においては、罪刑法定主義にもとづき、類推は原則的に禁止されるものとされている。

②　類推の本質

つまり法がないのに、あるかのように解釈することである。

③　類推の根拠

条理の法源性の根拠と同じ。裁判はしなければならない。

13　法の適用

①　法の適用の対象

事実関係を確定し、次に適用すべき法規をさがす。事実の確定は証拠にもとづく。

②　法の適用機関

［法と裁判官］　民事に関する限り、裁判官は法規の不存在を理由にして裁判を拒否することはできない。裁判は法的安定性と具体的妥当性とを身上としなければならない。しかし、一九世紀ドイツの概念法学は、結論が妥当でなくてもやむをえない、立法で解決するしかないとした。その後の自由法学では、具体的

妥当性を重んじた。今日では概念法学の硬直な考え方は克服された。
［裁判制度］　民事訴訟では、当事者訴追主義であり、刑事訴訟では、国家訴追主義である。どの証拠を信頼できるものとして採りあげるかは裁判官の自由な判断にまかされている（自由心証主義）。

## 14　法の効力

### ①　時に関する法の効力の限界

［廃止原因］　内在的廃止原因（施行期間の満了、目的事項の消滅）、外在的廃止原因（新法の施行(（黙示の廃止)）、廃止する旨の成文法の施行(（明示の廃止)））。
［法律不遡及の原則］　特別の立法があれば別。しかし、刑事法についてはダメ。
［既得権不可侵の原則］　解釈上の原則。
［経過法］　新法は遡及するかとか、旧来の法の罰則規定の効力とか、継続的に進行している事項の規律というような目的で制定される法をいう。
［限時法］　施行期間の定めのある刑罰法令に違反する行為が、その法の変更、廃止後に裁判所で取り上げられる場合に、経過法で規定されていないときに、限時法の問題となる。

### ②　人および場所に関する法の効力の限界

属地主義を原則として、属人主義が加味されている。

五　法の遺産

15　ローマ法とゲルマン法

①　ローマ法の成立

ＢＣ四五〇年に十二表法が編纂され、ローマ慣習法が成文化された。こうして、ローマ市民法は形成された。その後、万民法が発達し、何らの方式も要求しない、合意のみで成立する契約を生み出した。さらに、法務官法や法学が発達した。

②　ローマの法学

③　ローマ法の法源

④　ゲルマン法

⑤　ローマ法とゲルマン法の特徴

ゲルマン法は、道徳・習俗などの他の社会規範と融合していた。また、公法・民法が混然としていた。ローマ法が法曹法・都市法・市民法であり、さらに、統一的で、成文法主義であり、無方式主義的、個人的であるのに対して、ゲルマン法は、民衆法、地方法、農民法的であり、さらに、非統一的で慣習法主義であり、方式主義的・団体主義的である。

［共同所有形態］

［占有］

⑥　現行法への影響

16　日本法の文化遺産（その一）——江戸期以前

①　まえがき

②　寛刑的特色

日中両法を比較すると。

③　現実的特色

年数の経過や現実の勢力関係に法律的効果を与えているが、このような法は中国にはなかった。

④　孤立小社会的特色

江戸期以前は、国家法は、小社会集団相互の紛争を解決する手段だった。小集団内部の法には、大改以前の神法的規範も多かった。クガタチもあり、江戸時代に至っても、山論・水論の解決方法として実行されることがあった。

⑤　結言

伝統は一般に続くものである。

17　日本法の文化遺産（その二）——明治前期における自然法思想の導入を中心に

①　プロローグ

②　フランス法の受容とボアソナードの法思想

③　自由民権論者の自然法観

④　明治法典争議の周辺

ドイツの国権主義的憲法思想を参考にして、大日本帝国憲法が制定され、自然法学は退潮していった。

⑤明治民法の制度

## 六　近代法の基本原理

18　現行法の体系

①　六法の意味

憲法、民法、商法、民訴、刑法、刑訴のこと。

19　憲法の基本原理

①　近代憲法の原理

②　現代憲法の原理

③　日本国憲法の基本原理

［国民主権］

［基本的人権の保障］　新憲法のもとでは基本的人権は前憲法的権利であるから、憲法改正により、基本的人権を侵害することはできない。自由権、社会権、受益権、参政権など。

［三権分立制］

［平和主義］

［その他の基本的特質］　民定憲法であり、硬性憲法である。

20　私法の基本原理

①　現行民法の基本原理

［所有権絶対の原則］

［私的自治の原則］　その目的が違法でない限り私的社会生活関係においては、各個人の意思を尊重すべきだ。契約関係においては、契約自由の原則。

［過失責任の原則］

［私法の基本原則の歴史性］

②　私法の基本原理の補正

〔所有権絶対に対する制約〕〔私的自治の変容〕　社会法の出現。
〔無過失責任原理の登場〕　近代的産業の発達にともない……。

21　社会法の基本原理

①　社会法の一般原則
私的自治は自由放任となり、無産大衆の増大となった。経済上の自由も制約されてゆき、優越者の自由となっていった。近代法の理念は、その倫理性と社会的妥当性の基礎を失い、社会法が要請された。

②　労働法の基本原理
〔労働権保障の原理〕　職業安定法、船員職業安定法、職業訓練法、失業保険法、港湾労働法、身体障害者雇用促進法、緊急失業対策法など。
〔労働保護法の原理〕　労働基準法、船員法、最低賃金法、労働者災害補償保険法など。
〔労働基本権保障の原理〕　団結権、団体交渉権、団体行動権（争議権）。

③　経済法の基本原理
社会法の一つ。昭和六年の重要産業統制法、独占禁止法、中小企業等協同組合法、輸出入取引法、消費生活協同組合法、下請代金支払遅延等防止法、不当景品類及び不当表示防止法など。

④　社会保障法の基本原理

社会保険制度（健康保険法、厚生年金保険法、失業保険法、労働者災害補償保険法など）と国家的扶助制度（生活保護法、児童福祉法、身体障害者福祉法、社会福祉事業法、保健所法、災害救助法など）がある。

## 22　民事責任

①　民事責任の意味

[民事責任と刑事責任]　刑事責任には未遂犯があるが、民事責任では損害の発生が責任の前提である。また、民事では行為者の主観的な事情は決定的な意味は持たない。

[民事責任の内容]　違法に他人の利益を侵害した者に対し、その損害を賠償させるのが、民事責任の内容である。契約違反や不法行為など。取引関係においては、契約上の給付義務の違反としてあらわれることが多い。一般の共同生活秩序における違法行為としては、財産権はもとより、人格的利益（生命、身体、自由、名誉など）も保護されなければならない。

②　民事責任の態様と効果

[契約違反]　履行遅滞、履行不能、不完全履行。

[不法行為]　故意または過失によって、他人の権利を侵害したものは、これによって生じた損害を賠償

すべき責任を負う。未成年者と心神喪失者以外は責任能力を有する。

## 23　刑事責任

### ①　責任とは何か

刑法の罪と道徳・倫理の罪は別。

### ②　責任主義

刑事責任の限度で刑を課すべきであり、責任がなければ刑罰はない。

### ③　刑事責任の根拠

意志責任に、あるいは、性格責任に、あるいは、さらに人格責任・行状責任に、根拠を求めている。

### ④　規範的責任論の展開

責任とは、規範と心理的乃至は生物学的事実との間の関係である。

### ⑤　目的的行為論と責任論

24　司法制度

①　裁判と司法
裁判は必要である。ただし、日本の場合は、憲法が罪刑法定主義を定めている。

②　国家形態と司法
〔立憲君主国家の司法〕　人権宣言がなされ、法治行政が行なわれ、司法権が行政権から独立した。
〔民主国家の司法〕

③　司法制度における民主主義的諸条件
〔裁判官〕　民主主義のもとで司法は民主化してはならない。
〔裁判に対する国民の参加〕　陪審制とか参審制。
〔裁判批判〕　裁判の権威失墜をねらった誹謗は裁判批判とはいえない。

④　わが国の司法制度の直面する諸問題
弁護士費用を敗訴者から取り立てることができない。裁判官の数は十分か。

## 七　法学方法論

### 25　法学方法論

①　近代の法学方法論

［歴史法学］［功利主義の法学］［分析法学］［概念法学］［目的法学］［一般法学］［社会法学］［利益法学］［新カント派の法学］［新ヘーゲル学派の法学］［社会主義の法学］［新自然法論］

②　法解釈学と価値判断

法解釈学の客観性と科学性が論議された。客観性とは主観と主観との間での論議の可能性だろうか？

③　法解釈学

関連している学問領域は多い。法存立の基礎について多くの学説が支持しているのは、民意つまり社会意識である。

### 26　法と法学・余論

六法全書や法律学辞典が大切。いろいろ本を見ると良い。随筆はくだらないものが多いので、さっとみれば十分だ。論文を読むのも良い。

以上

追記

日本法の文化遺産の最後のあたりだったと思うが、ボアソナードが明治政府の要人を集めた講演会で演説して、人を害さない、害さぬ、ということが大切だと語った、と書いてあった。

## 2　『もしも裁判員に選ばれたら』という本についての読後感想文

二〇〇八年に一時帰国したとき購入した本である。内容が気になるので、感想をまとめてみた（花伝社二〇〇五年一月）。

裁判員制度が始まった後、作成されるはずのハンドブックをイメージして作ったとのこと。五ページめで、「民主主義社会では、国民から離れて『正義』が存在することはありえません」とあったが、民主主義というと選挙を思い出すわけで、いわば多数決の世界だ。国民という言葉は形式的には一人でも該当するが、イメージではおおぜいだ。それに、個人、各人、市民、人、人間とは言っていない。良識、常識、感性、気分という言葉も出てこない。しかし、こういうものに反する法律はこまる。憲法違反かもしれない。

あとは、法廷で決着をつけるわけだ。たとえば、私は、食えと言われても人肉はいやだ、義務だと言われても、のこぎりを引くのはいやだ。ロープだっていやだ。これは当然の感覚であり、一〇〇%の正義であり、そのとき私は神であり、そのようなことを命令する者はただの悪魔にすぎない。社会運営がうまくいかないため、外道・悪魔・クモが現れたにすぎない。従って、法律や契約はそもそもが無効になるようなものが出現する可能性があり、そのときは、前記のもの（良識……）で判断するわけだ。民主主義社会でも、他の社会でも同様だ。国民から離れて……というのは、多数決ではなく、気分・意志・良識みたいな意味かもしれないが、皆がサイミン術にかかったり、忙しくて検討している余裕のないときに、少しずつ提案されるのかもしれない。九割がた同意したあと、具体的にはこういうことですと言って、のこぎりが示されるわけだ。つまり実質的にはペテン、詐欺があると思う。同意は無効だ。国民はだまされたにすぎない。一億人が賛成しても、それは正義ではなく、一人が賛成しても、それは正義だ。国民から離れてというのは不完全な表現なわけだが、簡単な表現ということだと思う。

それに、憲法の根本規範の部分は改正できないと聞いている。国民が同意しても、それは無効なわけだ。

## 3　雑誌「受験新報」からの抜粋及びその他

学生時代はあまり雑誌は見なかった。しかし会社を辞めるすこし前くらい、ものすごくお金がたくさんあり、しかも世の中のことがしだいにわからなくなってきていたので、多種類の雑誌を購入していた。その中の一つで、最近、荷物を整理するため、さーと目を通していたら、気がついた記事があった。紹介する。

受験新報　昭和六一年新年号「職場からの便り、いま捜査では（検察官）」―暴力団事犯（二）―

「捜査でもっとも重要なことは、事案の真相を解明することにある。犯罪のプロである暴力団がらみの事件ほど検事泣かせの事件はない。彼らは多くの場合、徹底的に逃げをうつか、あるいは、自分で背負い込むかのどちらかである。ちょっとした不始末をおこした若い組員Ａを、アパートで、組の幹部甲・乙がリンチに（ケジメと称する）。見せしめなので、他の若い組員三人も集められた。Ａは二人の幹部に木刀でさんざん殴られ、他の若い三人も命ぜられてやむなく、同じように殴った。Ａは気を失い、幹部は引き上げ、残った若い組員がＡを病院に運んだが、その夜、死亡。病院の通報で捜査開始（警察）。まず、若い三人を逮捕。飲み代のことで喧嘩（ケンカ）と。つい力があまって死なせてしまったと。強硬に主張し続けた。が、動機の裏付けがとれなかった。供述相互に食い違いが多い。勾留半ばで捜査方針を見直した。警察に指示。どこで飲んでいた、いつ、その状況→裏付け捜査そしてＡの身辺捜査」

ジュリスト　一九八八．一二．一五　海外法律情報（中国）

「国家機密保護暫定条例（一九五一年六月公布）を廃止して、国家機密保護法が、一九八九年五月から施行される。従来中国において、何が国家機密であるのかさえ明確でなく、新聞に出ていない事項、たとえば、市民が自分の名前を外国人に教えれば、それが機密漏洩《ろうえい》にあたるという笑い話さえ生まれた程で……」

# 第4章　コミュニケーションを支えるもの——掃除・清潔・食事など

## 1　清潔とか掃除についての個人史（退社後）

### 体力と身辺の清潔

結局、コミュニケーションの本質は、伝えるべき内容があり、それをどのように表現し、受け取る側がどのように把握するかということだと思う。そして、そのいずれの面についても、それに関わる主体それぞれの体力・余裕・経済力・制度の特徴といったものが重要となってくる。そのひとつ、個人の体力（コンディション）については、さまざまな点が影響を与えているが、大切なのが身辺の清潔さである。

細菌については常識的な知識しかないので省略し、主に汚れ、あるいは何らかの化学物質について述べる。そうした汚れで特徴的なのは、非常に微量でも大きな影響があるということだ。ただし私自身、以前は気がつかなかったので、体力があるときは気がつかないのかもしれない。たとえば、ビニールやプラスチックの表面などのつるつるしている所に、かすかな油性（手アカとか通常の汚れ）で汚れがついている場合はあまりわからないが、そういうものをさわったあと、紙などをさわると汚れがとても目立つ。これは、紙はその表面から微小な繊維やホコリが立っているからで、つまり、そのホコリに汚れが付着し、やがて鼻から人体に入ることにもなる。

おそらく、そういうケースでは物質の重量（分子の数）ではなく、その表面積が化学作用の多寡を決めているのだろう。そのような汚れが口から入った場合は、口の中は弱酸性、胃の中は酸性なので、物質の粒が分解され、表面積が大きくなるかもしれない（なお、腸はアルカリ性）。したがって、呼吸を通じ汚れた部屋の空気が入る場合と、汚れとして口に入ってしまった場合は違う可能性もあり、ここでは鼻でわかるような汚れについてのみ述べていく。もっとも、私自身は以前から気をつけていたこともあり、汚れが直接口から入ったことはほとんどなかったと思う。

清潔の基本のひとつは手を洗うことで、私は一日に何度も手を洗っている。理想を言えば、まず、きれいな物を扱い、次にあまりきれいでない物にさわり、最後に汚れた物にさわって、作業や片付けなどを行い――それから手を洗い、そしてさらにもう一度ということだろう（私は、いつもそうしている）。このようにすると、汚れが広がらない。特に、本やノートなど紙類を汚してしまうと、空調でもないかぎり、読むことができない。濡らしたティッシュペーパーで指先を拭くだけでも、けっこうきれいになる。

長い間、こうしたことに気がつかなかったのは残念だ。出版物ではこういう説明を見たことがない（読書傾向の問題はあるが）。また、学校でどういう話を聞いたか、記憶力に自信がないので覚えていない。いずれにせよ、世間ではあまり言わないことかもしれないが、その御利益は絶大と言うべきで、もはや、そうしないと何もできない。私にとっては、今やすべてのおおもとになってしまった。

ただ、中学のとき、図書室を利用するときはまず洗面所で手を洗うように、という注意は授業のときに聞いた。それに、日常生活での手洗いやウガイ（外出から帰ってきたときなど）は大切で、何度も聞いたことがある。

なお、第六章で詳しく述べるが、体質などは個人差があり——汚れに関しても、ある人にとっては汚れでも、他の人にとっては清潔ということかもしれない。たとえば、汚れが金粉（種類がいろいろあり、性質が逆の物もある。純度や混じっている物質の性質が現れる場合があるのだろう）のような物、あるいは血管を少し拡張させる性質の物のような場合、その人がコレステロール値が高いか、血管がすでに狭くなっているときなど、その汚れは〝薬〟になることがあるのかもしれない。

いずれにせよ、これは私の想像で、そうではない可能性もある。はっきりしたことは言えないが、人によってはあまり身辺をきれいにすると、かえってコンディションによくない場合もあるかもしれない。

いろいろな掃除。小さい破片が散らばってしまった場合、特に畳の上などは、チリ紙をまるめて少し水に濡らし、トン～と軽く床をたたくようにして掃除するとよいかもしれない。電気掃除機を使えば完璧だ。ヒューズを取り換えたあとは、手を洗うこと。少し話は違うが、地形などのぐあいで、例えば谷間みたいな所、風向きがいつもきまっている場所があるが、そういう所で住宅がそろって並んでいる場合、一軒だけはみ出していると、風上の各戸の排気が家にあたって、家のまわりを曲がるように流れるかもしれない。部屋によっては窓からの空気が少し悪くなるだろうか。

### 防犯上の問題

まだ会社に勤めていたころだが、実家は市内で引っ越した。借家で、そこに二年住んでいた。休みの日だったと思うが、二階の私の部屋から空を見ると、きれいな珍しい雲がたくさん見えた。その翌日くらいだったか、日航機が、圧力隔壁が壊れたときの衝撃で油圧管が壊れ、操縦不能となって、墜落した。その後、市内で土地を買って家を建てた。少し谷間のような地形だった。この家に住んでいるとき、会社を辞めた。

その家にいた最後のころは、私は二階のベランダで洗濯物を干していた。自分で洗濯して、庭で干していたのだが、あまり空気がよくない。が、洗濯物なのでそのくらいはかまわないのだが、全く判断力がなかったのだろう。天気がよいときは、ベランダではやや、ななめ上から風が吹いてくるみたいだったので、ベランダに干してみた。すると三時間くらいで乾く。そこで、ベランダで干すことにしたが、あるとき、香油のようなものを吹きつけられた。ベランダの床にも、香油のあとが点となって残っていた。気味がわるいので、再度洗った。その後、気をつけていたが、私がやはり留守番をして、二階にいたとき、用事で一階に行き、部屋にもどって、何となくベランダを見ると、トルエンか何かのニオイがする。門から玄関までは数メートルあり、液体を飛ばすのはすこし無理だ。状況はよくわからなかった。これも再度洗ったが、なかなかニオイがとれなかった。結局、ヒマな毎日だったので、あとは、洗濯物を干したときは、ベランダに出て、ずっと見ていることにした。何もなかったが、一度オートバイが来て、私の家の前を通り、ちょっと横くらいで、紙キレか紙くず（A4かB4くらいの紙で、丸めてはいなかった）を落としていった。するとあたりの空気のようすがパッと変わった。なにか、スーとしたような感じだったかもしれない。いったい、何だったのか、さっぱりわからない。

あとはこまかいことだが、持ち物の中に汚れものがあり、これは長い間気がつかなかった。小型のタテ長タンスの引き出しの中に入れ、使わなかったので実害はなかったが、すこし部屋の空気が悪くなっていたかもしれない。

## 適切な対応が大切（つまり実は適切に対応していた）

この家に住んでいた間、三度アパートを借りて住んでみた。不動産屋で紹介してもらったり、入口のガラス戸に張ってあるチラシを見て、よさそうなものを案内してもらったりで選んだのだが、はじめの二件は都内区部の物件ですこし家賃は高かったが、便利そうだったので住んでみた。すると、理由はよくわからないが、窓を開けっぱなしにしていると、頭痛がする。が、空気を入れかえたあと、空気清浄機を使用していれば全く問題はなかったのだが、判断がつかず、何度も引っ越しをしてしまった。三度目のアパートは近県の物件で、どういうわけか、そのあたりは金粉のような空気だった。すこし離れたところに工場があり、金属製品を研磨していたのかもしれない。屋上に排気塔らしきものが見えたが、実害はないので特にフィルターなどは通さず排気していたのだろう。冬の終わり、カゼをひいたらなかなか熱が下がらなかった。ある時、毛布など干す必要はなかったのだが、一度干して、夜休むとき、かけていたその毛布を引っぱったら、唇の下に、毛布のふちがトンとあたった。すると口の中に、スプーンをしゃぶったような味が広がった。唇が荒れていたので微粒子が口の中に入ってしまったのだろう。

### ワンルームマンション

その後、都内でワンルームマンションを買った。ガラス窓から入ってくる日の光がにがてで（遠赤外線で透過性が高かったのかもしれない）、北側の部屋を選んだ。ベランダがあったが、ガラス戸は開けず、窓の中に取り付けてあったガラリ（たしか、そんな名前だった）という小さな通風用の引き戸を開け、あと必要に応じて、側面側の窓をすこし開けたりした（ここからの空気は汚れていることがあった。隣家（鉄筋）の排気口が近くにあった）。

ベランダに出たとき気がついたが、風は横・水平方向からではなく、すこしななめ上から吹きおろしてきていた。ビル風（以前、新聞を見ていたら、高層ビルが建つと風のようすが変わり、そのまわりで強い風が吹くことがある、と言っていた。それをビル風と呼んでいた）のたぐいか、地形のせいだろう。とても空気が良いので感心した。なぜ、アパートと違うのかわからない。空気清浄機は使わなかった。

### ＣＤ

そのころＣＤラジカセを買い、レコード屋でＣＤを何度か買った。どういうわけか最初にＣＤを買ったとき、店員が、このＣＤの包装用のビニールはとても汚れていますのでと言って、プラスチックのケースをおまけでくれた。たしか、包装用のビニールが破れていたかもしれない。その買い物か、そのころ、ＣＤの包装は外側がとても強い収斂性の薬品みたいなものでおおわれていることに気がついた（今はどんな様子かわからない）。さわった指で、せんべいをつまんで食べたら、危ないんじゃないか、というくらいの強さだった。汚れではなく、吹きつけてあるようだった。レコード屋に寄ったあとは、寄り道をしないでまっすぐ帰り、買ってきたものを片付けるときは、ＣＤの包装用のビニールを開けたあと、ＣＤを取り出すまえに手を石けんで洗っていた。

ワンルームマンションの値段は一五〇〇万〜一六〇〇万円で、無職だったのでローンではなく、現金で買った。預金で生活し、とにかく本を読んでいたが、預金が減れば、マンションを売って、やはりアパートかセカンド・ハウスをさがさねばならなかったので、掃除には今までで一番熱心だった。あるとき、入口のドアノブが汚れていることに気がついた。ＣＤを買うようになったあとである。そこで、チリ紙をすこし水に濡らして拭きとった。乾いたチリ紙でさらにカラぶきしたかもしれない。拭くとすぐきれいになったと感じた。

## 文房具で汚れていたものを発見

なお、このワンルームマンションに住んでいたときだったが、持ち物・荷物をすこしよく見てみた。部屋にはバスルームとミニキッチンの上に排気扇があり、本を読んでいる間は、どれかを作動させていた。そのせいでいろんな物を見ていて、それで気がついたのかもしれないが、ある文房具用品でものすごく、強烈に汚れたものがあった。ひょっとすると強い収斂性が基本なのかもしれないが、硅素の汚れだったかもしれない。硅素ではなく、鉛に錬金術のような金をまぜた様子だったのかもしれない。ほこりっぽい飛びちりやすい様子だった。水で洗ってから捨てた。

### 外壁の汚れ

ある時、防犯上の問題があった。朝寝ていたら（何時ごろだったか覚えていないが、そんなに早い朝ではなかったと思う）、バシャという音がして、すぐに部屋の空気が、金粉ではないが硅素のような汚れた空気に変わった。換気扇は作動させていなかったが、ベランダに面したガラス戸のガラリを開けていたので（網戸用の網を張り、そのあたりは厚手のカーテンをたらしていた）、そこから汚れた空気が入ってきたのだろう。起きてから、ベランダの様子を見ると、換気口の下あたりが、とても強く硅素の雰囲気で汚れている。おそらくチリ紙をたくさん丸めて水で濡らし、そういうもので拭いたり、石けんでみがけばよかったのだろうが、十分な判断力がなく、荒物屋が近くにあったのでホースを買ってきて、水をかけたり、中性洗剤で軽くみがいて（このとき、よくみがけばよかったのかもしれない）、水で流したりしたが、さっぱり、汚れが取れない。そこで、サラダ油をそのあたり三〇センチメートル四方にぬったら、驚いたことにあたりの空気がパッと一変して、もとにもどった。

そのあとは、すぐに片付けを始めたのだが、このとき奇妙なことが起こった。私はバスルームあたりにいたのだが、外の道（車が通れるくらいの道で、私の部屋の正面）から、だいじょうぶです、というやな声がした（私はおそらくコレステロールの値が低いか何かで、金粉みたいな拡張性の雰囲気の汚れに弱い。このときの声は、割れ金ではないが、半音《?》というのかとてもひびいてしまった）。ベランダの近くにもどると、網戸・レースのカーテン・すだれがそれぞれ、同じ場所の三〇センチメートル角くらいが硅素のように汚れている。しかも、同じ高さで、部屋の反対側の壁もそのあたりがそのくらい汚れている。ガラス戸を閉め、カーテンは洗濯し、網戸はバスルームで石けんで洗い、竹でできたすだれは捨てた。壁は水で濡らしたチリ紙で拭いて、だいたいきれいになった。ベランダ側のガラス戸はいつも閉めていたのだが、その後も、閉めていた。

軟膏を買ったら

薬局で買い物して気がついたことがあった。メンソレータムの容器の外側と軟膏の表面・上がとても強く硅素で汚れていた。買うとき、店員の人がふたを開けて見せてくれたかもしれないが、もう覚えていない。帰ってから気がつき、まず、外側を石けんで洗い、中は上をチリ紙で拭き取るというか、こそぎとった。が、すこし雰囲気が変わってしまっており、そのときは、どうしてもメンソレータムを買いたかったので、都内の三ヵ所で買ったら、どれも同じように汚れていた。私はそのとき、あるいは、その後、これは私立探偵がどこかの国の判決を秘密兵器みたいなものを使って〝執行〟したのかなと推測した。

機械油についての発見事項

ここに住む前だったが、デパートで防災用品を買ったことがあった。水に一時間つけると食べられるアルファ米などである。卓上用の小型の消火器も買ったが、保存期間が一年で、何年かたったので捨てようと思い、ミニキッチンのシンク（流し）で、中の泡のような消化剤を出してから、捨てた。

さて、流しはまず水で洗ったのだが、消火剤はやや収斂性であることに気がついた。そこで石けんで洗ったが、全然とれない。拭いても、ダメで、サラダ油をすこし流し、それを拭き取ってみたがダメ。結局、石けんで洗ってから、ワイヤーたわしでみがいてみたが、こすっていたら、ある時点で急にすべりが悪くなった。ボンベの表示には、成分として機械油というのが表記されている。ひょっとすると、機械油は金属に付着しやすく、ワイヤーたわしに付着してしまったので、シンクの表面から油が失われ、それですべりが悪くなったのではないかと推測した。そうすると、食塩は水にとけるとナトリウム（Ｎａ）がイオンとなるので、それに機械油が付着するのではないかとさらに推測した。一ヵ所すべりが悪くなったところで、掃除をやめていたので、今度は塩をステンレスのシンクの表面にまき、たしかチリ紙かなにかを水に濡らして拭いたか、あるいは、塩水をかけたと思うが、驚いたことにあっという間にきれいになってしまった。ただ、このとき、水のしぶきが顔にかかったらいけないなと思った。

### 手の甲に炎症

三日に一度くらい近所のコンビニへ買い物に行ったが、いつも出かける前にシャワーをあびていた。電気温水機があり、深夜電力でわかし、断熱材でおおったタンクにためていた。それで気軽にお湯をあびていたのだが、どういうわけか、いつのまにか、両手の甲が赤くただれて炎症をおこすことがよくあった。ぬり薬を買ってつけたりしたが、たいして効かなかった。原因は今でもわからないが、シャワーは、本来、帰ってきたあと、使用した方がよかったかもしれない。生活術でもないが、あるべき生活の姿について、理念とか、適切な姿、合理的な様子といったものが、確立されていなかったんだと思う。

### 乾電池の液もれ

このころ、使うことはなかったが、大きな懐中電灯をもっていた。あるとき、電池を調べたら、液もれしていた。電池はすて、中は濡らしたチリ紙で拭いてきれいにしたが、とても強い収斂性で汚れていた。ごく微量の水銀が入っていたのかもしれない。人によっては、このような汚れが身近に広がってしまうのだろうが、私はそのころから（主に退社したあとくらいから）いろんなことに気がつき始め、汚れはあまり広がらなかった。

## 食品のパッケージ

会社をやめた直後から一日一食は自分でしたくをして、まれには料理をすることもあったが、たいていはスーパーの惣菜コーナーで売っている惣菜ものを買ってきて食べていた。アパートは短期間だったので、何を食べていたかちょっと思い出せないが、ワンルームマンションでは、弁当を買ってきて食べることが多かった。あとはインスタントラーメン。それに野菜ジュースなど。真空パックのものもよく買ったが、こういった洗うことができるものは、石けんで洗っていた。まれにだが、パッケージの外側がとても汚れているものがあった。イスラエル産のアロエのジュース（紙パック）は硅素の雰囲気で汚れていて、ワンルームマンションのミニキッチンの棚のあたりにおいたら、蛍光灯の熱のせいだろう、上昇気流が発生するらしく、その紙パックをおいていた所よりもすこし上あたりまで、その雰囲気で汚れてしまい、濡らしたチリ紙で、拭いた。紙パックは石けんで洗ったら、すぐきれいになった。

普段、酒を飲むことはなかったが、すこしずついろんなものを飲んでみた（ビールの各ブランド。味・風味がちがうのは退社後気がついた。ウィスキーはミニボトルのようなものをたしか飲んでみたと思う）。あるとき、コンビニで、なんとなく、ワンカップの日本酒が目にとまり、このときは手にとって顔の近くに持ってきた。すると、とても強い収斂性の汚れに気がついた。買うものはたいてい決まっていて、それ以外のものを手にとることは普段あまりなかった。デパートの中国物産コーナーで数個まとめてビニールに入れてある泥付きのピータンを買ったことがあるが、消毒剤だろうか、かなり強い硅素のようなものが吹きつけてあり、泥をはずしても、卵のカラの外側までその雰囲気だった（もっとも厳密に確かめたわけではない。指がすでに汚れてしまい、それで卵を顔の近くに持っていったときそのように感じてしまったのかもしれない）。

### その他

荷物を入れたダンボール箱がとてもたくさんあったので、床の掃除する部分はわずかだった。電気掃除機はアパートでは使っていたが（畳だった）、ワンルームマンションの床はフローリングの合成樹脂板で、いつもチリ紙を水に濡らして拭いていた。

そこに住んでいた最後のころ、おまけ（サービス）で粉石けんをもらったことがあるが、不良品らしく、とても強い硅素の雰囲気だった。海外工場の製品のようだった（あるいは、その国では、環境とか土壌の性質などから、たいしたことはないのかもしれない。つまり、その国の環境ではある程度のバランスがとれるのかもしれない）。袋を開けると、最初ものすごくよい香りなのだが、すぐニオイがわからなくなり（鼻、臭覚がダメになった）、次に硅素の雰囲気を感じた。が、もったいないので一度だけ洗濯に使った。しかし、すすいでもその雰囲気が取れず、塩を入れてすすいだら、多少きれいになったが、どうしてもかなり強い汚れが取れない。面倒なので一回分の洗濯物を捨ててしまった。ふとんカバーとか敷布だったと思う（二〇一五年一一月に注を追記するが、成分とか原料については表示は見なかったと思う。硅素が成分だったのかもしれない。それが油性だったので、すすいでもダメだったのかもしれない。別の粉石けんで再度洗えば良かったかもしれない)。

## 2　清潔とか掃除についての個人史(中国にて)

### 中国にて

詳しい経緯は第七章で説明するが、荷物を持って中国(大陸)に引っ越した。留学とか仕事ではない。預金が減ってきたので、物価の安い所へ移り、さらに生活を継続するのが目的だった。なお、後述するが、国が違うと基準とか規則・設計などが異なり、日本では気をつけねばならない物が、中国ではなんでもなく、日本では、(よくわからないが)おそらく大して注意することは必要ない物が、中国では取り扱いにものすごく注意が必要で、不用意に取りはずし・取り付け作業をすると、その場で絶命するのではないかと思われるような物があったりする。したがって、物価が安いので、ということは言いたくないのだが、引っ越しの理由はそれだけである(話を聞いた人がフラフラと出かけて行って、事故にあったりするといけない)。

さて、借りた物件は、ファミリーマンションで、たとえば七〇平方メートルくらい。いろいろ理由があって何度も引っ越したが、家賃は七五〇〇円から一万円くらいだったろうか。滞在がすっかり長くなってしまったが、やはり理由があって、最初、住んでいた町から、今いる町に遠距離の引っ越しをした。ここでは一万八〇〇〇円だ。詳しい生活の様子は、第二編での滞在日記の抜粋・要約で説明するが、身辺・室内の清潔・掃除について述べる。

## トイレットペーパーにガラスの粉

今までどれだけの量のトイレットペーパーを購入したかわからないが、まれに事故品があった。最初のアパート（賃貸マンション）があったマンション団地内にスーパーがあり、いつもそこで買い物していた。あるとき、買ったトイレットペーパーにガラスの微粒子がたくさん入っていて、さわるとヒリヒリし、目で見てもキラキラしているのがわかったかもしれない。タイルの床を拭くのに使用した。

## 窓を開けていたら硅素を照射された

荷物の大部分は書籍で、ダンボール箱に入れていたが、取り出すのに不便だったので、六畳くらいの一室（すべて洋間で、床はタイル）の床に、箱から出したビニール袋（ゴミ捨て用の大きな丈夫なものを何枚か重ねて、その中に本を入れていた）を並べておいた。列と列の間は空けて歩けるようにした。その部屋は書庫としたので、普段いることはない。通風の必要はないので、窓はいつも閉めていた。が、あるとき、すこし窓を開けていたら、硅素を打ち込まれた。方法はわからない（五階くらいの部屋だった）。その部屋の床と、ドアをすこし開けていたので、開けていた窓が見える範囲で隣の部屋（居間）の床が汚れた。しゃがむと、硅素（ただし、気分にもとづく推測）の汚れの雰囲気があった。別の場所では、その雰囲気がなく、違いがはっきりしていた。チリ紙を水に濡らし、拭き取ると、すぐきれいになった。理由は今も見当がつかない。

## 通風用の窓の下にガラスの粉が

日本にいたときは、会社を辞めたあとは、自然に部屋に風を通すことができる住宅に住んだことはなかった。中国では最初の部屋（アパート）で、自然通風を行なった。台所を使うことはなく、水道はいつもトイレの前の洗面所を使用していたので、まず台所の窓を開けた。細長い台所で、窓はその側面にあり、幅六〇センチメートルくらいだったろうか。つまり三〇センチメートル開けた。網戸はついていた。台所の隣はトイレで、次が居間、そして、細長いサンルームがあった。つまり、居間とはガラス戸で仕切られていて、幅一メートルくらいのスペースがサンルームで、窓が一面にあった。奥の窓、つまりサンルームへの入口とは反対側の窓を開けた。やはり、網戸がついていた。こうするといつも、一日中、台所からすこしだが風が入り、サンルームから出ていった。机は居間の中央においていたが、汚れた本を読んでいたとき、室内を歩きまわってみたら、机のあたりより風下、つまりサンルーム側は空気がとても悪く、風上側ではなんともなかった。夜は、両側とも窓を閉めていたが、あるとき、サンルームの開けていた窓の下にキラキラ光るガラスの粉を見つけた。チリ紙を水に濡らして拭き取ったが、良く吹き込まれることがあり、何度も拭き取った。理由とか、どうやって吹き込んだのかといったことは今もわからない。

## 電球の取り換えと汚れ

日本にいたとき、私は白熱電球について特に気がついたことはなかった。中国に来た当初、長期にわたってホテル生活をしていた際、あるとき室内の机の上にあるスタンドの電球が切れたので、ルームサービスを呼んで取り換えてもらったことがある。何かとても簡単に取り換えたような気もしたが、はっきりした記憶はない。

とにかく作業が終わったあと、電気スタンドの傘の上からのぞいてみたら、なんとなく、きちんとはめ込まれていないというように見えた。電球がソケットの上で少し傾いていたような記憶もある。明かりはちゃんとつき、問題はなかった。

その後、最初のアパートで電球が切れたので、まず、スーパーで新しいものを購入した。その時よく見たら、口金のへり、つまり電球のガラス部分のすぐ下あたりで金属線をハンダ付けしており、そのハンダがすこし盛り上がっていた。これは気をつけなければいけないと思った。

買ってきた電球を、取り換える作業にあたっては、レインコートを着て、帽子をかぶったように思う。その後もたびたび電球を取り換えなければならなかったので、しだいにダテ眼鏡をかけたり、マスクをしたりするようになった。作業はイスの上に上がって、電球をはずし、そして新しいものを取り付けるだけだが、いつも三時間くらいかかる。まとめて二つ取り換えたこともあったが、やはりそのくらいだった。最初に切れた電球をそっと取りはずすのだが、盛り上がったハンダの山が、プラスチックのソケットの内側にこすれて、キーキーと音をたてる。このとき何かの微粒子が落ちてきて、目の中に入るのがわかった。

室内を歩くときに電球が頭にぶつからないよう、天井から下がるコードを巻いて、ソケットを高い所にさげていたせいだろう。イスの上ですこし背のびをするくらいの高さだったが、距離で三〇センチメートルくらいの所が、電球の真下だったと思う。むろん、口をきちんと閉じて作業した。もし、口を開けて作業していたら、死亡する危険もあったと思う。取り付ける場合も同様だ。

ねじ込むとき（つまり電球を回すとき）、あまり力は入れなかったので、ひっかかったところで回転しなくなることもあった。イスを下りて壁のスイッチを入れても、点灯しない。つまり、十分にねじ込んでいなかったのだ。再度そっと、しかし、やむを得ず少しだけ力を入れて回転させると、ひっかかりを超えて、さらに回り、そして止まった。今度は点灯した。まれにではあるが、はずすとき、金属製のねじ込み部分とガラスの球とがズレてしまうことがあった。一種の壊れたような状態であって、口金がはずれてしまうわけではないが、三〇度くらい口金がガラスの球に対してズレてしまう状態だった。

電球の交換が終わっても、そのあとの掃除に時間がかかる。まずはイスを拭き、床を拭き、古い電球を片付け、服をはたき、その間、何度も手を洗う。最後に濡らしたティッシュで唇を拭くと、極めてかすかだが胸が苦しくなるような感じがすることもあり、先に顔を拭いたあと、口の周りを洗う場合もあった。髪は拭いていていた。これで、三時間だ。

急ぐ、という考えは全くなかったので、とにかく合理性を追求した。つまり、やたらに何度も手を洗う必要がないよう、最初に手を洗って、まず一番きれいさを必要とする作業を行い、次にそれと同等かそれ以上に汚れる作業を行い、もうなければ、再度、手を洗い、そしてもう一度、一番きれいさを必要とする作業を行うのだ。

つまり、作業をするたびに状況が変わるので、それ以上することがないということで手を洗っても、手がきれいになれば、新たな状況において次の作業が待っているわけである。たとえば、古い電球を割れないように紙でくるんでからビニール袋に入れ、手を洗うと服をはたき、次にイスを拭き、床を拭き、もう一度手を洗ってから顔を拭くなど。手順はもう忘れたが、考えながら作業していた。

ただ、のちにビニール袋（買い物の際、スーパーでくれる袋）で電球を包むように支えて持って作業をしたら、三〇分で終わり、顔も拭かなくてすんだ。ハンダは鉛合金で重いので、磨擦から生じた微粒子は、まっすぐ下に落ちるのだろう。

もっとも、これらのことは、私はこうやっていた、という体験談にすぎない。一般性についてはわからない。電球のブランドはたくさんあり、メーカーはいろいろだった（スーパーによって取り扱っているメーカーが違っていた）。だいたい構造は同じだったと思うが、全部同じだったと確認したわけではない。日本に比べると、中国は変化が早いと思うが、はっきりしているのは、当時、その町ではそういう様子だったということだ。何度も引っ越したが、しだいに蛍光灯を使っている部屋が多くなった。今入居している部屋（執筆中の部屋）は、電球のソケットに蛍光灯を取り付けている。蛍光管が螺旋を巻き、球ではないが一種のかたまりになっているタイプの電灯だ。側面のハンダの突起には気がついていない。

中国に入国したときのダンボールの荷物は、天津港の倉庫に預けていた。アパートを見つけてから取りに行くと、ガラスの容器かビンのようなものが割れて、ダンボール箱の上に落ちている。アパートでは、ティッシュペーパーをたばねて濡らしてそれを拭いたが、電気掃除機は使わなかった。空気が乾燥していたので、乾いたダンボールのフタはそっていた。開けようとすると、そのわずかなそりは反転して、そのたびにガラスの微粒子がカタパルトで飛ばされるように顔にあたった。わずかな量だろうが、何か、目の中に飛び込むのがわかった。つまり、そののち電球の取り換え作業中、目の中にハンダの微粒子が落下したとき、厳密にいえば私の目は通常の状況ではなかったのかもしれない。普通の状況なら、ハンダの微粒子が落下したとき、目の痛みがあったかもしれない。もちろん、個人差もあると思う。このアパートを引っ越すとき、ダンボール箱は新しいものを入手した。

### その他

最初のアパートは一年半住んでいたが、一年くらいたったころ電気掃除機を買った。三千何百円。普段は使わず、床はタイルだったので、濡らしたチリ紙で拭いた。なお、ゴミはマンション団地内のゴミ箱にすてていたが、不燃物とか電球など、そこに捨ててよいのかわからなかったので、管理している人に聞いたら(言葉はできなかったので、絵だとか文字を書いた紙を見せて聞いた)、かまわないというのでそこに捨てた。ただし、それは、どこの住宅地でもそれでかまわないということかどうか、それはわからない。そのころ、そこでは、ということである。

### 洗濯機

三軒目のアパートには小型の洗濯機がおいてあり、使ってみたら便利だった。実は洗濯は重労働なのだが、すでに荷物が多く、これ以上物をふやしたくなかったので、タライで洗濯していた。が、四軒目のアパートに入居したとき洗濯機を買った。一万五〇〇〇円。

### 換気扇

換気扇(ファン)で排気すると便利なのだが、いろいろあった。故障とか、ショートだとか。第二編で説明する。

トカゲ

三軒目のアパートでヤモリのようなトカゲを見つけた。それまでは、本を机の上とか、引き戸のない引き出し（棚のようなもので、小型の机の板の裏・下についていた）に置いていたが、夜はビニール袋（ゴミ捨て用の大きいものに、何冊か、まとめて）に入れるようにした。

扇風機

四軒目のアパートは長く住んでいたのだが、繁華街の近くで、ビル（まず、全てアパート、一階が商店とかレストラン）が建てこんでいたせいか、自然通風がはっきりしなかった。そこで扇風機を結局二台買い込んで強力に換気した（昼のみ）。一八〇〇円と三〇〇〇円。

空気清浄機

このアパートに住んでいた最後のころ、二万四〇〇〇円で空気清浄機を買った。入居したとき、外から見ると（部屋はたしか四階くらい）、隣の部屋の煙突（トタンでできた細いもの）が、ちょうどその部屋の端、つまり、入居する部屋のすぐ近くに出ているのに気がついていたが、それまで、どこでも、煙突とか煙を見たことがなかったので、気にせず、サンルームの入り口の一番反対側の窓、つまり煙突の隣の窓を通風用に開けた（防犯用のつもりで、窓には全て、内側からセロテープを張り、動かせばわかるようにしていた。通風用の窓は、網戸など荷作り用のセロテープで固定したりしていた。もっとも、防犯用の鉄格子が付いていた)。

が、どういうわけか、最後のころ、ストーブ(練炭? 石炭?)を使用し始め、急に室内に煙が流れ込んできた。このとき、やはり、判断力がなかったのだろう。まず、通風用に開けていた窓を変えればよかったのだが、それが面倒で、たしか、サンルームのドアは閉めたのだろうが(このときのアパートは両側にサンルームがあった)、すぐに空気清浄機を買ってしまった。たいして使わず、その町にいた間は、他のアパートに引っ越したあとも使うことはなかった。

漏水その他

配管などからの漏水や排水口のつまりはけっこうあったが、第二編で説明する。ただ最初住んでいた町での最後のアパート(短期間だけ住むのが目的だったので、安い物件をさがしていた)は、トイレで上の階からすごい排水のモレがあった。不動産屋に苦情を言ったが、聞きに行ってもらったら、ずっと上の階からモレてくる。設備が古いので直せない、とのことだった。たしかに、取り壊し直前くらいの老旧アパートで、部屋も狭かった(一応、台所とあと二つ部屋があったが)。

床はタイルがなく、コンクリートだったが、どういうわけか、すごい、デコボコだった。しかも、ガラスの微粒子で汚れていた。ほうきで掃除していたのだろう。何度か電気掃除機を使ったら、多少きれいになった。なお、この際、掃除機のホースがズボンのスソにあたったら、すごく汚れてしまった。あとでよく、はたいた。

四軒目のアパートだったと思うが、どういうわけか、トイレが（洋式便器）金粉みたいな薬品で汚れていた。水を流しても、拭いてもとれなかった。すぐ後ろの壁に電球があり、取り換えるとき、ハンダの微粒子が落下したかもしれないので、チリ紙を濡らして便器のフタの上などを拭いたが、そういった理由で、バランスを取るため、前の入居者が何か薬品を流したのかもしれない。使用するときは、水はねに気をつけた。つまり、チリ紙（トイレットペーパーのこと）をまず落としておくなど。

### 今の町では

その町では六度アパートに入居したが、理由があって、二五〇〇キロメートル南の今の町に引っ越した。この町での最初のアパート（つまり賃貸マンション）は理由があって三ヵ月で引っ越した。新しくて清潔な部屋だった。窓からの空気もよかった。ただ、換気扇はガスコンロの上のフード型のもので、すでに油で汚れていたということもあるが、トラブルが多かった。長時間使用するタイプではないと思う。第二編で説明する。

二度目のアパートは、今、私が入居している部屋である。普通の換気扇（すこし小型）が使用できるのがうれしい。一度目の冬は、夜、とめていたが、二度目の冬は、夜も作動させている。床はタイルなので、たまに、チリ紙を水に濡らして拭いているが、汚れる所・ホコリがたまる所はきまっているので、そういう所をときどきそのように掃除している。ただ、夏が長く、ものすごく暑い。カビが衣類やタオルケットに生えてしまい、洗濯が大変だった。台所のシンクにもすぐカビがつく。種類によっては、すごく取りにくい。第二編で説明する。あと小さな虫が多い。もっとも前の町での最後のアパート（すごい安アパート）でも小さな虫は多かったが、ここでは小バエと小さなクモが多い。クモは種類があるのだろうが、胴がせいぜい三ミリメートルで足がとても細くて長く、一センチメートルくらいの種類だ。第二編で後述する。空気清浄機は念のため、一日中作動させている。建物の構造のせいだろうか、他家の台所の排気がいつも流れ込んでくるので（料理の臭いが毎日流れてくる）、一酸化炭素があったらいけないと思い、作動させている。フィルターのほかに、活性炭をつめてあり、たしか、一酸化炭素を中和するという説明書の内容であった。なお、洗濯するときは、必要があれば塩水ですすぎ、それから、水ですすいでいる。

前の町に住んでいたときは、どうだったかもう覚えていないのだが、ベッドの敷布の上、足のあたりに足の裏の皮のカスがたまる。たまに、集めてすてたりしているが、判断がつかないでいる。なお、ベッドの下、床に落ちたものは、ときどき掃除している。身だしなみとしては、帰ってきたあとは、髪を濡らしたチリ紙で拭いている。服はしまう前にはたいている（食事時はさけている）。あと各室のドアは開けっぱなしにしており、普段、ドアノブ・壁などにさわることはない（一応、三部屋にトイレ・台所。三Kというのだろうか）。

## 3　基本は？

身辺を清潔にする基本は、適切な掃除と、必要に応じてこまめに手を洗うことだろう。

ずいぶん以前だが、NHKのテレビニュースで小笠原流の茶の湯だとか、どこかの神社の儀式（神主などが紙のマスクを顔にあて、木の小さな台がたくさんあって、その上に何か食べ物がおいてあった。ずいぶん、おおげさだと思った）を放送していたが、ああいうものは、昔も意味があったのだろうが、むしろ、その精神は現代文明ではないかと思う。あるいは、歴史・各時代を通じて共通に、つまりいつも存在しなければいけない基本的精神なのかもしれない。

おそらく、効き目は絶大だろう。いわば、〝品質〟、能率にひびくのだ。料理であれば、老人とか少数派の寿命にも影響があるかもしれない。むろん、多数派の体力にもひびくことはあるかもしれないが、Ｍａｘ（極大値）でなければ、動員数をふやすことによって対応できる。しかし、長老を失うことによって損失があるとすれば（その部族とか村とか集団にとっての損失のこと）、それを補うのはすこし大変かもしれない。つまり、まだ伝授されていない知識があったとか、判断力だとか、威信・信用・シンボルなど。

あまり想像でものを言ってはいけないかもしれないが、毒矢を使っていたとすれば、身辺の清潔上の問題もある。昔は、水道も石けんもなかった。地下鉄サリン事件のころ、すでに無職で、部屋でゴロゴロしていたので、ＴＶをずっと見ていたが、ワイドショーの説明では、南米の矢毒ガエルの毒にはサリンが成分として入っているそうだ。ものすごく微量なのだろうが、それでも毒矢に使用する分量を扱うわけで、その様子は見当がつかない。

その精神が言葉に影響するとすれば、コミュニケーションの質みたいなものにも、わずかだが、変化が現れるだろう。気持ちとか考え・思想を言葉でもって、あーだ、こーだと説明し（つまり「その精神」を説明すること）、そして説得・教化・導くというのはすこし面倒かもしれない。お祭りとは違うが、これは、儀式であって、見ているだけである（つまり、そのＴＶニュースによって、コミュニケーションの質がすこし向上したのではないだろうか）。

もうこれ以上、変なことは言いたくないが権力者はわりに評判が悪いことが多いのではないだろうか。国家だけではなく、各個人にも御利益のあることを権力者が言っても、信用してもらえるだろうかという問題がある。税金・年貢なら、ただ集めればよいわけだが、こういうことは信じさせ、その方向で影響を与えなければいけない。難しかったり、能率が悪かったり、コストがかかるかもしれない。一方、宗教は、権力の支持・支援は必要だろう。すると、いわば国家運営に役立つことが多いというのは、宗教にとってプラスだ。ニュースはずいぶん見たが、その九九・九九％は忘れてしまった。どれも印象はあったのだろうが、やはり記憶力には自信がもてない。

掃除のしかたについて、もうひとつ。濡らしたティッシュで拭くときは、まずはあまり汚れていない、綿ぼこりくらいの所を拭いて、それから特に汚れている所を拭き、次にチリ紙を半分にたたんで、もう一度、そんなに汚れていない部分を拭いてから、またさらに汚れている箇所を拭くと良いだろうか。まんべんなくサーッと拭いていくと、場合によっては汚れを広げてしまう恐れがある。ドアノブ、引き出しのつまみ、かばんの取っ手などは、特に汚れていると見た方がよいだろう。

# 第5章　食べ物について

## 1　食物・栄養についての基本

会社に入ったあと、いわゆる通俗科学本のたぐいで、ビタミンとかミネラルについて読んだ。辞めたあとも、その種の本を見ていた。ある医学博士が述べていたが、それによると、甘い物を一緒に摂ると、カルシウムは吸収されないそうだ。ビタミンの本の末尾にミネラルの一覧表があり、それによると、ニッケルは必須ミネラルとの説があるが、砂糖と一緒に摂ると、吸収されないとの説明だった。あと、その種の本を見ていたら、鉄分は腸で吸収されるが、多すぎる分は腸の表面の粘膜（そこに吸着されているらしい）と一緒に剝落して排出されるとのことだ。カロリーとかビタミン・ミネラルについての一応基本的な知識はあるつもりだ。世間での通常の知識である。

食事の前とか、準備前あるいは準備中、手を洗うことは大切である。

はっきりとはしないが、水分の摂取量が少ないと便秘になりやすいかもしれないが、それだけではなく、食べ物の性質（かすかな金粉型つまりかすかに血管を拡張させる風味〈キュウリ、白菜、ゴボウ、唐がらし、コショウ、ワサビ〉か、その逆〈イカ、タコ。ナス、ニンニク、ただし国産品〉か）の影響があるかもしれない。なお、水分は直腸で吸収されるとのこと。

日本にいた間、事故品はたしかなかった。

以前、通俗科学本をたくさん見ていたのだが、ある本によると、食品添加物のナントカ～は、硅素の化合物らしい。名前は忘れてしまったが、たしかカタカナ名で、ひょっとすると、キサンタンかもしれない。

## 2　栄養その他についての体験談

会社に入った一年後、胃かいようになりかけた。バリウムを飲んで、レントゲン写真をとり、あとしばらく薬を飲み続けた。九ヵ月ぐらいの間、営業の内勤というのか、事務をしていたが、机に座ってけっこう下を向いていたかもしれない。それで胃が圧迫されていて、影響したのかもしれない。そのあとは、食後、眠るまでは三時間以上（できれば四時間か）開けるようにして、帰りに外食することも多少あった。

九年間働いて会社を辞めたあと、自宅でゴロゴロしていたが、数日に一度外出して、スーパーで惣菜（弁当に似ていた）を買い、部屋で食べたり、まれに自分で調理したりしていたが、特に発見・気がついたことはなかった（栄養について）。あるとき、近くを散歩していて小さな本屋をみつけたが、食べ物・料理・栄養の本が棚一段にズラッと並んでおり、（他の段のことは覚えていない）まとめて九〇〇〇円買い込んだ。一〇冊くらいあった。インスタントラーメンも自宅にいたころからよく食べていたが、引き出物でもらったカットグラスのボールがあり、たしか説明書はソーメン用といっていたが、それでチキンラーメン（これは、お湯をかければすぐ食べられる。ナベで煮ないといけない種類が多かった）を食べていた。食器は気をつけて扱っていた。ただし、これは体験談であって、人にすすめるつもりは全くない。個人差もある。それに説明書はソーメン用のボールだと言っており、ＰｂＯ（酸化鉛）を三〇％含んだガラスだと説明していた。数字がおおげさに感じられたが、数字でもって様子を表現しようとしていたのかもしれない。

## 食べ物・栄養について

このあと、アパートに三度トライしたあと、都内にワンルームマンションを買ったが、ここでも栄養について結論めいたものはなかった。ただし、そのころ、カロリーの取りすぎはいけないのかなという疑問を持ったが、せいぜい数日くらいカロリーをひかえただけだった。あるとき、植物油がよいのではないかと思い、食事のときに、ゴクリとのんでみたりしたが、飲めるものではなく、一～二本でやめた。残っていたものを結局、汚れた外壁にぬったわけである。コンビニの弁当を食べることが多かった。野菜ジュース（三〇〇円くらいだったか？）はわりに毎日飲んでいた。

中国へ来た当初、私はホテル生活が長かったが、あるとき食料品店で買ったお粥の缶詰が傷んでいた。不良品というよりは事故品であった。理由はわからないが、なんとなく、まずスプーンで中身の表面をなで、そのスプーンを洗面所（そこで食べていた）の蛇口の水で洗い、それからそのスプーンを舌先でなめてみたら、胸が苦しくなった。ティッシュで何度か舌を拭き、それから舌を出して、顔を横にして舌先をコップの水ですすぎ、そのあと口をゆすいだ。スプーンは結局、最後に塩水につけたらきれいになったので、何か機械油のようなものが缶内に落下していたのかもしれない。

そのころだったが、ホテルの中の売店でビスケットを買って部屋で食べていたが、袋から出すと、ケースの上の一枚が裏表逆になっている。その一枚だけ変な味だった。ビスケットを焼く鉄板か何かを洗った直後の製品かなと思ったが、小麦粉の品質だったのかもしれない。気がつかない人もいるかな、というくらいの味だった。そうすると、そのような品質のものを少しずつ分散してパッケージにつめていたのかもしれない。たしか、広州のホテルの売店だったかもしれない。

アパートを借りて生活し始めたあとは、いつもスーパーで買い物していた。何を食べていたかは、第二編で説明する。主に、クラッカー、ビスケット、マントウ、ソーセージ、パックのつけもの、たまに缶詰、かしパン、食パン、スナックフードである。インスタントラーメンも多少食べた。米を買ってきて、電気ガマで食べたこともある。野菜は、外食・つけものなどでとり、後に、スーパーで長ねぎを見つけ、みそをつけてマントウで食べた。これはとてもおいしかった。

事故品について話を続けると、どういうわけかソーセージのビニール包みのシールが弱いことがあった。念のため、指先を折り目になった接合部に差し込み、スーッとすべらせていくと、指先が中に入ってしまう。きちんとシールされていない事故品である。ビニールを破いて、顔に近づけると、胸がかすかに苦しくなる。鼻がきかないので、臭いは全くわからないが、おそらく腐っていたのだろう。何度かこのようなことがあった。ランチョンミートの缶詰でも一度、事故品があった。外側の溶接部分に隙間があったのだ。始めのころだったが、ザラメと言うのか、氷砂糖を小さくしたくらいの大きさの黒砂糖を、水に溶かして飲んでいたことがある。コップの半分くらいまで、溶かしながら飲んでいたら急に味が変わり、渋みが感じられた。残りは捨てたが、粒のひとつに強いニガリのようなものが入っていて、それが融け出したのだろう。

はじめのころは、ピータン（泥卵）のカラにヒビが入っていると、腐っていて食べられなかった。後に、しょう油づけの真空パックの卵をスーパーが扱い始め、これは傷んでいるものはなかった。

なお、おそらく四日に一日は砂糖水で一日のカロリーを摂っていたと思う。食事のしたくをするのが面倒で、かといって、スナックフードも食べ続けるのは大変で、マントウは暑いときは保存がきかない。外出すると、出かけている間だけでなく、出る前、帰ってきたあと、身じたくや片付けをするので、ただ買い物をするだけで半日くらいつぶれてしまう。一日二四時間とは言っても、本を読んでいるのは、食後のせいぜい四時間が二度で、（中国に来てからは一日二食、がカロリーの量がふえたのか、すこし腹が出た）一日八時間本を見ていればベストだ。半日つぶれるといっても、この八時間がそっくりダメになるわけではないが、結局、外出を減らすため、買い物の量をふやしていた。

なんだかんだで、ずいぶん砂糖水を飲んでしまった。このように砂糖水は長い間飲み続けてきたが、最後に〝あたって〟しまい、食生活を変えることになった。飲んでいるときはなんでもなかったのだが、しばらくして短時間だが脇腹に痛みがあり苦しく、その後、血尿が出た。その夜は頭が興奮して、一睡もできなかった。その時点ではまだ砂糖が原因とはわからず、残ったものを飲んだら、翌日も全く同じ症状が出た。収斂性のニガリを中和するため、何か金粉のような物を添加したのだろうが、体内で吸収するところがおそらく違い、初めに金粉様の成分を吸収したときに害が現れ、残りの収斂性が現れて、夜眠れなかったのではないかと推測している。本来、大量に食べるものではない、ということだろう。砂糖の包装紙には、コーヒーカップの絵が描かれていた。その後は、ときどきリンゴジュースを飲むようにしている。根拠はないのだが、体によいのではないかと思っている。なお、たしか、次の外出の予定があり、このときは、一袋だけ買えばよかったのだが、日数の計算をまちがえ、二袋買ってしまった。二袋目はなんともなかった。

最初のころ、北京で「偏硅酸」というのが入ったミネラルウォーターを飲んだことがあるが、そのときは特に気になる点はなかった。しかし、今そういうものを飲むと、かすかに頭痛を感じる。今いる町では冬に水道の水質が変わるのだが、それをひと口飲んだら、同じような頭痛を感じた。

滞在期限が切れるので、定期的にマカオの町に行くのだが、日本食のスーパーがあり、そこで日本から輸入したニンニク（ただし中国から輸出したものかもしれない）の加工品とか梅の加工品などを買ったりして、調理はやめてしまった。今、野菜はジュース・パックのつけもの・外食などで取っている。魚貝類も食べるのをやめてしまい、日本からの輸入品を食べていた。

なお、真空パックのものは、コショーや唐がらしなど味がカライものが多い。ラー油づけのコンブとかラー油で煮た豆腐のさいころ煮とか小魚のパックなど。インスタントラーメンも調味料を全部入れると辛いかもしれない。しばらく前にこのようなコショーのきついものは、食べるのをやめた。すると便の色が黒っぽかったのが、茶色にかわった。消化液などに影響するのかもしれない（少し違うかもしれない）。

中国に来て以来、レストランで食事するとき、よく豚のキモ（腸だろうか）を食べていたことがある。一時、歯が痛むことがあり（虫歯ではなく、顎関節でもないが、歯全体が痛んだ）、硬い物が食べられなくなった。そのとき、キモを食べるのもやめてしまった。すると間もなく、長い間消えていた指の爪の根本の白い色が再び現れた。ずいぶん以前、新聞の科学欄でウニの腸には抗ガン作用があるのではないか、というような話を見たが、キモとか腸には細胞の分裂を抑制する作用があるのかもしれない（あくまで想像だが）。爪の根本の白い色は、爪が新たに形成されている場所だと聞いたことがある。

なお、ソーセージにはセイジという消毒作用のあるハーブが入っており、これはローマ時代には傷薬だったという話を、以前読んだことがある。

食べ物・栄養のことを考えるとき、何を食べたいかという気分・感性・感覚は大切だ。とりわけ、食欲がないようなときは、そうした気分を大切にすべきだろう。そのうえで、カロリーやビタミン、ミネラルなどに配慮する。何にしても知識は大切だ。つまり、食物や栄養というのは、すぐには影響が出ない、あるいは因果関係がはっきりしないものだからだ。自分で気がつくものもあるだろうが、学問とか文化ということですでに蓄積されている知識は貴重だと思う。

今までどおりの習慣でよいのか、あるいはその習慣を維持できるかといった問題がある。まずは、正しい知識を基本としつつ、気分・感性などによって判断していくのが肝要ではなかろうか。

第6章

# 病気について

## 1　私の病気歴とその推測的原因及び注意事項

### 病　歴

小さいころはよく風邪をひいていたらしい。が、寒さが原因ではなかったと思う（東京に住んでいた）。つまり、部屋（畳の部屋だった）には石炭ストーブがあり、トタンの煙突が外へ出ていた（木とブリキでできた、箱のふたみたいなものを畳の上に置き、その上にダルマストーブを置いていた。過熱して、ストーブの胴体・外側が赤熱しているのを見た記憶があるが、小学校の教室のストーブでもそのような赤熱を見たことがあり、記憶が混乱しているかもしれない）。また、冬は電気アンカ（ふとんの中で、足の裏をあたためるもの）を使用していた。

入社後、胃かいようになりかけたが、そのことについては第5章第2節で述べた。会社を辞めるすこし前のころ、勤務時間中、短時間だが頭痛があった。実は、それまで頭痛らしい頭痛はなく、頭が痛いというのは言葉で聞いたことがあるだけと言ってもよかった。

退職後、部屋で物を片付けたりしながら、以前もらった社報を見たら、ずいぶん汚れており、すこし頭痛というのか、変な感じがした。硅素の汚れだったかもしれないが、よくわからない。もし部屋に通風があればわからなかったかもしれない。通風に関する対応あるいは不必要だった対応については、第4章第1節で詳しく述べた。

私の理想は株かなにかの相場で一億円あるいは三億円くらい儲けることであった。むろん、これはただの理想であって、何かの具体的なものではない。しかし、理想は理想だ。それに全然元手がないわけではなかった。父の遺産だとか勤務中の貯金である。が、知識がまるでなかった。これはよくわかっていた。中学校に進学したとき、特に違和感とか予想外といった印象は受けなかった。しかし、大学に進学したときと、入社したときは、予想外というはっきりした印象を受けた。ただし、予備知識とか予想といったものはなかったので、厳密に言えば、予想外ではなかったのだろうが、しいて言えば全くの未知の世界に来た、しかし直接それを表示するものはない、という状況だったのかもしれない。そして、会社を辞めるすこし前くらいになると、やたらに正体不明というのかよくわからないことが多くなり（仕事が難しいという意味ではない）、いよいよ世間みたいなものがわからなくなった。

さて、金儲けだが、どうしても知識は必要だが、さらに今言った理由で、きわめて知識は必要であった。

それでまず、経済原論の本を読んでいたが、何かものたりないような感じがした。そこで、隣町の本屋に行って小学校の学習参考書を買い込み、結局、中・高・受験用参考書などを買い込んでしまった。これらを読むことが最近まで続き、むろんそれ以外の本も見ていたが、大学の教科書（専門書）を読み返し始めたのはきわめて最近である。さて、とにかく、小学生用の学参だとか問題集を見ていたのだが、部屋がすこし金粉か硅素の雰囲気で汚れていたので、バランスをとるためもあり、釣り具店で重りを買ってきて、ペーパーウエイトというのか文鎮のように使った。おそらく鉛でできていたと思う。しばらくして、ボールペンのにぎり（ゴムでできていた）がものすごく収斂性の雰囲気で汚れているのに気がつき、鉛の重りはチリ紙でくるみ、ビニール袋に入れてしまった。結局、作用が強すぎたので、長く使用することができず、また元の状況にもどってしまった。あとは、空気清浄機だとか通風といった方法で対応の努力を続けた。

あるとき（アパートではなく、まだ自宅・実家にいたとき）、インスタントラーメンを食べ、さらにパックの豆腐（半丁くらい）を食べていたら、腕にジンマシンが出た。まもなく自然に治ったが、あとで、風邪か何かのとき、ついでだったと思うが、病院に行って、ジンマシンが出たと言ったら、医者は「それは偶然でしょう」と言った。その言葉が記憶に残った。結論から言うと、その言葉は、きわめて正しく、正確・適切であった。なぜかと言うと、医者である以上、患者が、ジンマシンが出たと言っているのに、気にする必要はありませんとは言えない。信頼だって失うかもしれない。しかし、医者の仕事は病気を治療することであって、一時的に腕にジンマシンが出るくらいは病気とは言えないだろう。つまり、病気以前であって、あるいは、ベスト・コンディションではないということは明らかだが、病気ではないわけだ。それに、原因がわからないので治療とかアドバイスも難しいだろう。一方、病気にまで進んでしまった場合は、それ以前の状況が原因ということだろうか。あるいは症例がすでに多いので治療法もきまっているということかもしれない。後に、医者の言葉を思い出して感心してしまったが、医師会はきっと金があるので、弁護士を呼んで勉強会をやっているのかもしれない。

なお、このジンマシンについては、今、原因を推測することができる。当時、私はいつも一日中部屋にいて、机の前のイスに座っていたが、机は南側の窓に面していた。レースのカーテンをかけていたかどうかも思い出せない。夜は雨戸をしていたが、昼はとにかく強い日射、それもガラス越しの太陽光をあびていた。そのころＴＶで遠赤外線について説明していたが、私はそれをずっと浴びていた（おそらく、ガラスの温度が高くなると発生するのだろう。透過性が高いのかもしれない）。それで皮膚が弱くなってしまったのかもしれない。

その上で次のようなことがあった。私はすでにそのころから買ってきた食品のパッケージで洗えるものは台所で洗っていたが、豆腐（通常の、一丁の半分の大きさのもの）のパックもやはり洗った。ただ石けんで洗ったかは思い出せない。一方、当時、いろいろなパッケージ・容器を捨てずにとっていた。つまり、プラスチックでできたワイングラスの形のものとかいろいろあって、捨てるのがもったいないので、洗ったあと、ゴミ捨て用の大きなビニール袋の中にしまって、たまに見たりしていた。しかし、結局ただのゴミにすぎなかったので、部屋を片付けるとき、捨ててしまった。ジンマシンが出て、しばらくしたあと、まだ捨ててなかったので、その豆腐のパッケージをよく見たが、かなり強い収斂性で外側が汚れていた。もう一つ、その容器があったが、それも同じように汚れていた。しまっていた間に汚れた可能性は低いので、食べたとき、つまり、上のビニールをはいで、スプーンで食べたと思うが、そのとき中の水がすこし外側にあふれ、容器のへり、つまり、はがしたビニールの横、はがしていない部分に水が達していたのかもしれない。別に容器の外側をなめたわけではないが、かすかな分量の汚れを食べてしまったのだろう。

もう一つは、インスタントラーメンを食べていたときのカットグラスのボールである。説明書によるとPbo（酸化鉛）を三〇％含んだガラスだと言うのだがそれはウソだろう。まず、そんなに重く感じなかった。それに、その分量だと危険すぎてなめるどころか、布でみがいただけで窒息すると思う。以前、百科事典を見ていたら、電車の車軸はすべりをよくするため、鉛を五〇％（たしかそんな数字だった）含んでいるとあったが、これは数字でもって注意を喚起する文学的表現だと思う。いずれも、〇・〇何％みたいな数字ではないだろうか。それはともかくとして、カットグラスにお湯を入れて食事していたので、珍しいミネラルを極めてわずか吸収していたのかもしれない。窓の前で連日遠赤外線をあびていてもその害に気がつかなかったのは、そのミネラルの御利益だったかもしれない。しかし、皮膚においては、御利益よりも遠赤外線の害の方がずっと大きくて、皮膚が弱くなっていたのかもしれない。あと、メカニズムはよくわからないが、このとき、体は比較的丈夫で皮膚が弱いという状況のもと、収斂性の汚れを摂ってしまったために弱い皮膚にジンマシンが出たのかもしれない。もう一つの可能性は、豆腐の質が悪く、硅素の汚れで汚染されていたのかもしれない。つまり、普通の人だったら、多少は外側の汚れも摂取してしまうのだろう。私は、大豆を汚染していた硅素だけ吸収したので、弱い皮膚にトラブルが出たのかもしれない。むろん、これは全て推測だ。

詳しいミクロのメカニズムについては、次段で推測する。

血栓論

ＮＨＫの科学番組によると、血栓というのは、血管内でたえず作られながら、同時に、たえず分解されているとのことである。

退職後、総合ビタミン剤を飲んでいたことがあるが、あるとき、部屋で、一錠飲んだら、そのとたん体内で（おそらく血管内）何かがピューと飛ぶように流れるのがわかった。心臓を（おそらく）ピューと通りぬけ、足に落ちていったような感じがあった。このとき、これは血栓だと感じた。水とかコップはきれいだったと思うが、錠剤をつまんだ指、あるいはビンの外側がどうだったか、むろん覚えていない。食事のしたくのときは、そのころから気をつけており、普段、むろん指をなめる習慣などない。放っておけば、いずれ融けてしまうような血栓かそのようなものが、汚れの中の硅素の作用ではずれたのかもしれない。健康についての雑誌の記事を見ていたら、過酸化脂質は酸化されていないものよりもドロドロしているとのことで、つまりそういう状況では血栓ははがれにくいのかもしれない。硅素に還元作用があるのかどうかわからないが、汚れの中の何かの物質の作用で血栓がはずれたのかもしれない。

以上から、血管内に何か通常以外の物で、しかもかなり大きいものが存在することがわかる。しかも、何かのヒョーシにはずれるわけである。ころがっていった先、つまり動脈ならしだいに細い血管となっていく、静脈なら太い血管へと流れていって、次に動脈に入り、そこでしだいに細い血管へと進んでいくわけで、いずれ狭い所でひっかかるわけである。このとき、丸いものだとピタッとフタをしてしまうのでよくない。実際の形はわからないが、血管の内壁に付着していて、しかも、血液の作用（融けるとか、食細胞、白血球など）を受けているので、表面（つまり血管内につき出ている部分）はしだいに扁平となっていくのではないだろうか。そうすると、はがれ落ちたときの形は球ではなく円盤に近いかもしれない。あるいは、かなり不規則な形かもしれない。たとえば、へこみに白血球が取り付くとしだいに消化・分解していくのかもしれないが、平面よりへこみの方が面積が大きいので、かすかなへこみはしだいにえぐられるように大きくなっていくのかもしれない。つまり、ひっかかって、つまるのだろうが、完全に流れを止めることは少ないと想像したい。

一方、血管の太さは変化する。ホルモンにそのような作用があったかもしれないが、寒いとき、体の表面の血管は収縮すると言われる。また、ＮＨＫの市民大学講座で、薬科大学の教授が、エフェドリン（麻黄の成分）は細動脈の神経に作用して血管を収縮させる、と言っていた。たしか、緊張すると血管は収縮すると言われていると思う。私の手の甲には静脈が見えるが、その血管の太さが細いことがあった。

このようにして、太さは変化するのだが、普段、ある程度は、細くなっている方が好ましいと推測できる。つまり、一旦、ひっかかって、つまった場合、血圧で吹きとばして先におくることができるが、そのとき、血管が開きっぱなしで、それ以上太くなれないときは、血栓が血圧をうけて変形するのならともかく、そうでなければ、吹きとばしにくい。もし、血管が少し収縮していたなら、血圧が加わるとその圧力で血栓より手前の血管がかすかに膨張して、血栓がはずれやすいのではないだろうか。そのようにして何度か、吹きとばされたり、ひっかかったりを繰り返しているうちに、あまり流れをさまたげない形でひっかかり、あとは吹きとばされずにそこに定着し、しだいに分解されていくのではないだろうか。これが私の想像する血栓論である。

個人差について

人によってコレステロールの値は違う。栄養・生活だけでなく、体質の違いも原因だ。

私が見たある本の説明によると、コレステロールは血管の内壁ではなく、内壁を形成している膜の中に取り込まれるので、膜がしだいに厚くなるという形で血管を狭くしていくらしい。この場合は、過酸化脂質のドロドロさというのは意味が低下するが、すこしは内壁にもドロドロベタベタしたコレステロールみたいなものが付着するのではないだろうか。

いずれにしても、血栓のはずれやすさは個人差がある（体質、栄養、生活〈汚れの作用をどのくらい受けているか〉が異なるので）。おそらく、これは昔の人種・部族・民族の違いにもとづくものだろう。今では血がかなりまじっているので、個人差がかなりあると思う。北方系は背が高くてコレステロールの値が高くなりがちで、南方系は小がらでコレステロールの値が低いという傾向があるのかもしれない。免疫力も違うかもしれない。ただ、血がまじっているので、外見だけでは判断がつかないかもしれない。つまり、北方系のように見えても、コレステロールの値が低くなりがちだとか、小がらだがあまり免疫力はないなど。こういった理由で、何かの健康法がある人に効果があっても、別の人にやはり効果があるかどうかは予測が難しいと思う。〇〇さんには効いたらしいと、言うのにとどめ、××は効くらしいという一般的な表現はひかえた方が不難だ。

以前、新聞の科学欄を見ていたら、動物を分類する場合、大きさが二倍だと、別の種に分類することがあると説明していた。人間の場合、そんなには大きさは違わない。今いる人間は、全てホモ・サピエンスで、一種である。以前、夏のころ、ＮＨＫの週刊子供ニュースとかいうような番組を見ていたら、ぬいぐるみみたいなハリボテも用意してあったが、一〇〇万年前のハビリスまで、今では、ホモ・サピエンスに分類していると説明していた。ウルトラマンに出てくる怪獣か宇宙人にかすかに似ていたが、なんでも〝家〟を作って住んでいたとかで、木の枝を使って作った鳥の巣のような小屋がスタジオの一角に置いてあった。ただ、大きさがあまり違うときは、体質なども違うかもしれない。

高校の世界史の教科書だったと思うが（欄外の小さな文字の説明だった）、西アフリカは白人の墓場と言われていたと書いてあった。白色人種は長い間、寒い土地にいたので、皮膚の色が変わっただけではなく、免疫力も失ってしまったのだろう。

以上のように、個人差というものがあるが、その他に、そのときの体力・コンディション・合併症・汚れもあり、何が効果があるかについての具体論は難しい。極端な話、脳梗塞の病人の薬を脳いっ血の病人に与えたら死んでしまうかもしれない。逆も同様だ。

## 2　自分(私)の健康管理のために

私としては、今、述べた血栓論が大切であると判断している。カロリーも重要だ。植物油は、おそらく、私にはあまり重要ではないと考えている（たしか、厚生省の規準・おすすめでは動物脂肪と植物脂肪は一対二で摂取するのがよいとされていた）。さらに酸素を十分摂ることが、少なくとも私にとっては大切であると判断している。以前、過換気症候群というのが紹介されていたが、あまり、焦って大量に息をするのは、人によっては、ときによっていけないらしい。が、私にとっては常にと言ってよいくらい、酸素は大切だ。

ただ気がついてみると、読書に集中しているとき呼吸量がすごく減っていることがあった。また、歩いているときや、とくに階段を登るときはすごく呼吸しているが、じっとしているときは意識しないと呼吸量が減っている。いつも同じように最大限というのはむろん無理で、せいぜいあともうすこし酸素を摂らねば、というくらいの気持ちだが、中国で外国製のＴＶドラマを見ていたら、学のある人が友人に注意して、（あまり）息をするな、と言っていた。口論していたときのセリフだったかもしれない。個人差が大きいのだろう。以前、出版物を見ていたら、酸素は血管をすこし収縮させるとあった。

あと、キモとパイナップルは食べないようにしている。それにむろん、十分な睡眠、きれいな空気、静けさ、清潔さ、こういったことが大切である。

免疫力については個人差を前節において指摘したが、コンディションがよければきっと血のめぐりがよく、すると白血球などの作用で本来の免疫力が十分機能するだろう。あまり血栓がたくさん、あっち・こっちでひっかかっていると、血の流れは悪くなる。

何年か前、風邪ぎみのとき、バナナを買って食べたら変な感じがし、捨ててしまった。カリウム分が作用したのだろうか。

## 3　理念および処世術

### 不老長寿について

会社を辞めたあと、さっそく「家庭の医学」という本を買ってきて、読んでみた。最後のあたりに、不老長寿について、という医学博士の論文みたいなものがあった。それによると、まず、不老と長寿の二言に分けたうえで、長寿というのは八〇～九〇歳のことで、不老というのは人の世話にならずに生活していることだ、と述べていた。統計なども引用しつつアカデミックな説明だったが、結論から言えば完全な誤りである。つまり、一つの主張・説にすぎない。

博士としては、どうしてもそのように言いたかったのだろう。言論の自由という言葉もあるが、たいがいのことは、まさにそれ以前のことである。何を言おうと全く勝手だ、ということは十分に認識すべきだ。また、出版社・編集部がどの説を紹介するかということも、全く勝手だ。我々は自由の世界に生きており、今、自由な一つのさけび声を聞いたにすぎない。

不老長寿というのは、昔からあるたいへんけっこうな言葉であって、あまり、どうのこうのという対象ではない。議論は勝手だが、正確な議論は難しいと思う。良い言葉は我々の財産である。その財産が少し減るというのは残念だ。

もっとも医者の仕事は難しい。患者の身内から、先生なんとかならないんですか、と言われると困ってしまう、という場合だってあるのかもしれない。医者は頭が良いので適当になんとか言うのだろうが、しかし、他の患者が待っている、あるいは次の手術の準備をしなければいけない、大きな手術なので、麻酔科の医師が今日は来てくれる、皆スケジュールがあって動いている、そろそろ打ち合わせを始めたい、問い合わせや質問の電話があったのでもうすこし遅れている、という状況だと、なんとかならないんですかと聞かれても、きちんとした長い説明は大変かもしれない。ひょっとすると、そのような状況をふまえた上で、頭が良いので理論的に説を構築して、家庭の医学でもって説明していたのかもしれない。

するとそもそも一般性などは全くなく、業界の都合によるやむをえない、一時的かどうかはわからないが、気がついた、こういう風に言える、という説明かもしれない。もっとも、ずいぶん科学は進歩したのに、たとえば、不老長寿はムリなんですかと言われての反論かもしれない。いずれにしても、具体的な、現場としての発想ではないかと思う。社会一般や、文化に影響を与えるものではないだろう。

### ある本を読んで

そのころだったと思うが、駅前あたりの本屋に行ったら、「薬膳」という本を売っていた。中国の上海から日本に来た漢方の研究生が、日本で出版した本だった。内容は忘れてしまい、部屋を片付けるとき、かなり最初のころ捨ててしまった。ただ、コラム欄というのかお話みたいなページがいくつかあった。その一つによると、ある仙人は五〇〇年生きたあと何トカの街を使って、天へ登っていったといった話をしていた。

私はこれを見て、年数が有限であること、その期間が文明の継続年数に近いことから、文明の存続期間を暗示しようとしているのかな、という印象を受けた。文明がその地域で全く滅びるということはあまりないのだろうが、大きく姿を変えたり、変化、変質するということはあり、一つの文明の期間みたいなものだろうか。

## 新聞の記事から

そのころ、新聞に生命学会の議事録というものが掲載されていた。何ページかあったが、たしか読まなかった。が、その最後に、不老長寿（のカギ？）は無酸素状態にある、という結論みたいな言葉があった。きちんと読まなかったので（もっとも読んでも難しくてわからないが）、どんな表現か正確には覚えていないが、その時はずいぶん謎に思えた。が、第1節で述べた血栓論みたいな話なのかもしれない。

二〇一七年の六月に追記するが、ビンのフタを開けるときとか、重い物を持ち上げるときは、まず数秒よく息をしてから、次に息を吐いて（つまり、少し血圧が下がるだろうと思う）からにしている。ただし、私の場合は、ということだ。なお、以前、どうだったか、覚えていない。

## ある外電のニュース

いつごろだったか覚えていないが、アメリカでバイ菌がどのように広がっていくのかを研究するため、全く無害な菌を都市の、多数の人間が利用するあたりにまいた、という外電の記事を見たことがあった。何の印象もなく、ただ、記憶に残ったということにすぎないが、今考えてみると、サンプルを選んでいちいち血液検査などしているのは大変なので、ある程度の症状が出るような、たとえば出血性のバイ菌だったのかもしれない。その場合は、検査対象を決めるのが簡単で（ランダムだと非能率）、しかも問診とか、あるいは仕事ぶりくらいで、見当がつくのかもしれない。

## 第1節の病歴について、中国に来てからを述べる

日本でワンルームマンションに住んでいたころ、手の甲がただれたことは第４章第１節で述べたが幸いそのころ、カゼは引かなかった（記憶がうすれてしまったが、そのころ足首がただれることが多かったかもしれない）。中国に来てからは、目が充血したり（白目での出血だったのかもしれない）、腕・胸などにジンマシンが出たり（おそらく防腐剤が原因だった、あと夏の高温で）、最近では睡眠中、目ヤニがたくさん出たりした。約四年前、アキレス腱がバリッと音を立てたり、ヒザがポコッと音をたてたりした。六年前、冬、フトンが重いせいか、足の指が一本、回転するようにその向きをすこし変えてしまった。四年前皮膚にすごいジンマシンが出てたいへんだったが（第二編で述べる）、ひょっとすると、食品とかビタミン剤に防腐剤が含まれていてそれが原因だったかもしれない。ハンドクリームもいけなかったかもしれない。とくにジンマシンがひどかった所は汗腺が消えてしまった。

今、いろいろ気をつけているが、食べ物では、リンゴジュース・にんじん（カロチン）〈※1〉・ニンニク・ソーセージ（セージ）・粉ジュース（ビタミンCが添加されている）をよく取っている。東京では睡眠中、頭を壁にぶつけることがあり、以来、ベッドと壁の間にはすこし距離をおいている。ここでは、睡眠中、指のツメに目ヤニが入っていることが多く、頭皮のアブラが入っていることはまれである。覚えていることは全くなく、目がさめることもない。退職後、皮膚が少し炎症を起したので皮膚科に行ったらビタミンEの軟膏やビタミン剤をくれたが、軟膏をぬったとたん目の調子が悪くなってしまった。遠赤外線で皮膚が

弱くなると同時に、目もそのころすこし弱くなっていたのだろう。食べ物でも音楽でも空気でも、すこしシブイというのか収斂性の雰囲気が良いと思っている。もっとも眠る前、頭が興奮すると、眠れないことがあるが、水を飲んだら眠れたことがあった。

※1

私は二〇一一年の十二月に日本に帰国し、何度か転居しながら二〇一四年二月現在、横浜に住んでいるが、にんじんの入った野菜ジュースは一時よく飲んでいた。しかし、しばらく前からなんとなく飲む気がしなくなった。さらに、以前（といっても帰国後だが）もらった某宗教団体の新聞を読み返したら、科学欄みたいな記事があり（新聞は見出しを見ただけでまだ読んでいない。科学欄には気がつかなかった）、トマトのリコピンには還元作用があり、その作用はビタミンEの一〇〇倍で、ベータカロチンとくらべても二倍あるとのことだった。つまり、ベータカロチンが五〇〇〇マイクログラムあると、それは五ミリグラムなので、その五〇倍、つまり、二五〇ミリグラムのビタミンEに相当する還元作用があるのかもしれない。昔、まだ会社に勤めていたころ、ビタミンEの錠剤を飲んでいたことがあるが、それはたしか一錠五〇ミリグラムだったと思う。つまりニンジンジュース一リットルでビタミンEの錠剤五粒に相当するかもしれない。錠剤はたしか一日一錠だった。ただしこれは素人の推測だ。しかし、ベータカロチンは私にはあわないのではないかと判断している。もっとも、人によっては良い薬なのかもしれない。個人差は極めて大きい。一般的に言えば、体格のよい北方系みたいな人間には良い栄養素なのかもしれないが、とにかく推測だ。出版物でそういう話は読んだことがない（この註は二〇一四年二月に追加した）。

# 第７章
# 私の半生記

## 東京での生活

東京の区部、はずれあたりに生まれたが、近所で特に友だちもおらず、人と話をすることはあまりなかった。

ただそのあたりで子供がいないわけではなく、紙しばいというのが来たことがあったが、一〇人くらい子供が集まってきた（自転車の荷台に仕事道具をのせて絵を一枚一枚かえながら何か説明していた）。お話の内容は全く覚えていない。

幼稚園にかよったが、とくに記憶はない。ただ、交通安全の話があり、そのときおまわりさんが来た。拳銃を携帯しており木のにぎりが見えた。いつもそういうかっこうなのだろうが、やはり、ボクは幼稚園児なんだという意識があったのだろう、幼稚園に来るのに拳銃かあ、と思ったことを覚えている。客観的な状況判断、とくに他人の行動を客観的に判断・評価したりすることは無理だったのだろう。

もういつごろだったか覚えていないが、小学校に入学してしばらくたったころだろう。家でTVを買った。少年探偵団みたいなものとか、マリンコングとかいうやはりすこしそれ風のものとか、あと、ブラックデビルというのが現れるものだとか、子供向けが多かったかもしれない。漫才もあって、イーデス・ハンソンとか外国人も出演していた。映画では、古い作品で、キング・コングを放送していたが、これは一部しか見なかった。あと、たしかイタリア映画で、ポンペイ最後の日というのをやっていた。多少印象もあったが、夕方、放送していて、終ったあと、庭へ出たら、外はまだ明るかった。マンガでは鉄腕アトムとか鉄人二八号を放送していた。はっきりした記憶ではないが、その前、ぬいぐるみみたいのが出てくる鉄腕アトムのドラマを見たような気がする。大人くらいの大きなアトムが木造家屋の中で立っている場面だ。ニュースなどもあって、朝、スタジオ○○○と言うのを放送していたが、全く記憶に残っていない。

TVを買う前、クラスの同級生（名前も顔も忘れてしまった）が家にTVがあると言って見せてくれたが、夕方でテストパターンしか放送していなかった。しかし初めて見るので、ずっと見ていたが、ふっと横を見るとその○○君がすこし疲れた顔をしている。それがわからなかった。TVはタンスの上に置いてあり、部屋の反対側で壁によりかかって見ていたので、今でいえば首が疲れるという状況かもしれない。しばらくして、その家のお母さんが部屋に入ってきて、まあ何見てるの、と言って、TVを消してしまった。

やはり、ＴＶを買う前だったと思うが、留守番をしているとき、ラジオを聞いていたが、何を聞いていたか全く覚えていない。しかし途中というのか、そのうち様子が変わり、救急車が来ましたとか言っているのは覚えている。はっきりした記憶ではないが、その番組は社会党の浅沼書記長の演説で、ちょうど暗殺で倒れたときのものだったかもしれない。あと、小型のトランジスタ・ラジオもよく聞いていたが、ある時、ケネディが暗殺されたニュースは僕が最初に聞いていた、と言われたことがある。しかし、そのニュースは覚えていない。というよりも、ニュースで聞いた内容を覚えているものがない。

あと週刊少年マンガ雑誌は何度か買った。たしか小遣いをもらっていたので、そのお金で買ったかもしれないが、本代は出してもらったかもしれない。おそ松君とかそういったマンガだった。あるとき、マンガではなく読み物のページを見ていたら、南米で地主が土地を手に入れるため、空からプレゼントに似せた荷物をパラシュートで投下し、原住民が集まると中の爆弾が爆発して皆ふきとばされてしまうという話が、大きな絵の横に説明してあった。はっきりした記憶はないが、ほんとかなあ、くらいの印象もあったと思う。今の私の感覚で言えばそれは、基準の違う、つまり民族によっては、合わないような性質の消毒剤を空からまき、原住民が、とくに、足の裏に皮膚炎を起こして、他の場所に移動して行ったという話に聞こえる。もっとも何の根拠もないウソ話か、ものすごく変形・変化した話、あるいは極端に誇張した話かもしれない。編集部でも確かめようがないだろう。しかし、マンガ雑誌の絵とかその説明であれば、そんなものかもしれない。はっきりしない話、よくわからない話というのは多いのかもしれない。

あと、やはり、週刊少年マンガ雑誌（当時はマンガ雑誌は子供向けのものしかなかった）の、コラム欄に中国（たしか大陸のことだったと思う）で人の顔をしたクモが走りまわり、人々を恐怖に陥れているという話があり、気味の悪い絵も描いてあった。小さいコラム欄で、話も短かったが、意味とかニュアンス・様子、そういったものは全くわからなかった。今の私の感覚では、それは、よくわからないことがある。情報があったら、提供してもらいたい、といった動機もある記事だったのかもしれない。あるいは、むろん、誇張・変形したニュースであり、難しい話を〝日常的〟なものを使って表現するという、能力の限度における報道を少年マンガ雑誌がそのコラム欄で行ってみたのかもしれない。

あと、フィリピンにフク団というのがいて、人をたくさん殺しているというウワサがあったが、実は政府側が死体をわざと森かどこかに置いて、フク団のせいにしていたのだ、という解説記事も、大きな絵の横に書いてあった。

以前はきっと、雑誌の種類が少なかったので、少年マンガ雑誌にもいろんな話が来ていたのだろう。

区立図書館に行ったことがある。閲覧室で小学生が機械の絵・図を写していたが、すごく精密な絵だったので、驚いたことがある。

小学校一年生のとき、何の授業か忘れたが、糸電話を作り、話したことがある。木綿糸みたいなものをボール紙の筒に張った紙に貼り付けて、その筒を口にあてて話したり、耳にあてて聞くのだが、よく聞こえるので感心した。

六〇年安保というのがあり（入学前）、前年くらいのことだったので、話題がなんだったのかわからないが、誰かが（一年のときだった）、安保がどうのと言っていたが、先生は相手にしなかった。話が難しすぎたと思う。たしか先生は、アンパンか？　と言ってとぼけていた。ただ、アンポが何の話か見当はついた。

あるとき、用務員の人が校庭のはじくらいの所でゴミ捨て用の穴を掘っていた。数人の生徒がそれを見ていたが、私も見ていた。一メートルくらい掘ると水が湧き出してきた。水が流れてたまるのが、見ていてわかった。用務員の人はすぐ穴をうめてしまった。学校はゆるやかな坂をおりた所にあり、地下水位が高かったのかもしれない。

あるとき、国語の授業で詩を作った。全然見当がつかず、たった一行で終わってしまった。四〇〇字詰の原稿用紙をもらっていた。

あるとき、本を買ってくれるというので、母について隣町の本屋に行った。住んでいた町の駅前商店街には、そのころは本屋はなかったのかもしれない。一時間くらい歩いていたのかもしれないが、電車だったかもしれない。ただ、一つ五円のコロッケを売っている店があり、それは見た。何度か本屋へ行ったと思うので、その時だと思う。

買ったのは、少年少女空想科学小説というもので、ＳＦを子供向けに書き直した本だ。ただその後、文庫本などでは見なかったので、日本で翻訳出版される可能性が低いものを選んでいたか、児童用に海外で出版されていたものを翻訳したか、あるいは原作をかなり改作して翻訳したものもあったのかもしれないが、そこまではわからない。

『見えない生物バイトン』というのは、実は純粋生命体みたいなものが昔から地球におり、人々の争う心をエネルギーにして生きていたという話だ。ある科学者だか誰かが謎の死亡をする。新聞に出ていた広告の白熊のマークの冷蔵庫に丸印をつけていて死亡していたという始まりで、たしかポーラーベアーという言葉が偏光光線（メーザー）の発音に似ていたという筋だったかもしれない。そのバイトンという生物は目に見えず、空中にただよっているらしいが、何かの方法で見ることができ、結局、メーザーを照射することで消滅させることができた。という話だった。バイトンは地下室には入ってこないので、研究所などを地下に設置するのだが、それでも大変らしく、研究員は何か新しいことをする前に、電話か何かで別の人に説明し、今やっていることを、こういうことをしていますと説明して、いつバイトンに殺されても研究が中断しないようなシステムを取っていた。日本はバイトンに支配・あやつられてしまったとのことで、日本の軍隊が北米大陸に攻め込んできて、山のように巨大な戦車で攻めて来たとか、バイトンに攻撃されるので(自爆型の攻撃)、飛行機は使えない。それで、補獲した日本のジェット戦闘機を使って、主人公が移動するとか、日本人はバイトンの催眠術にかかっており、捕虜のパイロットに聞いても、太陽の神(だったか?)がどうのこうのと、わけのわからないことを言うだけだとか、そんなSFだった。ただ、話の中にCIAの隊員が出てくるのだが、主人公を守るため、捨て身で飛び出してきて、主人公は助かるのだが、その隊員はやられてしまう、という場面もあり、妙な印象は受けた(その本では、運の悪い結果としての「捨て身」ではなく、特攻隊員のように描いていた)。

労務者の日給がニコヨン(二四〇円)と言われていたのが、いつ頃かわからないが、今児童書は二〇〇〇円くらいするかもしれない。コロッケが今五〇円なら、一〇倍として、四〇〇〇円ぐらいに相当するだろう。私は人と話をすることはなかったので(覚えていない)、この本の内容は人に話していないと思う。

『地球最後の日』というのは、大きな星が地球にぶつかりそうになり(正確に言うと、ぶつかるのではなく、どうのこうので、地球が破滅してしまう、という話だった)、ロケットで脱出して、その大きな星に移住するという話だ。ぶつかる前に、異変か何かで物価が上昇するとか、ロケットを準備している基地に住民が暴徒となっておしよせてくるので、小型のロケットに点火して、基地前の坂道をころがすようにさせたが、ゆっくりころがって行ったので、人々（暴徒）は逃げる間があったにちがいないと博士はあとで考えたり、材料が余っていたので、基地の作業員たちも結局、次のロケットで脱出できた、そのロケットの名前は「危機一髪号」だったとか、行った先の星には古代文明の形跡もあるらしいとか、あと、ロケットが発射したあと、まもなく、機内アナウンスがあり、無事出発しました、おなかのすいている人は食事をしてもかまいませんと放送していたとか、そんな話だった。

『百万年後の世界』というのは、たしかワープかタイムトラベルあるいはタイムスリップ（？）の話だった。地球が冷えてしまっているので、地球の核にまで達する穴を掘り、大きな原爆を地球中心部で爆発させて、再度地球を暖めるという話だったように思うが、他の話とすこし混同しているかもしれない。あと、アシモフの『ソラリア』というのがあった。推理小説風のSFだが、台所にゴミ捨て用の原子分解装置があるというのは、大げさだなと思った。TV電話みたいなものが映画のように写しだされるとのことだが、それは外を歩いているときも、横に実物大で投映され、歩きながらテーブルに座っている人と話していたら、目がまわりそうになったそうだ。

あと、家には、『日本昔話』と『プルターク英雄伝』があった。

屋根には一度、登ったことがある。

庭に穴を掘ったことがある。その前にTVでアメリカ映画を見たのだが、内容は、どこか原っぱに狭くて細い、しかし深いタテ穴があり、そこに黒人の少女が落ちてしまった。話を聞いた工事現場の人たちは、それは大変だと、すぐ皆で助けにやって来たが、穴は大人が入ることはできなかったので、その隣にもうすこし太いタテ穴をいそいで掘るということで、まず、地面にすこし穴を掘ってから、土をやわらかくするために水をすこし流し、次にクレーンで鉄管をつって、それをすこし高いところから、ドカンとまっすぐ落とすと、いきおいで鉄管の中に土が入る、それを引きあげて中の泥を出し、穴の中にはホースで水を入れてから、再度鉄管をつり上げて落下させるという方法で、隣にタテ穴を掘り、大人がロープで底までつり下げられて、さらに横穴を掘って少女が落ちている細いタテ穴にたどりつき、最後は少女をかかえて助け出す、という筋だった。大した映画ではなかったが、皆が一所懸命、土木作業をやっている様子に感心した。

私も同じように、庭にまず、シャベルで直径五〇センチメートルくらいの穴を掘り、水を入れ、以前石炭ストーブの煙突に使っていたトタンの管をつき落とすと、その中に泥が入る。それを取り出して、再度、つき落とす、という風にして一メートルくらいの穴を掘った。

ところで上から一〇センチメートルか二〇センチメートルくらいの所の穴の断面・横壁にカキの化石が見えていた。三年か四年の夏休みの宿題に、何か宝物を捜しましょうというのがあり、結局、そのカキの化石を洗ってボール紙の箱に入れ、学校に持って行った。そのときは、クラスで一人一人がこんなものを見つけました、作りました（紙容器などを加工・組み合わせた工作が多かった）と、皆の前で発表したが、私が穴を掘っていて、こういうものを見つけましたと言うと、女の先生が真剣な声で、これがほんとの宝物です、と言うのでなぜか怖くなってしまった。

私の家の前はゆるやかな坂道になっており、上は平らな土地がずっと続き、下は、バス通り（車は、たしか、あまり走っていなかった）が低い所をずっと通っていた。その通りをわたって、すこし行くと、もう一度坂道があり、そこを登ると、やはり平らな土地がずっと続いていた（駅前商店街がそのあたり、小学校はそのあたりをもう一度おりていった所だった）。カキの殻（カラ）が捨ててあったということは、昔、その辺が海岸、とくに入り江だったのかもしれない。ただ、行商人から買ったとか、取ってきてそこで食べたという場合はわからないが、そのあたりが波打際だった可能性もある。量は少ないので、歴史の本に出ていた縄文時代の遺跡（第１章第３節参照）のように、家業として採取・加工していたわけではなく、ハイキングにでも来た人が食べたあとのゴミだろう。きれいに重ねてまとめてあった。数枚くらいだった。一食の量として、十分かどうかわからないので、何か他のものも食べたのだろう。少なくとも、海岸線の全てにわたって〝加工業者〟が住んでいたり、占拠していたわけではないようだ。

庭に小さな砂場があって、よくそこで遊んでいた。花壇みたいなものがあったが、庭でやたらに穴を掘るということはなかったと思う。

大工さんが仕事をしていたことがあり、そのとき、どういうわけか、十円玉を何枚か地面に埋めていた。私はそれを見ていたのだろう。あとで、それを掘り出した。

「子供の科学」という月刊雑誌は何度か買って見ていた。それを見て、秋葉原につれていってもらい、部品を買ってきて、ラジオを組み立てたことがある。回路図ではなく絵の図があったので、それを見て。何石だったか忘れたが、イヤホンで聞くラジオだった。電池を使ったものだったかどうか、忘れてしまった。聞こえたが、あまり聞かなかった。なお、ハンダごてを使って作業した。そのころだろうか、手を洗いなさい、とよく言われた。

雑誌には読みものもあったが、ＳＦ小説だった。どこかの星へ、宇宙人と闘うために、行くわけだが、地下トンネルの中に宇宙人はいる。何でもクモみたいな生物だ、とのことだった。あと、その話だったかどうか覚えていないが、訓練ということで兵隊が冬、雪の中で裸にさせられ、どこかの地点までサバイバル

（？）で出発するという、ずいぶんナンセンスな話があり、なんでも兎《うさぎ》をつかまえて皮をはぎ、それを足につけて歩いたというような話があった。ホラーとか怪奇ではなく、一種の猟奇あるいはＳＦ社会もの・ＳＦ事件もの・ＳＦ仮想国ものといった趣向だったかもしれない。ただ、純粋に空想で想像すると、きりがないので、無理というか、話に必然性みたいなものがなく、筋がまとまらないのかもしれない。そういう意味では、インスピレーションのきっかけとなるようなものがあって、その話が伝わってきたのかもしれない。なお、私にとっては、全く必然性のない、よくわからない話であった。

あと超古代、大昔の人間が、宇宙船で移民に出かけたが、途中で事故にあい、記録のかなりの部分を失ってしまった。そのために、地球の地底に残しておいた大電子頭脳に、データを取りにもどってきた、というのがあった。その小説だったかもしれないが、空中一〜二メートルに浮かぶ「伝達機」というロボットが登場していた。

どのＳＦだったか覚えていないが、惑星の表面が金属の砂で覆われているという話もあった。

家に、一九五二年ごろ発行の同雑誌があった。原子爆弾とか、たしかさらに水素爆弾の原理を図解入りで説明していた。その後、社会人となってから、ある雑誌を購読していたら、さらに最新の話がたしかコラム欄に出ていたが、話題が当書の内容にふさわしいかわからないので、言及するのは控える。

ＴＶはよく見ていたのだが、鉄腕アトムを見ていたら、原子力発電所が核爆発をおこし、連鎖爆発で五つも六つも核爆発をおこすという場面があった。すでに雑誌で原子爆弾の原理とか構造は見ていたので、ＴＶのマンガのその場面を見たとき、あれは違う、ウソだ、と思った。

その家には、一〇年間（つまり一〇歳の頃まで）住んでいたが、庭で一度トカゲを見たことがある。一〇センチメートルくらいで、背中にタテに青系統の色がニジ色のようについていた。

残飯をえさでやっていたので、スズメはたくさん来ていた。

留守番をしていたとき、ネズミが居間のへり・はじを歩いていた。

玉虫は一度取ったことがある。コガネムシというのかもしれない。

アリはたくさんいた。カタツムリ（デンデン虫）も見たと思う。戦後建てた家だが、いわば安普請で、引っ越しのちょっと前には冷蔵庫の下の床がはずれ、壁にもたれてしまった。このごろの家は、床下はだいたい外壁でふさいでいるが、以前の建築様式だったので、床下は五〇センチメートルくらい外にあいていた。土がとても細かく、乾燥していたが、（強い風は吹き込まない状況だった）、小さなすりばち型のくぼみがあって、それはアリジゴクの巣だった。

近所に町工場があったが、後に、どこかに移転したらしい。他にも、あまり工場らしくない建物だが、工場があった（当時の感覚では、ということ）。オフィスのようなビルもでき、後半は、そのビルを横に見ながら通学していた。

学習参考書は買ったことがあり（引っ越したあとだったかもしれない）、理科を見ていたら、クモは害虫を取って食べるので、益虫であると述べていた。農業に関しては、ということだろう。

なお後半、庭に池を作って金魚を放した。

記憶力はよくなかったが、理由はわからない。

イチジクの木があったが、幹が横に倒れるように曲がっていた。学校で遠足に行く日、朝、なんとなく、自転車を押しながら、家の回りを一周しようとしたら、くぐろうとして、額が木の幹にあたってしまった。

枝を根本から切ったあたりで、それがあたってしまい、外科病院で一針縫うことになってしまった。糸を抜くときも病院に行った。

同級生のナントカ君は自転車に乗っていて車にぶつかってしまい、病院に入院して、毎日、注射を打っていたそうだ。名前も顔も忘れたが、すこし背が高くて体格が良く、そんなにやせていなかったと思う。

正月、近くの原っぱでタコをあげたが帰り風があったのだろう。そのタコを引きながら歩いていたが（一〜二メートルくらい）、家の近くで乗用車が横を通った（車は少なかった）。学校が始まってから、ある同級生（名前も顔も忘れた）から、道でタコをあげていたでしょう、と言われた。その車はその家のものだった（車の中になんとなく人が何人かいたような印象がそのときあったかもしれない）。なお、危ないので、道でタコを上げてはいけない、と学校で言われていた。

近くに植木林があり、あれは昔の焼夷弾だ、という金属のサビたすこしつぶれたような容器の筒があった。

家の庭では以前、不発弾を見つけたとのことで、それは父が掘り出して、交番に持っていったそうだ。

近くに、歩いていくとすこしガケの上みたいな所に出る道があり、花火大会を遠くでやっているときは、皆でそこに見に行った。

友人というのは特におらず、近所でも友人はいなかったが、あるとき、家の近くで同年齢ぐらいの少年と話していた。そのとき、〇〇川まで何キロメートルくらいだろうと聞かれた。何の話をしていたか覚えていない。すると、そのとき、男の人が近くを歩いていく。わりにきちんとした、しっかりした印象の人間だったかもしれない。そこで〇〇川まで何キロメートルくらいですかと聞いてみたら、〇〇川のどのあたり？

と聞かれた。むろん、そこで会話は終わりだ。私としては、川は長いので、どの地点を目標とするかで到達距離が異なるということは、想像もしていなかった。しかし、現代においては、原っぱではなく、道路、それも遠くへは幹線道路を通っていくので、どう行って、どの地点にたどり着くのかまず決めておかねばならない。そうすれば距離は決まる。

通学路沿いで、ウグイスを飼っている家があった。

タコあげもした原っぱにはどういうわけか、レンズがいくつか落ちていた。残土に廃棄物が混じっていたのだろう。木造の地下室の入口みたいなものも見え（地上は平ら）、あとでその辺にビルが建ったが、むろん、きちんと埋めたのだろう。

四、五年生のころ、何人かである同級生の家へ遊びに行った。新しいおうちで、玄関が広くて立派である。裏はそのころニンジン畑でパラチオンとかいう強い農薬がまかれているのだ、と、そこの家のお母さんが説明していた。

夏祭りがあり、山車を子供たちが引いて、ある有名なお寺まで行った。境内あるいはその隣接地では立木にパチンコの台を取り付けて、ゲームができるようになっていた。なぜか私はその機械を見て、パチンコだなとわかったが、どこでまず見ていたのか覚えていない。地区によっては、トラックの荷台に山車だったか、神輿を乗せていた。若い男の人たちがかついだ神輿も見たことがある。上に鳳凰だろうが、ニワトリをもうすこしそれらしくしたものが取り付けられていた。お祭りに参加するとおにぎりをもらった。つつみにくるんであり、帰ってから食べたと思う。おいしかった、という記憶がある。

小学校には、あまり使わなかったと思うが、体育館があり、二階（回り廊下のようなもの、見学者用だろう）に回転板付きの投光機があった。舞台のようなものもあった。一年生のときは木造の校舎だったが、まもなく鉄筋三階建てに建て直した。その間、体育館にベニヤ板で仕切られた仮設の教室が作られた。そのころ、誰かがケンカだケンカといってさわぐので、みんなでよそのクラスへ見に行こうとしたことがあった。そのあとのことは覚えていない。

泳いだかどうか記憶にないのだが、学校にはプールがあった。三年生か四年生の図工の時間に船を作った。材料が決まっていたかどうかわからないが、文具店でバルサという軽く、加工しやすい板を買ってきて、箱型の船を作った。気分でデザインし、図面みたいなもの（形と寸法）を書いた。絵の具で色をつけ、最後にニスをぬったと思う。動力は電池で、モーターでプロペラをまわし、その風力で進むという設計だった。皆、一人一人、自分の作品をプールに浮かべて進ませ、それを先生が採点するという趣向だった。驚いたことに、私の船は風力が足りず、進まない、しかも箱型で大きいので、わずかな風をうけて横にフラフラと流れて行ってしまった。失望というのか、全くの予想外で、顔に落胆の色があらわれていたと思う。女の先生は美しさも採点の対象だからねー、と言っていたが、その言葉の感覚は私には全く伝わらなかった。

一方、ナントカ君（名前も顔も忘れた）はロケッティを取り付けた板みたいな船を浮かべ、それはシューと進んでいったが、船の構造が三〇センチメートルくらいの板をおそらく何枚か重ねて、むろん、先端は船らしくしていたろうが、ずいぶんあっさりしていたので意外だった。当時、駄菓子屋だったか文具店にはモーターのほかに小型のロケットエンジンみたいなものが売られていた。八〇〇円という数字が頭に浮かぶが、これがその価格だったかわからない。茶色のすこしツルツルした固型燃料を入れて点火すると、ガスがノズルから吹き出るしくみだ。温度はわからない。その後もロケッティを使用している模型は見たことがあった。その他の作品については全く記憶がない。

なお私の船の場合は、たぶん、動力・パワーの大きさと船の構造、とくに推進方法の選択の問題がある。あるいは、抵抗力や重量と推進力の問題かもしれない。とくにデータとか感覚がなくても、よく検討すれば予想はついたのかもしれないが、全く検討はしなかった。何かについて、検討するということがあったかなかったか覚えていないが、こういう動力推進型模型について、構造・しくみの是非を検討したことはなかったと思う。

同級生だったかあるいは近所の子供だったか覚えていないが、歩きながら、あるいは道で立ち話していたので、学校の帰りだったと思う。なんでも、昔、徳川家康が江戸城を築くとき、起伏が多いのでこのあたりも検討したそうだ。

クラスの人が（つまり友だちだったか）、マーガリンは石炭から作るんだと言うのですぐ信じてしまった。おそらく植物油が原料だろう。

ある日学校へ行くため、道を歩いていたら、もうわりに学校近くだったと思うが、クラスの女の子が手ぶらで歩いている。思わず、どこ行くのと聞いたら、パンを買いに行くのだと言っていた。きっと、土曜日で昼食は留守番で食べるのだろうと、推測できる。

ずいぶん小さいころだったと思うが、母の買い物について行った帰り、近くの植木畑の一角で映画の撮影をやっていた。教育映画らしく、子供たちが原始人のかっこうをして、体にドロもぬっていたかもしれないが、縄文土器みたいなツボをゴロゴロころがしたりしていた。あれはたしか、細い粘土を巻いてツボの型にしていくのだろうが、簡単な状況紹介といったことだろう。ゴロゴロころがすものと言えば、小麦粉をのばすときの麺棒だろう。子供なので特に出演料はなく、あとでカレーライスをごちそうになっただけだそうだ。

やはり小さいころ、母の買い物について行ったとき、坂の上の平らな所を歩いていたが、道の横に細い木があり、しばらく前に近くに住んでいた年寄りがその木で首つり自殺したそうだ。枝がずいぶん細いので、すこし意外な感じだった。

三年生か四年生の頃だったと思うが、クラスでバレーを習いに行っている女の子がいて、体育の時間に先生からすこし演技を見せてちょうだいと言われて、手と足をすこし動かしていた。それらしい様子だった。その女の子だったが、ＴＶに出演したと言っていた。バレーを習っている子供などは少ないので、ＴＶに出演することもあったのだろう。何かのとき、話をしていたら、あら、ＴＶに出たことないの、と言われてしまった。そのような言い方があったのかもしれない。つまり、ＴＶ放送が始まってそんなにたっていないころだったので、そのころは何か特有の言い方があったのかもしれない。

引っ越し・転校

五年生のとき、東京に隣接する県に引っ越した。庭は植木屋にたのんでととのえた。池を作り、コイを放し、芝生を張った。地形のぐあいで夏はわりに涼しい土地だった。ハイキングコースみたいなものがあり、すこし歩いたこともある。沢ガニを見つけた。隣の家からはホタル（蛍）をもらったことがある。近くでつかまえたらしい。夏だったが、市の消毒作業員が一軒一軒消毒剤を庭に粉霧していた。

体育の時間にドッヂボールをした。バスケットのボールみたいな大きなボールを相手の足あたりを狙って投げるゲームである。球が相手の側に渡ると、皆その球をさけて、さささと白線の中を移動して後ろや横にさがっていく。前を見ながらじゃないといけないので、向きを変えずにさささと後退したり、横にズレていくわけである。緊迫感のあるゲームだった。前の学校では体育の先生が、整列させたあと、休め、気をつけ、休め、気をつけ、と何度か繰り返していたことがあった。一度、何の時間だったかわからないが、校庭に落ちている小石を皆でひろい集めたことがある。

休み時間、外にいて、級友と話をしていた。何を話していたか忘れてしまったが、私は級友から日本人じゃない！　と言われてしまった。やむを得ずというのか、とくに反論するためではなかったが、何人に見える？　と言ったら、その級友はウーンとすごく考え込み、すぐに、○○人と言った。私はちょっとショックを受けてしまった。

六年のはじめ再度転校して、すこし遠い学校に通った。転校の必要はなかったかもしれない。特に理由があったわけではない。塾にかよったせいか、急に学力が向上した。塾の生徒が友人のようだった。

そのころだったかもしれないが、もうすこしあとだったかもしれない。夕方、雨戸を閉めようとして、戸袋の横のガラス戸を開けようとしたか、ズラそうとしたら、よせていたカーテンの裏にすこし枯れ葉のような外形をした手の平くらいの大きさのクモがいた。すごく気味が悪く、皮膚がかすかに焼けるような変な感じがした。殺虫剤をまいて退治した。

とにかく、学力はすこし向上したのだが、学校が遠くなったので、朝はギリギリで登校することがあった。遅刻については覚えていない。通学途中で、温度計をかけている所があり、冬寒いので（半ズボンだったか長ズボンだったか覚えていない。長くつ下というのをはいていた）見てみたら、一〇℃だった。

図書館があり、児童書があったので読んでみた。弥生時代が背景で、村みたいなものがクニ、主人公の少年は隣村（つまり隣のクニ）に友人がいる、あるとき戦争になりそうになったが、結局、ニワトリのお告げで戦争はやめた、という話だった。どうしても今風に言うのであれば、情報機関からの報告で最終決定をしたとか、日ごろから皆理性に気をつけていたので戦争には至らなかったということであろう。しかし、後者をこのお話から推測するのは無理かもしれない。ニワトリはチキンであって、何の役にも立たない。地震の予知だってどうだろうか。そういうものをたくさん観察し、一定の時に、きっかけのようなヒラメキを得るというのであれば役に立つのかもしれないが、しょせんは、ニワトリはニワトリにすぎない。

もっとも会社を辞めたあと、子供の図鑑を買って見ていたことがあるが、東南アジアのどこかの言葉では、こんにちは、というのは、マガンダンハポンのパだかポというらしい。その図鑑だったかもしれないが、ニワトリの絵の横に原鶏という品種名がついていた。つまり、日本のニワトリはわりにオリジナルに近いのかもしれない（原産地は東南アジアのジャングルらしい）。主観とか客観という言葉はあるが、未開の人間とか原始的な生活をしている部族というのは、実は全くの主観的な世界に住んでいるのかもしれない。そういう状況だと、客観性を必要とする判断はムリだ。そこで客観性を維持・連想・確認させるため、オリジナルな品種をシンボルのように扱い、せめて、占い・予知の場合は客観的な雰囲気を維持して、その的中率を上げようとしていたのかもしれない。

常識人の常識的な行動というのか、平均以上の人間のより高いものを目ざす行動というのか、あるいは外道の悪あがきなのか、よくわからないが、努力していた、対応していたということだろうか。つまり、ニワトリ（原鶏）とかそのたぐいのものに対する敬意を確保して、御利益を狙っていたのかもしれない。そういう意味では、ニワトリの占いなどは全く無意味だが、社会の健全さを確保して、〝国家〟に体力をつけさせようとしていたのかもしれない。いわゆる、困ったときの神だのみのたぐいであって、占いしても効き目はないが。

しかし、そのような精神が普段からあれば、しだいに国家や社会は、健全で力強いものに変わっていくだろうということである。

同級生でガリ版の印刷機を持っている人がいて、自分で参考書みたいなものを何ページか印刷して友人に配ったりしていた。

家で留守番をしているとき、庭のはじを一～二メートルくらいの蛇が這っていくのを見たことがある。頭はすこし三角形だった。

修学旅行があり、列車で出かけたが、ちょうど東京へもどるお召し列車が先に通過するということで、ホームでしばらく待った。私はぼんやりと立っていたのだが、けっこう大勢の人は、数人でしゃがみ込んで何か話していた。なお、今日では、私はもう人と話をするつもりは全くない。

卒業前は木工などの工作をしていることが多かった。版画を作り、半紙に印刷して、クラスのみんなに互いに配ったりしていた。どういうわけか、私はもらったもの（つまり四〇枚くらい）を丸く束ねて、ランドセルの外側にある、筒受けのような所に入れてしまった。上にワッカのようなものがあり、あとは、下に受け台のようなものがあるだけで固定はされない。家にもどったら、ない。もう一度、学校にもどると、校門の手前で水たまりの中に落ちていた。拾わなかった。

## 私立の中・高へ

急に学力が向上したので私立の中学校に入学した。六年一貫教育である。このごろ気がついたのだが、おそらく、皆、勉強するために入学したと推測できる。教育環境は良かった。しかし、私は、そのとき成績が良くなったので、なんとなく受験して、合格入学しただけである。目的が全くなかった。今、判断・推測すると、その時から極端に世間がわからなくなってしまったような気がする。小学校三年生か四年生のころ、クラスの級友が大学という言葉を言ったが、私はその言葉を聞いたことがなかった。聞いたら、詳しく説明してくれた。

私立だったので、給食ではなく弁当を持っていった。小学校五年のとき、給食のパンはまずいと級友が言っていたが、私は味については、小・中・高と記憶がない。

人と話をすることはあまりなかった。文庫本を読み始めたのはこのころだったと思う。ケネディの伝記を読んだ（高校に入ってからだったかもしれない）。プールサイドでものすごいスピードで書類を見ていたとのことで、側近の一人はとても綺麗好きだったが、逆に、ダーティとあだ名をつけられてしまったそうだ。

駅の近くに古本屋があり、なんとなく見ていたら、これは新品ですと言って、ＮＨＫの海外報道番組を本にしたものを紹介してくれた。何冊かあったが、みな買ってきて読んだ。その当時、「近代国家の像」という海外ドキュメンタリー番組があり、見ていた。その本は、特派員の磯村徳次という人が書いたものだった。アメリカでは市民の家を訪れ、スーパーで売っていた弁当みたいなものを食べたり、フランスに行くと大統領にインタビューしたり、喫茶店に行くと近くの工場の女工さんがお茶だけたのんでお弁当を食べていたり、北京に行くとラクダが歩いていましたということで、あと、上海かどこかでは昔の大きなアパートに今、三家族が住んでいるとか、町を歩くと歩道はきれいに掃除されていたが、木の葉が一枚落ちていた。それに気がつくと、近くにいた若い女性がその落葉をさっと拾ってポケットに入れてしまったとか、皇族（？）で日本に帰国しなかった人が北京に住んでいるのでインタビューしたとか、市民の家（アパート）を訪問したら、扇風機があったが、値札がついていたとか、全ての知恵は毛沢東から流れ出るという詩を見て、これはいただけないなと思ったとか、そんな内容である。

中学まではたしか理科一科目だったが、高校ではそれが地学・生物・物理・化学と科目がわかれていく。数学も大変である。それで、中学校の数学は二年までですませ、中三のとき、数Iを授業で聞いた。人と話をすることはおそらくきわめて減っていったと思われるが、図書室があったのですこし利用した。ドラマ全集というのがあり、手にとってみると、筋とか構成を示しながら解説しているようだった。いずれ読んでみたいと思ったが、読むことはなく、その図書室以外で見かけたことはなかった。写真全集というのがあり、これは見ればよかったのだが、まだ意識がなかった。その他、地理全集みたいなものもあった。文庫本でソ連人のものがあり、それによると、猿は周囲の木を切ってしまうとよそには移動しないとあった。今、推測すると、おそらく、ある程度の森の、周囲の木、ということであろう。

高校では現代国語というのが国語の科目名であったが、文法はよくわからなかった。古文はとくにダメで、文法は覚えられなかった。漢文は話の内容はともかく、文法というのか漢文自体は難しかった。あるとき、世界史の教科書を見ていたら、下の欄外に古代インドの文学者名と作品名があった。カーリダーサのシャクンタラーだったと思うが、語のひびきが理由で記憶に残ったと思われる。内容についてはむろん聞いていなかった。物理の教科書の欄外には、たしか、ある原子か何かの崩壊の式が出ていたような気がする。電いったものが図に出ていた。最新みたいな知識を紹介していたのだろう。

小学校六年生のとき、カッパブックスみたいな軽い通俗科学本を見ていたら、ある調味料は石油だか石炭から作っている（この記憶はもうはっきりしないのだが）、すると分子構造が右巻きのものと左巻きのものが半分ずつ合成されるが、天然ではその一方だけだ、天然にはない、その分子構造がすこし違うものは味がしない、分離するとても費用がかかるので、それで販売している、といった内容だった。広告などを見ると、今は、植物由来のものを原料にしているので、この点は心配ないようだ（二〇一八年六月に追記するが、しばらく前、新聞か雑誌を見ていたら、海底の生物から、今までにない分子構造のものが発見されたとのことだった。短い記事だった。右巻きか左巻きについてかな、と推測した）。

地理の本（最近読み返した大学受験用の参考書の内容だったかもしれないが）は、中部地方の山脈をいくつか説明しながら、何々山脈は断層山脈だと述べていた。一〇〇〇メートルくらいはあったと思う。あと、昔の、濃尾地震の数メートルくらいの断層の写真が出ていた。だいぶあとだったと思うが、駅前の商店が宣伝を兼ねて昔のその店の写真だとか、明治のころだったと思うが町はずれの林（山）の様子（写真）を広告のチラシに掲載していたが、今は木がうっそうと茂っている所が、以前は、低木とか下草が少なく、ずいぶんさっぱりしていた。燃料用に芝狩りをしていたのだろう。江戸時代は地震が多かったのかどうかわからないが、産業とか開墾が盛んとなって、山の土が流れ、地面が軽くなることによって、地震が発生したかもしれない。もうすこしあとだったかもしれないが、新聞を見ていたら科学欄で、長野県のナントカダムは満水になったあと、近くの山で群発地震が起きていると説明していた。ダム一つくらいの重量でも、状況によっては地層がすこし動き始めるのだろう。図書室にはアメリカで出版された環境問題の本の訳本があったが、表土層の流失だとか、ある牧場は牛が多すぎて草がとぼしくなり、大雨のとき地面の表面が一メートルも流されてしまったが、バラ線一本でへだてられた隣の牧場は牛の数が少なかったので草が多く、なんでもなかったと述べていた。

とにかく、話題もなければ国語力もなく、実は世間のこともどんどんわからなくなっていたのだが、ある級友は、二階の窓だと言っていたが、蛇が入って来たので、手でつかんで引っぱったら、蛇は力が強く、結局、行ってしまったと言っていた。別の級友は、家族で夏プールに行き、自分はプールサイドに折りたたみイスがあったのでそこに座り、あはは……と笑っていたら、NHKの「新日本紀行」で放送されてしまったと言っていた。さらに別の級友は家が開業医だったが、夜の往診は、電話があっても、先生は晩酌でお酒を飲み、もう眠ってしまいましたと言って断ることにしていると言っていた。ただし、その人のパパは卒業前に、亡くなったと聞いた。近くに座っていた某君は、毎日、睡眠時間は五時間だと言っていたが、体質に特徴があるのかもしれない。私は少なくとも七時間は眠っていた。コピー印刷で詩集を〝出版〟した人もおり、購入させてもらった。ベトナム反戦運動などもあったが、省略する。

朝礼のときだったと思うが、ドイツ人の校長がある人の説だか講演を引用して、神は心の中にいる、と言っていた。一神教の全能の神であって、遍在（どこにでもいる、という意味）という言葉も聞いたような気がするが、部分におけるそれを確認するような言葉だったのかもしれない。

私の部屋は畳だったが、以前からベッドを使っていたので、それを使っていた。あるとき、理由はわからないが、ベッドの下をのぞいたら、手の平くらいの大きさのクモがいた。殺虫剤で退治したが、家の中ではむろん五ミリメートル、一センチメートルのクモだっていない（いたと思うが、もう覚えていない。なお、夜、横になったら、畳の上で鎖《くさり》を引きずるような、ジャラジャラという音がした。長さ一〇センチメートルくらい〈五センチメートルだったか〉のムカデだった。たしか紙で取って退治した）。ゴキブリだって見かけることはなかった。その家は二〇年住んでいたが、私はネズミを見たことがなかった。ゴキブリはいたと思うが覚えていない。ナメクジは台所で昔見たことがあったが、どの家だったかはっきりしない。ヤモリは、さらに引っ越した後、新築の家で、内外（つまり、洗面所の壁の上の方と、台所の窓の外）に見た。トカゲは、私はその家では見なかった。

高校生のころだったと思うが、朝礼のときに前に並んでいる先生方を見ると、アメリカ人の神父がなんとなく暗いというか残念そうな顔をしていた。私はそもそも客観的な状況もわからず、仮に、何かわかってもそれを表現するボキャブラリー（語い、言葉）がないので、この表現は言わばウソだが、そのように見え、思いついたのが、今の言葉である。若いころは、潜水艦の艦長をしていたらしい（第二次世界大戦中）。その後、関西にある姉妹校の校長として栄転したと聞いた。

高校三年は、文化系と理科系に分かれていた。はじめ理科系にいたのだが、難しいので文化系に移ってしまった。理科系の中で志望先をいろいろさがせばよかったと思う。

在学中だか卒業後だか忘れたが、級友にさそわれ数人でボーリング場へ行った。横浜ではなく横須賀だったかもしれないが、それも忘れてしまった。重い丸い球を慎重にゆっくりところがした。

高校生のころだったが、歩く大会と言っていたか、遠足みたいなものがあった。横須賀だったと思うが、町の郊外をハイキングのように歩いた。学校は以前はそのあたりにあり、昭和四〇年ころ、横浜の隣辺りに移転していた。地図をもらい、皆ばらばらになって、グループなどで歩いた。ある級友は、別の級友二、三人に話していたが、「日本も広いよね」という言葉が記憶に残った。その人のお父さんは、建設会社で営業をしていると聞いた（この段落は二〇一八年の一一月に追記した）。

いつごろ読んだか忘れてしまったが、A・C・クラークの『太陽系帝国の最後』というような題のSFを読んだ。地球は砂漠となり、一つ残ったダイアスパーという町の少年アルビンは、道化師ケドロンを友人として、冒険に出かける。結局、もう一つ、リスという町があることがわかり、出かける。その町には自然が残っていて、郊外では、トンボのクリフが放射線をあびてのんびり昼寝していた、とのことだった。

## 某私立大学法学部

特に考えはなかったので、文学部まで受けてしまったが、経済学部はどこも落ちた。商学部を受けていればよかったかもしれない。浪人する気力はなかったので、私大の法学部に入学した。

公立の高校を卒業して工場で働いていれば良かったと思う。理想は工業高校か職業高校だろうか。電気でも機械でも良かったと思う。理科系はわりに専門の仕事ができる。文化系の場合はまずそういうことはない。つまり、専門外の仕事をするわけで、しかも、それが何種類あるかわからない。転職するときは一からやり直しかもしれないが、転職は難しいようだ。このごろ気がついた。

（第一編第7章はこの項で中断して、第二編・第三編へと続けていた。だいたい終わったので、もどってきた。大学時代のノート〈中国まで持って来てしまった〉がダンボール箱〈小さい箱が全部で六〇箱ある〉に

入っているので、それに目を通そうと思っていたのだ。今は二〇一一年一〇月下旬）
再就職については、今までトライしたことはない。かなり金があったり、ベストコンディションではなかったり、世間のことがさっぱりわからなかったりで、今までゴロゴロしてしまった。ただ、推測などで多少、世間の様子に見当をつけた。たとえば、仕事をさがす場合は、応募者数が多くても求人数の多い業種が良いと思う。医者は一つの業種だ。どこでも同じ仕事だろう。全国に何万人もいる。看護婦はその一〇倍くらいいる。工場の仕事は会社・職場によってずいぶん違うだろうが、機械を扱う作業員なら、それで一つの職種かもしれない。工場で新しい機械を導入することもある。新しい製品を扱い始めることもある。ひょっとすると同業者は一〇〇万人いるかもしれない。電気（たとえば弱電）を扱う仕事は別の職種だろうが、一〇〇万人だろうか。五〇万人いるかもしれない。こういうコースを選べば良かった。全く予備知識はなかった。いまごろ、状況を推測しているだけである。

中学に入学したときは、特に違和感などはなかったが、大学に入学したときは、まず、何か予想していたものが、そもそも無かったのだが、しかし、とにかく勉強をすれば良いわけで、ヒマがあれば図書館でナナメ読みしていれば良かったのだ。が、勉強の意欲というよりも勉強のしかたがわからなかった。とにかく予習・復習で、これはあたり前だが、部屋の風通しにも気をつけて、熱心に続けるわけだ。ただ、教材は一応教科書と呼んでいたが、すでに専門書である。かなり難しい。国語力も必要だ。何か面白そうな本をたくさん読むことが助けになると思う。多読ではなくても、いろいろ目を通すことが良いと思う。

ガイダンス・説明みたいなもので、教授が知識ではなく（結局、忘れてしまうだろうが、という表現・言葉だったかもしれない）、リーガル・マインド、考え方が大切であると言っていた。その言葉は覚えているのだが、あとは全て忘れた。問題意識みたいなものがなかったのだろう。再度、理想論にもどるが、私の理想は、何か簡単な作業とか事務の仕事でなんとかやっていければよい、というものである。こういう考えの人は多いかもしれない。しかし、周りでよく見ていて、そういう仕事の空きがあると、すぐ補充されるのかもしれない。今、私の理想と言ったが、最近ようやく気がついただけで、それ以前は特に仕事・職業についての理想というものは無かった。おそらく、早い段階からこういうことに気がついていて、気をつけていなければいけないのだろう。さて、リーガル・マインドだが、今やすこしあるかなとは思うが、それよりも、他の話を全て忘れてしまったということは無意味なことではないだろう。もう、何と言って良いのかわからない。

二〇一七年の六月に追記するが、ある時、学友が、コマーシャル・広告をガンガンやっている会社というのは、もうかっている会社ともうかっていない会社の両極端があるそうだ、と言っていた。話らしい話を聞くことはなかったのだが、この話は聞き、そして記憶に残った。

さて、教養課程二年・専門課程二年で、一九七七年に法学部の政治学科を卒業した。最近、大学時代のノートを読み返したので、気がついたことをメモした。まず、経済学（近代経済学、経済原論）の授業では、水は安い、風呂おけ一杯で二〇円だ、と言っていた。最近、NHKの短波放送を聞いていたら、どこかの学校（小中高のどれか）のプールで水を出しっぱなしにしていたら、二五杯分流れてしまい、水道代は五〇〇万円だ、と言っていた。つまり、一杯二〇万円である。三五年間で水道代は五～六倍に値上がりしたのかもしれない。

保健衛生の授業では、新入生一〇〇〇人に一人くらいの割合で結核にかかっている者がいるとのこと。血圧は七五〜一二〇が良いとメモにあったが、正確なのか、あるいはそもそもノートが正確だったかわからないが、そういう数字があった。身長一六〇センチメートルだと、体重は五五キログラムが良いとも。なお、環境について、降下煤塵《ばいじん》は全国平均で二〇〜三〇トン／平方キロメートル／月（month）とのこと。メモがはっきりせず、どの授業だったかわからないが、高等教育とは人類最高の知識を教えることだ、とのこと。

体育理論では、体育・スポーツ・レクリエイションについて、まず、体育とは「身体運動を通じて行う人間完成を目的として行う教育であり、これを行う場合に好むとか好まないとかいうことは考慮されないし、また、かならずしも競技の素質をもたなくともいいのである」とのことである。

犯罪学については教科書は捨ててしまったが、ルーズリーフ式の要約みたいなテキストが残っていたので、一部をメモした。第一九章、職業と犯罪、Ⅲ少年の職業と非行（グリュックの調査を基にする）（一）非行少年は、職業に対し漠然とし、冒険的で、余り訓練を要しない安易な職を選ぶ。（二）非行少年は職をもちながら、それになじまず非行化しやすい。（三）少年院収容者の最初の就職先は、工員が一番多く、商店員、職人がこれにつぐ。（四）転々と職をかえる「職業的カメレオン」が多く、愚連隊や暴力団に加わる者もいる。とのこと。

刑法の授業のとき、共謀共同正犯が判例で確立したときのケースを聞いた。なんでも、ヤクザが親分のところに殺人の相談に行ったが、結局、親分は床の間にかざってある日本刀をジロリと見て、「あの刀は持っていくなよ」と言って、奥に入ってしまった。ヤクザはその刀を持っていき、結局、人を殺してしまったわけだが、あの刀は持っていくなよと言った親分も、現場にはいなかったが、一緒に人を殺したとして、殺人罪で有罪となった。共同正犯というのが、たしか条文にあったような気がするが、それを共謀で行ったということである。ヤクザの世界では、そういう言い方をすれば、そういう意味なんだろう。業界の話し方・言葉ということだろうか。

刑法の授業は、昔、この大学を卒業して当時の司法省に入った人で、青島《チンタオ》の領事となり、戦後は検察庁に勤め、高等検察庁を定年で辞めて、母校で授業していた。昔は、祖界で領事裁判というのがあったが、なんでも、ある時、中国人と朝鮮人がケンカをしたので、つかまえたが、中国人や朝鮮人は、つかまっても、あやまらないんだ、と言っていた。

法律の授業は条文の説明が多く（それがほとんどだったか？）、具体的な話とか説明は少なかった。おそらく、違法行為の様子というのは、かなり多様で、一つ説明すると、かえって、全体的にはまちがったイメージを与えてしまうのかもしれない。窃盗犯（空き巣）について聞いた話は、家に侵入したあと、床だか、畳の上に脱糞《だっぷん》する者がいたそうで、取り調べのときの供述だろうが、度胸をつけるためにやった、とのことである。

丑の刻参り（深夜、神社に参拝して、呪う相手をかたどったワラ人形を五寸くぎで打ちつける）は、迷信なので罪にはならない、と言っていた。迷信という言葉が記憶に残った。

学外でのセミナーを聞きに行ったことがあるが、文学部関連のセミナーを聞いていたら、昔は、魂は外から入ってきて、死後出ていく、という考えも、あったそうだ。

学生の頃だったと思うが、ＴＶでマンガ映画を見ていたら、人間の姿をしているが、宇宙人のどこかの星の話があり、徴兵でまず病院の検査を受けに行くのだが、そこでバラバラにされ、頭が何かの機械に取り付けられる場面があった。宇宙人の町は普通のビル街で、なんとなく気味悪かった。

なお、話がもどってしまうが、高校のころ学内が荒れたことがあり、社会倫理の授業中（一九七一年の一学期）、〝鋭い〟質問が生徒から出された。死により人格性は消滅するのかとの質問に対し、日本人の神父は、自我の次元を高める。それ以上は宗教的なものである、と答えた（ノートによる）。

大学時代にもどるが、刑法の授業で使っていたテキストを見たら、放火罪のところで、昭和三三年ごろの最高裁の判例を紹介していた。京都駅の食堂の料理人が臨時の夜警を引受け、見廻りをしたが、つけっぱなしの電球を消したとき、外すのを忘れていたアイロンのプラグに気付かずその後、巡視をおこたったため、火事になった。業務上失火に。

政治理論の授業はあまり聞かなかった。そういう科目は少なかったかもしれない。教養科目の政治学は、他の科目同様忘れてしまった。何度も何度も予習復習しないとダメだろう。できれば、ノートは速記録だ、くらいの気持ちで清書し直し、さらにそれを要約したら良いと思う。むろん、教科書や参考書でチェックしたり、補ってから清書しても良い。こういうことは気がつかなかった。一科目でもこういうことをしていれば、それは新たな体験であり、新たな知識の集積である。どちらかと言えば、漫然と勉強していた、というのが客観的な状況だったかもしれない。

授業は、地域圏研究ということで、アフリカの政治とか東南アジアの政治といった科目がいろいろあった。今から思えば観光旅行でもしているような気分で授業を聞いていたかもしれない。政治学の授業のとき、メモ用紙を少し大きくしたくらいのコピーが配られた。なんでも、外務省の職員は、情報を入手・受領して、報告するとき、この用紙に記入して提出するとのことで、上のあたりに項目名が数個あり、マルで囲むようになったいた。もう覚えていないが、例えば警告とか情報提供などだったろうか。かなり早い段階で捨ててしまった。関心などなかった。

他学部の専門科目の授業を聞いても単位が取れるという制度があり、私は文学部のラテン語の授業を履修した。きっと単位を取りやすいだろうと推測したのだ。テキストに昔の哲学者の言葉が引用されていた。皇帝の機嫌を損じて〝島流し〟になったときの言葉とかで、vitam regit fortuna non sapientia だったろうか。人生を支配するのは知性ではない、運命だ、という意味とのこと。哲学者ともなれば議論は得意なのだろうが、皇帝も都合があるかもしれず、あまり理屈を言ってもしょうがないのかもしれない。もっとも、その言葉が都に届くかもしれず、それで、おとなしくしている、反省している、という雰囲気を演出したのかもしれない（この段落は二〇一六年一月に追加した）。

政治学科の終わりごろ、四年生のころだったろうか、皆、就職活動をしていたのだろうが、私は全然そんな気分にはなれず、何もしなかった。就職についての説明会・話みたいなものはあったかもしれないが、それも覚えていない。しかし、就職部主催の説明会はあったと思う。いつだったか忘れたが、働いている卒業生が来て、話している場があった。しかし、覚えている内容は一言くらいだ。なぜ、記憶が残っていないのか、理由がわからない。就職資料室というのがあり、見に行ったことがあるが、そのときの印象では、たいした資料はなかった。資料を見るという習慣がなかったのかもしれない。なぜか、パッとした印象のものがなく、いわゆる企業広告みたいなものとは、ものすごく印象が違うわけだ。労働法の世界で、法律の世界だったのかもしれない。つまり、次元・種類・世界が違うと認識しなければいけなかったのかもしれない。たとえて言えば、エサをさがしているライオンと、満腹のときのライオン、そのくらいの違いはあったのだろう。全くわからなかった。つまり、会社と世間との接点にいくつかの種類があるという認識がなかった。

いつだったか、新聞を見ていたら、こわい人が来て、社長を出せと言ったという事件記事みたいなものがあった。つまり、それも接点の一つである。いくつあるのかわからない。ただ、会社案内みたいなものが、就職資料室にあったか覚えていない。もし、なければ、状況は不審な印象を与えるが、あれは本来、お客に見せるもので、学生は「会社四季報」で十分なのだろうか。まるで写真集みたいに大判の写真がたくさんあり、マンガとは違うが、わかりやすい。しかし、目で見たもので正しく理解してもらえるかということがあり、クレームでも付いたときに、申し合わせてやめてしまったのかもしれない。つまり、会社には、社会に学生に学校に、情報・状況を提供するという意欲はとくになかったのかもしれない。全社がやめてしまえば、競争には影響しない。実害はなかったのかもしれない。

政治学科のとき、クラスはあり、たしか、必修の語学の授業はそのクラスだった。会えば話をする友人もいた。せめて、皆がどのように就職活動していたのか、どのような知識を持っていたのか、わかれば大変な財産なのだが、全く知識はない（すこし表現がおおげさだったが、これは知識を求めて言ったのではない。私は人に会うつもりはない。話をするつもりもない。ただ、何が大切かということをわかりやすく言っただけである）。

結局、法律学科に学士入学した。これは簡単だった。さらに二年、学校に残ることにした。ゼミナール（研究会）にも入ったが、これは必要なかった。やはりレベルが高い。能力には限度があるわけで無理をしないということが大切だ。ただ、わからないことが多い、という気持ちでゼミに入った。つまり、特にそのことを研究したいというのではなく、一般的にわからないことが多いので、何かすこし詳しく話を聞いてみようぐらいの感覚だった。やはり人と話をすることはなかったが、近くで人の話を聞くことは多くなった。

一九七九年に卒業したが、政治学科のときに比べ、期末テストの準備は大変だった。科目によっては、あらかじめ試験問題を教えてくれる教授がいる。一〇問用意して、この中から二問出題します、というような形だった。ノートや教科書を見ながら答えを用意して、それを覚えておくわけだ。あるいは教科書の範囲を限定して、何ページから何ページまでといった具合だ。もう勉強は十分だと感じたのはこの頃だ。

たしか、四年生の後半ぐらいから就職活動をして、一〇社ぐらい出かけ（応募）、就職先が決まった。

特に思い出というのはないのだが、ゼミ（研究会）でコンパと言っていただろうか、宴会とかパーティではないのだが、飲み物などを用意していただろうか、たしか、いつもゼミで使っていた部屋だったと思うが、少し宴会みたいなものをやった。歌を歌う人が多かったと思う。私も一曲歌ってみた。大学院生のある先輩は、冗談の話術のような、漫談をやっていた。つまり、滑稽な話術を披露していた。結婚式の司会者のまねをして祝電を読み上げるのだが、「あ、田中角栄（当時、ロッキード疑惑でたしか収監されていた）から祝電が来ました」と言って〝読み上げる〟のだが、「ボクモ、ガンバル。キミモ、ガンバレ」と言うと皆、すぐ、アハハと笑い、私も笑った（この段落は二〇一八年の一一月に追記した）。

## 某電気会社

三ヵ月間、新入社員教育があった。神奈川県に工場があり、そこの独身寮に泊った。いくつか事業部があり、そこを何日かごとに移動しながら作業の説明を聞いたり、すこし手伝ったりもした。技術系は別に研修を受けていて、数人の事務系のみだった。だいたい楽しかった。

もっともあとで思い出したら、鉛は毒だという説明はなかった（ただし半田は扱わなかった。プリント板にもさわらなかった)。常識なのかもしれない。あるいは、いろいろと危ないものがあり、言い出すとキリがないのかもしれない。もう一つの可能性は産業用ということで、半田の性質が違うのかもしれない。会社を辞めたあと、部屋を片付けていて、社報だとかもらったものを見ていたら、収斂性はあったと思うが、かなり強い硅素? で汚れていたような気がしたが、この汚れの由来は別かもしれない。あるいは、錬金術的に雰囲気を変えた鉛だったのだろうか。とにかく、勤務していた間は気がつかなかった。

以前、人事課に勤めていて、その後、工場で事務(作業管理、部品を集めたりとか納期の管理)をしていた人が新入社員教育にあたっていたが、あるとき不思議なことを言っていた。会社では、わからないということは言いません、と言うのだ。ずいぶん変な感じがした。そのあと、特に、皆で議論したわけではない。それに誤った結論に落ちついてしまうかもしれない。話題にはならなかった。が、このごろわかった。たとえば、外から電話がかかってきたとき、見当がつかなくても、「わかりません」とは言わない方が良いだろう。相手は、ナントカさんやナントカ君に電話をかけてきたのではなく、ナントカ会社に電話してきたわけだ。つまり、会社としての返事が通常だろう。そうすると、「わかりません」で終わりにしてしまうのではなく、担当者をさがしたり、誰かに聞いたりして返事するわけだ。「調べてからお返事します」といったところだろう。さらに社内においても、誰かがやって来て、何か聞くかもしれない(私はそういう体験はまずなかったが)。「わかりません」と言うとそれで終わりかもしれないが、「聞いておきます」と言えばよいわけだ。夕方、先輩がもどってくると、以前、特注でそういう注文を受けた、と言うかもしれない。あるいは、特注でアクセサリーをさがし、添付したことがあると言うかもしれない。わかれば、ずいぶんあたり前の話だが、このごろやっと気がついた。

あとは、高卒くらいの女子従業員が何人かいた。女工さんではなく、事務だったと思う。私は国語力もなく、話題もなく、研修のことで頭がいっぱいだったので、珍しいものを見たなぐらいの気持ちで終わってしまった。他の新入社員の意識は見当もつかない。

話が大学時代にもどるが、入学した直後くらいに、高校の同級生の車でドライブした。同じクラスの生徒で、席は離れていたが、まじめな青年でかすかに何か不満を持っているように感じられた。卒業後すぐ免許を取り、家に車があったので、それでドライブできるよと言うので、乗せてもらった。たしか私が車に乗ってみたいと言ったのだ。運転は上手だった。私としては何か面白いことはないかなという気持ちだったのだが、きわめてまじめな青年で、話題にもそれらしいものは何もなかった。クラスで見ると、かすかな不満が感じられたが、それは全然別のものだったと思う。その意識については全くわからない。

ただ、ドライブが終わったあと、その人のおうちにおじゃましたが、応接セットのある客間だったか、居間の一角で話をしたが（まだ夕方前くらいで、ご家族はお留守だったと思う）、お兄さんはある新書を全部持っておられると聞いた。全部というのはどのくらいかわからないが、五〇冊や一〇〇冊ではないだろう。たしか、本箱全部みたいなことを言っていたような気がする。棚一段ではなかったと思う。私は驚いたが、国語力がなかったので、そのことについてはそれ以上、話題はなかった。

私の家に新書で『熱核戦争』という本があり、読んでいたら、大きい原爆（おそらく実験用の装置みたいなものかもしれない。ビキニだったか、南太平洋で以前アメリカが行った大きな水爆実験のときは、設備みたいな装置だったと、本か雑誌に出ていた）が爆発すると、地面に三〇〇メートルの深さの穴があくという記述があり、それは記憶に残り、そのときに話したことは覚えている。三〇〇メートルというのは、おそらく、あとで測量したら、わかったという数字だと思う。たいした話ではなく、私は全然驚いてないのだが、新書全部というのには驚いた。どんな人なのか面識がないのでわからないが（私は、誰にも会うつもりはない）、大学を卒業後、財閥系の金融機関に就職したらしい。

さらに話題は変わるが、大学卒業後、名簿が送られてきた。それを見たら、銀行に就職している人が多かったが、意外な印象を受けた。つまり、銀行マンというと、多少のイメージはあるのだろうが、その人たちは、成績は良かったと思うが、性格というのか雰囲気が軽いあるいは明るいみたいな人達だったと思う。話は先に進んでしまうが、営業は大変だと言われている。一つの原因は売上予算がデタラメなのかもしれない。毎年何%アップの長期計画といっても、それは、強盗が金をよこせとわめくのとは違うが、しかし、一方的な計画にすぎないことは明らかである。業界全部の売上予算がその計画通りとなった場合、日本経済が損害を受けるということはないのだろうか。つまり、必要ないものを買わせた場合、国民経済全体が打撃を受ける。もし、そのような強盗的な計画である場合、実際には販売は無理なので、どこかの会社は数字を達成できない。営業が大変だと言われる理由の一つは、こんなことにもあるのかもしれない。しかし、製造業の営業というのは、基本的には事務員みたいなものだと思う。極端な話、売れなければ、その製品は製造中止してしまえばよいわけだ。

が、銀行マンの仕事というのはよくわからない。たとえて言えば、三年分の在庫を用意してから販売を始めるようなものだろうか。住宅ローンなどはともかく、大口の貸し付けだったら、返済が滞った時点で、全額返してくださいと言っても無理だろう。大口の場合でも必ず、担保、抵当は取っているのだろうか。営業が大変だといわれるのは、経営に責任の一端はある。本来は大した仕事ではないと思う。事務員のたぐいだ。ただ、工業高校を卒業して、工場で働いてきた人には、すこしなじみがないと思うが、それでも、東京に出て来て同じ村の出身者に会うんだぐらいに思えば、たいしたことはないだろう。しかし、くどいが、銀行マンとか商社マンの仕事は大変だと思う。全然見当がつかない。

研修中だったが、会社の株がすこし下がったことがあった。同期の技術系の人間が課長に、大丈夫なんですかと聞いたら、盤石の基盤があると言っていたらしい。おおげさだなと感じたが、適当な表現が見つからなかったのだろう。それに、技術課長としては（たしか技術の課長に聞いたらしい）、いろいろ詳しいので見当がつくのだろう。それにしても、相場には変動があり、第一、そのときの経済状況、金融みたいな状況もあるので、株のことはわからない。その同期というのは、技術系としては珍しく、よくしゃべる人で、同期会みたいなものをやると一人でずっとしゃべっていた。明るいというか、軽い感じの人で、背が高く、やせていた。

研修が終わったあと、本社の、ある事業部の営業部に配属された。翌年の三月まで営業事務をしていた。台帳（引当台帳）の記入である。会社は中規模くらいの電気会社で、弱電の通信機業界だった。特注はあまりなく、標準品の多品種少量生産だった。事務の方は難しい仕事ではなかったと思うが、今、気がつくのは意識が大切だろうということだ。何人かその課にいたが、ある同期の男が、その中の一人の女の人は職安の紹介で来たそうだ、今、何歳だ、と言っていた。字のきれいな人で、仕事はきちんとしており、わりによくしゃべっていた。営業といっても外でしゃべっているので、すこしうんざりなのかもしれない。社内では仕事以外のむだ話とかいわゆる雑談みたいなものはとても少なかったように思う（これは当然のことだが）。もっとも、当時会社の景気は良く、忙しかったんだろう。それで台帳のところに人がやってくると（在庫販売ではなく、数ヵ月後くらいの納期が多かった。見込み生産していたので、そのロットに予約みたいなものを記入する必要があった)、女の人の方が何か元気よくしゃべっていたりした。何となく、営業は無口な人が多いと感じていたかもしれないが、今、判断すると、そうではないと思う。

翌年の四月、営業課に配属されたが、始めに胃をこわしてしまった。期末で事務が忙しかったので、少し残業したりしていたが、前かがみで(すこしうつむいて)、仕事していたので胃をずっと圧迫していたのだろう。一日休み、しばらく胃の薬を飲んでいた。その営業課には四年いて、途中、課長が代わり、新しい人も来た。新入社員とか、工場からとか。私は一年くらいだろうか、先輩と一緒に仕事をした。担当したのは、その製品を使わないと仕事ができないという会社で、新製品のカタログを配るくらいが仕事だった。マーケットにはいろいろあり、一般市場とか呼んでいたかもしれないが、新しい仕事を受注した、その仕事をするためには新しい設備(機械)が必要だ、という会社もある。つまり、カタログを渡すだけではダメで、工場でその製品の検査をしていた、修理していたという人間が説明しながらセールスをやっていた。私が担当した某社は全く逆で、実は、もう思い出せないが、一つの課は同じような製品を作っていたかもしれない。別の某社は以前、そういうものを内作していたらしいが、購入に切り換えたそうだ。つまり、その機械についてはお客はとても詳しいというマーケットをまかされた。私としても、多少、一生懸命に働いたつもりだが、こういうことは意識が大切だろうと思う。

もう一つは、知識であって、入社以来、少しだが、電気の基礎の本を読んでいた。が、これは必要なかった。基礎の知識が仕事で問われることはなかった。教養としても必要度は低かったと思う。しかし、そのころ、職場の棚に、通信機とか通信の分野一般についてのハンドブックみたいな本があるのを見つけた。広辞苑の机上版くらいある大きな本で一万円くらいだった。これを、書店で取り寄せてもらい、休みの日に見ていればよかった。実は、テニススクールに週末通い始めていたが、これはぜいたくだったと思う。まず、知識ということなのだが、本はすでにたくさんあったので、全然そんな気分になれなかった。やはり、意識の問題だったかもしれない。決して、アルバイト気分ではなかったが、何か考えとか、方針、見通しといったものは全くなかった。

あまり思い出はないのだが（それに、たいていのことは忘れてしまった）、ある時、新製品のカタログを某技術課長のところに持っていき紹介した。よく製品を買ってくれる職場だった。階段からその階に入った所に商談用のテーブルがあり、呼び出し用の内線電話があった。そこで、簡単に説明して数ページくらいのパンフレットみたいなカタログを見てもらったが、とても熱心で、一行一行、指かペンでなぞりながら、サーと真剣に見ていた（スペック、規格のページだった）。私も感心してしまい、帰ってから課の人（皆、先輩だった）にその話をしたのだが、皆、何も言わず、だまっていた。その後、思い出して、あまり良い話題ではなかったと判断した。つまり、本来は、営業がいろいろ説明して新製品を紹介するわけだ。極端な話、カタログを見てもらうだけなら、郵送しても良いだろう。つまらない話をしてしまったなと、後に気がついた。

あるとき職場で話をしていたら、と言っても、一言二言くらいで、私はいつも人と話をすることはなかったのだが、学のある先輩が、非常識なことを言っていた。こういうときは、どういう意味ですか、とか、具体的に何かあるんですか、とか、いろいろ聞いたりした方が良いのだろうが、国語力も話題もなかったので、何か一言いってみたものの、あと話が続かなかった。文学的表現で意味がなかったのか（気持ちみたいな話で、具体性は全くなかった）、世論みたいなものの言い方をしてみたかったのか、世間の様子をバク露しようとしたのか、性格に何かあってしゃべりやすいものの言い方だったのか、今もわからない。しかし、業務には関係なく、急に出た話題で（必然性みたいなものは今もわからない）、場慣れしていれば、当意即妙の物の言い方もできるだろうが、本来は、事務的に聞き返した方がよいだろう（二〇一八年の六月に追記するが、いわば、一種の悪魔の言葉みたいなものが、社内にまで伝わって来たのかもしれない。会社員というのは、利益とか採算を考えて仕事をしていれば十分だろうが、世の中には正義のために働いている人たちもいる。中には、まちがった正義もあるだろう。そうすると、自分たちが、支配・利用できない物や人間を、いずれ用が済んだあとにでも、始末してしまおうと考えているのかもしれない。そのような活動が大規模に行なわれているのかもしれない。ずいぶんな空想だった）。

ある時は、お客と話していてずいぶん質問のレベルが高く、いつもは手帳にメモして、あとで電話で返事したりしていたが、その時は電話を借りて工場の技術の人（課長くらいだった）にちょっと聞き、あとは技術者どうしで話してもらった。こういうことは、一度くらいだった。難しい質問だったら技術課と直接話してもらうようにと、あらかじめ、言われていたかもしれない。

営業部内に営業技術課みたいな職場があり、そこの先輩と話をしていたら、以前、草をかっていたら、かま（鎌？）に雷が落ちたそうだ。

あとは雑談だったが、今まで技術課にいた人が事務に移った。新製品が出たので、そこにもカタログを持っていったのだが、珍しく仕事以外の話をした。なんでも趣味の雑誌に投稿しているそうで、「球を求めて」という文章が掲載されたと見せてくれた。「球」とは真空管のことで、すでに製造中止となった名品みたいなものを、海外旅行したときに捜したらしい。

お客の会社の本社に行ったことがあるが、地下鉄の出口をまちがえてしまい、総理官邸の前に出てしまった。坂を下るとオフィス街だ。

四年間国内営業をやって、貿易部門に異動した。直前くらいに急に言われた。入社した直後に若い社員多数が英会話のレッスンを受けたりして、私も英会話を習った。語学は苦手だった。今、判断すると、おそらく記憶力が良くないので、すこし長い英文は覚えられず、それで文章の意味がわからないのだろう。体質みたいなのが関連すると思う。

なお、異動が決まった直後、本屋に行ってアメリカ関連の本をあるだけ買った。何冊買って、いくら払ったか覚えてないが、手さげの袋に入れてくれた。一万円札を出したのは覚えているのだが、三万円くらいだったかもしれない。一〇冊くらいだ。ビジネスマンの体験談が多かったと思うが、早い段階で皆捨ててしまい、記憶がない。国語力というよりも文書・資料の大切さがわかっていなかった。

貿易部門での仕事というのは、完全に事務の仕事だった。アメリカに小さい子会社があり、社長と同期で技術部長だった人が、現地法人の社長で、その下に、技術課長くらいだった人や営業（？）の人がいて、あと工場から来た人が届いた製品のチェックをしていた。そこで修理までやっていたかは覚えていない。一般に輸出したものは、航空便で送り返されて工場で修理している。間接輸出と言って、お客が輸出するときに、製品を添付してもらうことがある。たとえば、海外プロジェクトなど。そういう場合は、その工場に輸送のトラックが引き取りに出かけるわけだ。何台トラックがあったのかわからないが、毎日、関東一円を走っていた。現地人は数人いて、技術とか営業（？）をやっていた。その会社の下に、さらに営業員がいて、レップ（レプリゼンタティブの略）と呼んでいた。私は会ったことはなかった。その会社では広告とか問い合わせに答えたりとか、そんな仕事をしていたようだ。なお、これは、配属したときに聞いたのではなく、様子を見に行くため、いつも皆、一度出張しているんだ、ということで半年くらいしたあと、一ヵ月、アメリカに出張したとき、現地法人で見聞きしたことだったと思う。

春、異動して、秋、出張した。ニューヨークの郊外に工場があった。小さな工場団地で日系の機械メーカーもあり、ファクシミリが壊れたときは、そこで受信してもらい、届けてもらったことがあるようなことを言っていた。着いた日は週末の休日で、それでも社長は来ていた。飛行場では営業みたいな駐在員が迎えに来てくれていた。工場の応接室でしばらく待っていたが、エアコンが涼しく、それが印象的だった。うとうとしてしまった。そのあと、どんな話をしていたか、記憶にない。ホテルは車ですこし行ったところにあるビジネスホテルで、食堂があった。最初のころ、晩に魚料理を食べたが、あまり塩気を使わずに調理していた。おいしかったが、とにかく食べるというよりも魚料理を賞味するということかもしれない。ちょうど、工場が忙しいころだったので、神奈川県の工場からも人が来たりでにぎやかだった。そもそも国語力がなく、日本でも人と話をすることはなかったので、現地人と話をすることはあまりなかった。もっぱら、日本人の出張者とか駐在員の話を聞くぐらいだった。工場から来た人はおしゃべりな人もいたが話題はあまりないようだった。営業（？）の駐在員はその人の性格だろうが、慎重なしゃべり方だったかもしれない。あるとき、雪の日は家の前の歩道の雪かきをするらしいのだが（はっきりした記憶がなく、そのようになっているのかわからない）、雪をどけていなかったら、すべってケガをした人から訴訟をうけた人がいたと聞いた。あるいは、訴訟の話だけだったかもしれない。つまり、その場合はずっと雪の上を歩いていて、すべってケガをした所の家に訴訟を起こした可能性もあるわけだ。もし、家の前の歩道の除雪が義務であるなら、ちょっと大変なわけで、今、これを判断、推測すると、アメリカは、少なくともその当時、臨戦体制みたいな社会状況にあったのかもしれない。

あと、気がついたことはあまりなかったのだが、休みの日、バスでマンハッタンに行き、雑誌で名前を聞いていた有名な書店に言ったが、法律は（分野ごとに分けて並べられていて、その分類標識が出ていた）、医療訴訟の本だけだった。部厚い大判の本だった。どの本も、日本の新刊本よりもだいぶ大型だった。やはり休みの日、他の若い出張者と一緒にホテル近辺の町を歩いたが、小さな本屋を見たらスポーツの種目ごとに雑誌が出ていた。本ではなく、たしか雑誌だった。競技の結果を掲載するとしても、スポーツだけでは話題が足りないと思うので、談話とか思い出、体験談、各地の話題などがあるのかもしれない。古典名作みたいなものを要約、ダイジェストしたものもあった。シリーズ・文庫みたいだった。一度、若い出張者たちと三人くらいで週末その町を歩いていたら、目が痛くなったことがあった。まぶしいのだ。たしか快晴だったと思うが、空の下（地平線の上あたり）はかすかに紫色がかっていたかもしれない。紫外線が強かったかもしれない。人通りは少なかった。たしか、その町には、雑居ビル（といってもガランとしていたが）に日本人が経営する画廊があった。日本料理店があり（最近、文庫本か新書を見ていたら、ニューヨークは日本料理店がとても増えたとあった）、一緒に出かけたこともあった。若い出張者は日本人が経営している食堂を見つけ、何度か皆で出かけた。日本の新聞があったと思う。

休みの日など、ホテルの部屋でＴＶを見ていたこともあるが、面白い番組は少なかった。言葉がわからないせいだろう。コマーシャルは少しよかった。クイズ番組だったかゲーム番組だったか、大きな回転板がまわり、あと覚えていないが、矢印のところで止まった賞をもらえるというのがあった。見学に来ていた主婦が応援で、「テイクマネー、テイクマネー」と声をそろえて声援していた。静かな番組だった。青年文化際みたいな番組があった。中国人みたいな青年数人のバンドが、いい世の中を作ろう、いい世の中を作ろうと歌いながら、左右にパッと移動したり、左右入れ代わったりの動きのある演奏をしていた。曲は少しシブイくらいでだいたい良い曲だったと思う。あと、青年の劇があったが、男が女性にそれらしい関心をジェスチャー、見ぶりで示すと、女性の方がそれを拒み、すごく、いやだという表情をしていた。すごく違和感のある雰囲気だったが、人種によりコレステロールの値が違うので劇で示す演技も見なれないものがあるのかもしれない。

出張中、ラスベガスで展示会があり、社長が忙しくて行けないため、私が見に行ってくれと言われ、出かけた。すでに現地人社員が何人か説明に行っており(私は機械のことはわからないので日本語でも説明はできない。国内営業のとき、晴海の展示会には一応説明員ということで出かけたが、むろん手伝いでしかない)、ただ、見物しただけだった。ホテルの中にカジノがあり、たしか、到着した夜、行ってみた。ルーレットだったと思うが、全然ダメでさんざんだった。ひょっとすると、ディーラーは好みの数字を出せるのではないかとさえ思ったくらいだ。

営業関連の日本人のマネージャーがおり、その高層アパートの部屋に皆でおじゃました。マンハッタンのビルの夜景が見える部屋で、夜も電灯が明るいのですこし驚いた。カラオケの上手な方で、「……サンフランシスコー」という歌を歌っておられた。実は当時の大株主の会社から来た方で、その会社では貿易部の課長をしておられたらしい。

泊まっていたホテルにはプールがあり、社長から「泳いでいて以前心臓マヒで死んだ人がいる。泳いだらダメだ」と注意されたが、もう秋で海パンも持ってきてないので、泳ぐつもりは全くなかった。

ＴＶでニュースを見ていたら、その郡では初めて警察官が殺されたそうで、葬式の様子を放送していた。遠くに教会が見え、すこし離れてパトカーが何台か停まっており、そのうち一斉に屋根の回転灯をともして回転させていた。

一ヵ月くらい滞在して帰ってきた。とくに仕事はせず、ブラブラしていただけだ。家に帰ってきた晩、夕食を食べながらＴＶを見ていたら、スーパーマンの『電子の砦』というような題の映画をやっていた。町が混乱して、電話ボックスがバタンと横に倒れたのだが、それでも中にいた人は横に倒れたかっこうで話を続けるという喜劇みたいな場面があった。

本社での仕事の話にもどるが、事務の仕事をしていただけだった。つまり、現地法人の社員から技術上の問い合わせが来ると、工場の海外技術課というような所にファックスで転送する。あとは、そこで内容を見て、担当者に渡すわけだ。それから、駐在員などから、納期の問い合わせとか、決まったとか、連絡があるので、引当台帳に記入したり、伝票を発行したりしていた。毎日、ファックスでたくさん問い合わせなどが来るので、それを帳面に記入し、処理済とか返答済といった印をつけながら仕事をしていた。船積み業務（ただし航空便だったが）は女子社員がやっており、セールスは現地法人がやっていたので、私たちはいわゆる貿易業務というのはしていなかった。ただ、部の中に課がいくつかあり、地域によっては、駐在員とか現地法人はないので、そこではおそらく貿易業務を行っていたのだろう（商社を使っていたのかもしれない）。たしか全社の売上の三分の一くらいが輸出だった。

貿易の仕事をしている間は残業が多く、出前で食事をすることが多かった。今思い出すとたいした仕事はしていなかったのに、なぜ忙しかったのかわからない。ただ自分たちでできる仕事はなく、まず全部、工場などの人たちがやっている仕事を手配したり、連絡したり、聞いたり、伝えたりといったことだったので、かかえている案件は多かった。

ある日、駅前の本屋を見ていたら、珍しく、というのだろうか、ビジネス関連の本が棚にあり、手に取って見ていたら、課長が出ていた。買ってきて読んだが、少なくともその時点では、国語力も何もなく、つまらない本だなと感じたが、とにかく、勤めていた会社の課長が何人か出ていた。数社くらいだったと思うが、そのときは宣伝を兼ねて、会社が金を出して出版させたのかなとも思った。そのとき上司だった課長は、国内営業をやっていたときはどうのこうの、もっとバリバリ仕事をしたかった、というようなことを述べていた。顔写真付きの本だった。他の話は覚えていないが、皆、課長で、三〇人くらい、経歴とか抱負を述べていた。書名は大げさなものだった。わりあい早い段階で、この本は捨ててしまった。

客観的・統計的に言えば、変な話だが、第三編各論でも述べるが、私はそういうコースを歩いていた（今は、二〇一一年一〇月下旬だが、いつも机に座ると、上の部屋で足音だとか物音が始まり、このごろは水道のシャーという音もずいぶんうるさい。長い時は一時間、継続的に蛇口の音が聞こえる。〝作業〟〈食事のしたくとか掃除など〉しているときは危ないので、音をたてないようにしているのかもしれないが、超音波か何かで強いサブリミナルを送り、〝感じ〟ないようにカモフラージュとして、大きい音を日常生活音として装置から〝放送〟しているんだと思う。中国では日本よりも偶然は少ないと思うが、私の場合はもう少し少ないのかもしれないが、これは、はっきりしない。相手にされない国なので、人がやってきたときはチャンスをむだにしたくないのだろう。ただし、第三編で述べるが、映画で私の同級生に似た顔をずいぶん見かけたので、つつかれている人間を一ヵ所に集め、そこを私が歩いてきたのかもしれない。すでに爆弾を一〇〇発投げつけられているならば、一発くらい投げ返さないと、ばかにされてしまうかもしれない、というのが今の世界ではないだろうか。しかし、中国人がアメリカや日本で爆弾を投げれば、印象は良くない。そういうのは準備が終わったあと、挑発としてやるんだと思う。それまでは、土地の人間にやらせるのが得だろう。それだと思う。だから、訓練は中国人と一緒で、誰がやるのかわからないように練習するのだろう。ただ、心理的には、バカヤロー、ふざけるなよ、テメーら、いつまでもデカい顔できると思ってたらまちがいだぞ、今にきっちり話つけてやるからな、という気分にさせていくわけであって、そういうのが、わかる人には、あーまだ本気じゃないな、準備はまだ終っていないんだとわかるわけで、これは、おそらく本部の上層部にも、ずっと報告されるのだろう。つまり、自分の都合が全てであって、そろばんが羅針盤なわけである。それに、結局、準備が終わるかどうかは未知数なので、相手国もそんなに悪い気分じゃないと思う。こういうことは普通に口で言えば良いのだろうが、今の世界では、信用される言葉と信用されない言葉があり、こういうことは〈準備はまだ終わっていませんということ〉、このように、たとえば日本人をダシにして表現すると、すごく信用されるのかもしれない。むろん、心の底から信用しているか、それはわからないが、あまりにも物事がわずらわしいと、わかった、わかった、信じるよ、ぐらいのことは言うのかもしれない。つまり、多元社会、多層社会の一層を譲歩しているのだろう。一時間たち、やっと静かになった）。

入社した直後だったが、新聞を見たら、中年の男の顔がイラストで五人くらい描いてある。一人は人事課長、もう一人はそのあと配属された営業課の課長だった。偶然ではなかったのだろう。まず会社は、有名な人に顔の似た社員が何人かいる（第三編で述べる）、次に、私は、つつかれている人間を集めた所を歩いてきた。ただ、この新聞のイラストは目的が今もわからない。

中国では（今、私は中国に滞在中）、列車の中でポータブルＴＶを貸してくれるので、それで、メモリーに入っている映画をずいぶん見たが、まれにロシア映画があり、そこに出てくる顔が、そのイラストの一つだった。目的がわからないが、偶然でないなら、何かの打診とか反応をうかがっていたのかもしれない。活劇物で用心棒が集まっていると、ヘリがやって来て、上から機関銃を乱射するという場面があった。ちょうど、アラブの族長みたいな人間のところに、ロシア人だろうか誰かが車をつらねてやって来た、巨頭会議中という筋だった。そのアラブ人は布を頭にかぶっていたが、Ｔシャツを着ており、そこには、ジャファド、ノーと染めてあった。スローガンだろう。用心棒の方は、機銃弾にあたり、胴からピューと血を吹き出すという活劇物だった。久しぶりに、そのポータブルＴＶを貸りて、やはり、その映画を見たが、ちょうどその場面で少し辟易《へきえき》していたら、係の車掌がやってきたので、ＴＶを返した。

つまり、私がその本を見たというのは、完全な偶然ではなく、そういう状況だったのだろう。ビジネスの本は少ない、特に今働いている人間を紹介する本は少ない。一方、私はつつかれている人間を集めた所を歩いてきた。しかも、そのころは、書籍の購入量がピークだった。統計的にはわずかな確率だが（上司が本に登場する、私がその本を購入する）、部分的な状況ではありそうなことだったのだろう。その本について、会社の内外であらかじめ話を聞いたことはなかった。なお、会社を辞めたあと、ＴＶを見ていたら、つまらない時代劇をやっており、どこかの領主が儀式で人身御供を行おうとして、大きな穴に若い女を数人入れ、読経などさせながら、土をスコップみたいなもので、まずパラパラ入れると、女たちがキャーと言ったりして、そのうち誰かが現れ、あと活劇だったろうか。たしか、その映画だったと思うが、侍が馬で野道を進んで行くと、道の脇に置いてあった木箱を馬がけとばしてしまう。すると草むらの中から忍者みたいな男が現れ、やー、殿様から拝領した家宝のつぼを壊したあ、と言って逃げる場面があったが、その忍者の顔と声は貿易部門にいたときの上司、課長の顔と声にずいぶん似ていた。入社する前、映画のアルバイトをしておられたのかもしれない。

二年くらいで、今度はオーストラリアなどの地域を担当する課に代わった。やはり、駐在員がおり、現地人が一人いて、法人組織だったかもしれないが、もう覚えてない。二度出張した。特に仕事というような大げさなものではなかったと思う。客先に出かけたことがある。日本からの技師と一緒だったか、駐在員と一緒だったか忘れてしまった。意識の問題でもあるが、毎日けっこう忙しかったので、たまに思い出したり、追憶、再検討でもしていないと忘れてしまうのだろう。飛行機でオーストラリアの陸上を飛んでいたときは、森でもなく草原でもない平野で、野火だろうか、煙が上がっているのが見えた。何回も見たか、一度だけ見たのか、それも覚えていない。のんびりした国なんだろうが、ホテルは町中で、トラックの音がにぎやかだった。何人かで駐在員のお宅におじゃましたが、一戸建てで、線路のすぐ近くだった。もっとも、おじゃましている間、音はきこえなかったので、長距離鉄道だったか、荷物線か引込線だったのかもしれない。食事とか食べ物で気がついたことはなかった。もっともアメリカに出張したときも、一度だけ魚料理は薄味だと気がついただけで、あとは気がついたことはなかった。

あるとき、ジョー談だろうが、駐在員やってみないかいと聞かれ、むろん断った。英語が難しい、それにまず日本の世間の様子がわからない、さらに当時は認識はなかったが日常生活でわからないことが多く、すでに部分的に感じていたものもあったかもしれない。それに、技術について不勉強で、仕事について自信がなかった（なお、自動車運転の問題がある。社会人になったくらいのころ、新聞を見ていたら、高校の同期の人間がアメリカで車の事故をおこし、死亡していた。タレント事務所に就職し、車を運転していたが、道路わきのガケか土手に転落してしまった。同窓会のとき、聞いてみたら、皆で盛大な葬儀を行ったそうだ。なお、その新聞のそのページには、小さい記事だったが東京郊外の某市の町はずれで、道のわきに中国人が倒れて死んでいた、という記事があった。外国で行動するときは、少し気をつけた方が、良いのだろう）。

一年くらいで、今度は営業関連の数字をまとめたりする課へ異動した。たいした仕事ではないのだが、やはり残業することもあった。若い女の子もおり、隣に営業課もあったので（つまり、電話番などで、一人は女子事務員をおいている）多少はにぎやかだったが、引き続き国語力がなく話題もなかった。

たしか、一年弱で、新設された事務部門へ異動した。年配の室長が一人、あとは私だけで、人事課だとか庶務課がある階だった。駐在員がいる国の法律を調べるということで、大きい本屋へ行ったが、英米法の本があるだけだった。それを要約した。あと貿易関連（実務についてではない）の講演会があり、それを聞きに行き、あとで、聞き取ったノートを整理して、要約したりした。

まだ会社に勤めていたころだったと思うが、休みの日、新聞を見ていたら、会社の入口前にある横断歩道橋の下に、重さ一キログラムくらいのボルトが落ちていた、という記事があった。

話はもどるが、国内営業にいたころ、会社は福島県に小さいながらも分工場を立てた。電子機器の組立工場である。しかし、翌年くらいに洪水があって、床上浸水してしまった。川の上流くらいだったんじゃないかと思うが、堤防を越えて水があふれ、その隣の工場団地に流れてきたのだ。意外な感じがした。今、推測すると、川の下流は人も多く、工場もたくさんある。そこで上流ではあまり堤防は高くせず、必要があれば自然に遊水池となるように設計していたのかもしれない。以前だったら、畑や水田だ。被害もあまりなかったんだろう。そういう意味では工場団地を建設したとき、堤防をかさ上げしていればよかったんだろうが、気がつかなかったか、許可が取れなかったか、そこだけ、堤防をかさ上げしてもむだということで、めったにないことで大丈夫だろうと判断したのかもしれない。

最後の職場にいたときだったが、新年のあいさつで社長が社内放送したとき、何か間の抜けたような声で、「これでは一ドルは一円になってしまいます」と言っていた。そのすこし前から円高が始まっていた。私が入社したときの社長は任期を一〇年つとめ、その次の社長だった。どういうものの言い方が良いのかわからないが、このくらいがかえって心配させなくて良いのかもしれない。中年の秘書課の女性（岐阜県の出身らしい）がとても悲しそうな顔をしていた。社報によると社長は糖尿病とのことで毎朝ジョギングして、それから水を飲んでどうのこうのとあった（水を飲んでからジョギングだったかもしれない）。病気が進んで社長は妄言をはき始めたと思っているのかな、とたしかそのとき推測したかもしれない。

まだ勤めていたころだったが、ある日、新聞を見ていたら、昔（戦前）、日本でレーダーを開発していたころの記念写真が掲載されていた。ページ全体の大きな写真で、飛行場の一角らしく、うしろには、格納庫の前に、零戦だろうか、戦闘機が見え、手前にイスを並べて、関係者が記念撮影していた。若いころの朝永博士もおり、私が毎日のように営業に行っていた某社の当時の社長もいた。一〇人か二〇人くらいの写真だった。レーダーの開発は大変だったんだろう。ＳＦ作家のＡ・Ｃ・クラークは、若いころはレーダーの技術開発をしていたそうで、晩年は、セイロン島（今のスリランカ）でスキューバダイビングをしていたそうだ。

語学の専門学校を卒業して、私よりも半年あとに入社した女の子がいたが、私たちの同期ということだった。北海道出身で小柄な女の子だった。輸出部門でOLをしていたが、日本で（？）広告関連の仕事をしていた台湾の男性と結婚することになり、同期の者が喫茶店を借り切ってそこでお祝いすることになった。その日、定時後、私はその女の子と会社を出て、電車（山手線？）でそこに向かった。その頃、私は新聞で、広告関連の仕事をしている人間と結婚した女性は、家で仕事を手伝って、絵などを切り貼りしたりしているそうだ、という記事を見ていた。電車の中では席が空いていたので二人とも座ったが、私はその話を思い出し、それをしゃべった。するとその女の子は、すぐに、「一緒に苦労したいんです」と言った（この段落は二〇一八年の一一月に追記した）。

特に病気をしたというわけではないが、ベストコンディションではなく、保有している有給休暇もあと三日となってしまい、欠勤してまで働くつもりはなかったので、三ヵ月くらいで退職した。一九八八年の二月頃だった。お金はあった。父の遺産、貯金である。株を買っていたが、それも値上がりしていた。もうけたのは百万円、二百万円ではない。わからないことも、しだいに増えてきていたので、それも気がかりだった。

辞表を出した日、人事部長に呼ばれ、すこし聞かれたが、「人の考えていること（気持ちなど）がわからないので、辞めることにしました」ということなんだな、と聞かれ、ちょっととまどったが、人と議論したことはなく、国語力もなかったので、はあ、と適当な返事をした。たしか部長はノートを取りながら、私と話していた。九年間働き、給料をもらい、人の声をたくさん聞き、私もすこししゃべったが、通勤が大変で、身辺にも汚れたものがたまってきた。汚れに気がついたのは退職後すぐだが、荷物が多く、一番汚れているものを見つけたのは、退職して一〇年近くたったころだった。

## 退職後

第6章の第1節で述べたが、会社を退職後、家でゴロゴロしながら本を読んでいた。学参などが多かったが、それ以外にも、出版社の総合目録を見て郵便で注文して、ダンボール箱で送ってもらい、郵便局で代金を送っていた。一〜二年くらいの間に車一台くらいの金額を本代に使ったかなという気分があるが、これは正確ではない。しかし軽自動車くらいだろうか。だが、軽量鉄骨の二階の部屋だったが、床の一部が壊れてしまった。幸い、家具の下ではなかったが、歩くとすこしベコンとへこんでしまい、一センチメートルくらいは床がそこだけ下がった。家具が重かったんだ。ベッドはやむを得ないとしても、木製でガラス戸の付いた本箱三つはぜいたくだった。七万円はした。しかも、リビングボードを買ってしまった。完全なぜいたくで、むだだった。全然判断がつかなかった。本箱を一つ買い、よく見る本を入れたあと、あとは、ダンボール箱に入れて部屋の周囲に分散して置けばよかった。あとは第4章、第5章で述べた通りだ。

会社を辞めるすこし前くらいから、趣味の歴史雑誌を見ていたが、秘密結社の特集などもあり、へーという感じで見ていた。そういうものには全く知識はなかった。実はそのころ、ものすごくたくさんの雑誌を購読していた。父の遺産で株を買い、それがすごく値上がりしていたので、書籍については金使いが荒くなっていた。そのすこし前には、会社の棚で月刊雑誌を見つけた。書店では販売していません、郵送します、という雑誌で、おそらく大手新聞と同じような論調で、内容が少し詳しいのかなという印象だった。できれば、業界のハンドブックみたいな本を買っていればよかったのだが（やはり棚にあった）、判断がつかず、雑誌の方は電話で申し込んだ。この雑誌は中国に来るまで購読していた。

さて、趣味の歴史雑誌だが、書籍の広告があり、中には超古代史というジャンルもあった。やはり郵便で注文したが、その中に総合目録が入っていたりした。そういうのを見ると、本の解説で（宣伝だろう）、シルクロードの天皇家だとか（天皇家の祖先は、昔、シルクロードのあたりにいた、という仮説）、残された時間はあまりにも少ないだとか、今や米ソとも神道の本質を解明しつつあるとか、そういったセンセーショナルな言葉が並んでいた。結局、そういう分野の本も何冊か買ってしまったが、一冊二万円だとか、ものすごく値段が高い本があった。それでも少数派の歴史説にはずいぶんいろんなものがあるんだなとわかった。

以前、新聞の学芸欄を見ていたら、ＡＤ六四五年の大化の改新は考古学的根拠がないという説が出ていたが、そのときはずいぶん大げさだなと思った。おそらく、地名は今も残っており、出土する屋敷跡がせいぜい豪族くらいの規模ということなのかもしれない。超古代史の本を何冊か見たが、漠然《ばくぜん》としたインスピレーションみたいなものもあり、歴史以前の世界は、日本人みたいな人間がわりにメジャーで、その後、しだいに劣勢になったのかなと推測した。ただし、本にはそういう記述は全くなかった。意外な説をいろいろ読んでいるうちにわいたインスピレーションだ。

なお、ある本によると、聖徳太子という人は実在せず、当時有名だった三人の人物のイメージを合成した、架空の人物像である、とのことだった。とにかくすごい少数派の説がたくさんあった。

会社を辞めるすこし前だったが、帰り、駅前の本屋を見ていたら、宇宙人の本があった。それを買って読んだが、アメリカで連邦法が制定されたとのことで、法律番号も出ている。一条だけなのだが、宇宙生命体と接触した者を拘束することができるとの内容だった。

会社を辞めたあとだったように思うが、大きな本屋に行ったら、雑学の本があった。適当に見ていたが、一ヵ所、ロンドンではクモフリーク（クモ趣味の人）がタランチュラ（大きな毒グモで、室内で飼っている人はその毒を抜いたのだろうか？）を室内で放し飼いしており、一週間でアパート中のゴキブリを掃討したこともあるとのことだったが、軽い本で、この部分は冗談だったのかもしれない。ロンドンで出版された本で、著者は多数だったようだ。

もうすこし前だったかもしれないが、家に古い本があり、さっと見て捨てた。部屋を片付けねばならなかったのだ。書名は『勝利の総統ヒトラー』というもので、いかにもだなあ、と思って、さーと見ると、ヒトラーがいかに平和のために尽力したか、たしか、主に外交交渉のようなことを述べていたような印象があった。とにかく読まなかった。その本だったかもしれない。著者がオーストリアの参謀本部の情報将校で、第一次世界大戦のとき、ドイツ皇帝がラジオ放送で、イギリスを占領したら皆殺しにしてしまうぞと言ったと言われているが、皇帝陛下はそのようなことはおっしゃらなかったと、縷々面々《るるめんめん》と反論していた。別の本だったかもしれない。

その家（つまり会社を辞めたとき住んでいた家）は、庭に芝生を張っていたが、ある時、よく見ると五ミリメートルくらいの小さなクモがすごくたくさんいて、活発に動き回っていた。普通の角ばった黒いクモである。

トカゲは一度だけ見た。茶色で一〇センチメートルくらいだったが、なんとなく気味が悪いなと感じた。ある時、庭に出てなんとなく様子を見ていると、テントウ虫くらいの大きさで、カラが透明な虫が飛んできて、私の上着にとまり、すぐ、飛んでいった。上に向かって飛び上がるように飛んでいった。カラの形が、TVの時代劇に出てくる奉行がかぶっている帽子みたいなものの形に似ていた。『日本の甲虫』という図鑑をそのころ買っていたので、それを見たら名前が出ていたが、絵は透明さがあまり描ききれておらず、すこし似ていないと感じたが、その虫だった。

TVはよく見ていたが、ディレクターの名前だろうか。矢追純一のナントカナントカという番組（一〜二時間の特集）でUFOを特集していた。アナウンサーが何度も、興奮した声で「国防総省の極秘ファイルによれば」と言うので、ビデオには録画しなかったが、半年後くらいに再放送していた。だいたい面白かったが、あるアメリカ人の証言によると、ヘリコプターが火花をちらしながら飛んでいるのを見たといっていた。

だいたいUFOとか宇宙人の話だったが、これはすこし違う話だった。超常現象ということで採録したのかもしれない。今、推測すると、不穏な地域に警察が空から、金粉みたいな薬品とか消毒剤、あるいは硅素みたいなものをまくことがあるのかもしれないので、それを表現していたのかもしれない。あと、その番組だったかどうか覚えていないが、イギリスにあるNATO軍の空軍基地に隣接した原っぱにUFOが着陸した。推進力は原子力だったらしく、軍がその土地の土を撤去したと言っていた。取材班が行くと、町の商店街に基地の兵隊（有志）が設立した事務所があり、UFOが現れ、着陸したというPR活動をしていた。当局はUFOについて、公表を拒んでいたのかもしれない。もっとも、そのとき、TVを見ていて、これは原爆を搭載した戦闘機が、そこに墜落して、汚染した土壌も撤去したんだろうと推測した。しかし、これは法律上の問題があるかもしれないので、話題には注意が必要だ。イギリスの法律だろうが、何か条約があるかもしれない。それに、新聞には、日本はＮＡＴＯのオブザーバーになったという記事があった。言論の自由が基本だが、常識・良識がまず大切であって、こういう話題は注意を要する。外国の法律だが、出かける人もおり、やってくる人もいる。さらに、条約の可能性だ。難しいことはわからないわけで、それを要求するのは酷だ。しかし、常識ないよ、良識ないよ、というのは困る。

いつごろだったか覚えてないが、新聞の一面に、北アフリカで火山が爆発して有毒ガスで住民が多数死亡したと報道があった。大きなカラーの写真があり、上空から撮ったもので、民族衣装の人が何百人も倒れていた。後に、すこし軽い本を読んでいたら、あれは火山ガスではなく、上空から毒ガスをまいたんだと説明があった。

もっと以前だったか、新聞の外電の欄を見ていたら、ＩＲＡにつかまっていた人間の死体を発見したが、ひざにドリルであけた穴があったと報道していた。拷問で殺されたのかもしれないが、厳密に言えば、誰かが死体のひざにドリルで穴をあけたのかもしれない。

読書の話にもどるが、学生時代はよくＳＦを読んでいた。アシモフだとかそのたぐいだ。あるＳＦを見ていたら（小学生のときに読んだ児童文学だったかもしれない）、主人公が歩道に落ちていた人形をまたいだとき、上空でソ連の超水爆が爆発して、タイムスリップしてしまったという筋だった。

ＳＦ雑誌を見ていたら、たしか「雨の惑星」という作品を紹介していた。宇宙船がその惑星に不事着するのだが、ある乗組員は命令に反して、放射能で汚れた地図を持って外へ出てくる。船長は命令違反でその者を射殺する。一行は歩いていき、シェルターにたどり着く。中ではタオルを持ったアンドロイド美女が出迎えてくれる、という筋とのことだった。

大学を卒業する前だったように思うが、女子大の文化祭を見に行った。ＳＦ研があったので、同人誌を購入した。電磁人間だとかいろいろ出てくるが、宇宙戦争の場面があり、下士官が艦長に、今、戦っている相手は何人ですか、と聞く場面があった。

さて、荷物のことだが、とにかく部屋を片付けなければならない。会社を辞めたすこしあと、文庫本がすごく汚れていることに気がついた。硅素（？）のような汚れだった。客観的にどのくらいの汚れだったかわからないが、持ち物に汚れているものがあったり、コンディションもベストではなかったりで、気がついたのかもしれない。ただ、空気清浄機は使っていたので、問題なかったと思うが、文庫本ならもう一度買うことができる、まず部屋を片付けることだと考えて、おそらく一〇万円分くらいの文庫本をゴミで捨ててしまった。

さらに、家具も、後に、ずいぶん捨ててしまった。

第４章で述べたが、通風の問題があったので、あるいは、問題があったと判断していたので、三度アパートに引っ越し、そのつど、もどってきた。その間、電気の専門学校に通ってみた。夜学だ。とにかく、技術の知識がないということは痛感していたので、二年くらい勉強して、今度は、工場で働こうと思ったのだ。ところが、授業を聞いていると、たまに頭痛がすることがある。アパートの部屋も、窓を開けていると頭痛がする。それで、一ヵ月で学校はやめ、アパートもまもなく引き払った。健康とか掃除、清潔についての知識がなかったのだ。私名儀の不動産を売ったりで、お金はあった（相場が一番高い時だった）。さらに、自宅（実家）にも私の名儀が入っていたので、それを母に買い取ってもらい、一九九四年に、東京にワンルームマンションを買った。ここは良かった。ただ、手の甲がただれることがあり、それはすでに述べた。

ワンルームマンションに住んでいる間に、荷物をさらに減らした。大きなダンボール箱でおそらく七五箱くらいあったと思うが四〇箱まで減らし、結局、これを二〇〇〇年暮に中国まで持ってきた。週刊マンガ雑誌とかコミック本は二箱くらい捨てた。狭いので家具は机とイスのみ。寝袋で寝ていた。パジャマは面倒なので、たしか着がえなかった。一九九五年に地下鉄サリン事件があった。朝遅いので、まだ寝ていたが、横になっていたら、頭痛があり、それで起きた。ベランダに面したガラス戸に小さな引き戸がついていたので、いつもそれを開け、網戸の網を張り、カーテンをしていた。つまり、窓など開けなくても、換気扇をONにすると空気を入れかえることができる。普段このように生活していた。換気扇がOFFのときは、きわめてわずかな空気しか入ってこないのだろうが、私鉄の駅が、すぐ近くだったので、服でもはたいている人がいて、ホコリが飛んできたのかもしれない。床の上に寝ていたので、外気がまず床にたまり、それで感じたのかもしれない。起きたあとはTVでワイドショーを見ていた。そのころはよくワイドショーを見ていた。

ミニキッチンがあったが、調理はしなかった。コンビニの弁当とか、酒屋で売っている惣菜とか、あとは電気ポットのお湯でカップラーメンを食べていた。読書の毎日だったが、TVはよく見ていた。時代劇をたくさん見た。夕方、大岡越前だったか、あと、八時か九時にいつものシリーズ物、さらに夜中は古い作品をやっていた。江戸を斬るとか、中町奉行所とか。一日三本くらい時代劇を見ていたかもしれない。ああいうのは現代人の感覚かもしれない。封建的な上下関係のことではなく、秩序あるピシッとした雰囲気のことを言いたいのだ。今でも秩序はあるのだろうが、それがどんなものか、未だに把握できない。法律のことではない。いくつか、秩序の大系があるのかもしれないが、そうではなく基本は一つの大系なのかもしれない。

会社に勤めていたときも、同僚・先輩・上司が何を考えていたのか、全くわからない。まず、会話がなかったが、それにしても全くの謎だ。何かだまされていたのか、あやつられていたのかもしれない。あるいは、多少の物を手に入れ、一方、何かうるさく批判され、口がきけなくなっていたのかもしれない。

そのワンルームマンションに住んでいたころだったかもしれない。アメリカのSF映画だったが、南極の観測基地に宇宙生命体が落下してまず犬に取り付く。すると犬は化物みたいなものに変身してしまう。人間にも取り付くのだが、シャーレに血を取り、焼いた鉄線を近づけると、宇宙生命体が取り付いた血液はピューと飛んで、逃げていってしまう。きっと、シャーレに赤い布を入れ、それを糸で引っぱったんだろう。とにかく、見分けは付くので、まず、縛り上げてから血液検査を行い、宇宙生命体であるとわかると火炎放射機で焼き払ってしまう。ずいぶん印象的な映画だった。

また、そのころだったかもしれないが、ぬいぐるみの宇宙人がでてくるSFがあった。アメリカの田舎町に円盤が着陸して、電気店のショーウインドーにあるTVを電波ジャックする。すると、その宇宙人のメッセージが出るのだが、普通なら、おとなしく、と言えば降伏せよと言うのだろうが、そうではなく、おとなしく、処刑を受け入れよ、と言っていた。そういうことを映画で言ってみたいのだろう。

やはり、そのころだったかもしれないが、近未来SFで、日本の総理大臣がアメリカにやってくるときの警備の計画書みたいなものを婦人警官が盗み出し、インドネシアに逃げてしまう。それを追いかけていくのだが、CIAの人間が登場したり(「長官」とよばれていた)、部屋から脱出するとき、機関銃で自分の足もとの床を丸く打ち抜くと、スポーンと床がはずれて下の階に落ちていくとか、婦人警官は実はアンドロイドらしく、機関銃で腹のあたりを断ち切られても、上半身だけで、ハァハァと言いながら、床の上をはって歩いていくとか、よくわからない映画だった。

もうすこし前だったかもしれないが、国体の中継をやっていたが、開会式で当時の文部大臣の鳩山《はとやま》氏が、青春は一度しかありませんというようなことを言っていた。なぜ、あたり前のことを言うのか、感覚がわからなかった。あまり空腹だと運動はむりです、食べすぎたあと運動するのはむりです。一晩だって、徹夜はむりでしょうが二晩はもっとむりです。大切なのは運動だけではありません。勉強も大切ですよ、といずれも真実だがわざわざ言う必要もない。

法律を守らなければいけません、契約を守らなければいけません。その通りで、そうでないと社会が維持できないが、すでにあたり前なので、きわめてまれな状況では、法律も契約も守ってはいけない、ということがありますと言えば完璧だ。つまり、別の法律（特別法）があるとか、その法律は憲法違反だとかいうことだが、難しいことはわからないので、まず良識・常識で物事を判断せねばならない。これが、契約や法律よりも大切であって、あとは法廷で議論するわけだ。常に政府が存在するとは限らない。一時的に法律上は政府が消えてしまうこともあるのかもしれない。法律だって、そんなとき、理論上どうなるのかわからないのかもしれない。常識とか良識がまず大切だろう。ただ、物事はなんとでも言えるのだろうが、あまり詭弁じみた言葉が多くてもいけないので、言葉の普通の意味を確認するということは必要かもしれない。もっとも、不老長寿を主張する場合、その生きている実体というのは老人なのか、中年なのか、青年なのかという問題はあるかもしれないが、抽象的な言葉にすぎないので、議論は無意味だろう。

そのころ近くの公園でカラスを見たが、大きいので少し驚いた。

ＣＤも聞けるラジカセを買ったので、ロックとかいろんな音楽を聞いてみた。以前はＦＭでクラシックを聞いて、よさそうなのがあるとカセットに録音していた。NHK交響楽団演奏の世界の国歌というのはよかった。何ヵ国かシブイ国歌があったので、時々聞いていた。今、中国の珠海という町に滞在しているのだが(広州の南西側、マカオの隣)、二〇一〇年ごろだったろうか、二〇〇九年かもしれないが、大通りに面した、名店街ビルの前あたりを歩いていたが、ちょうど建国記念日のころだったので、店先のスピーカーで国歌の合唱を聞かせていた。歩きながら、聞いていたのだが、とてもおごそかな歌い方だったので感心してしまった。

ワンルームマンションに住んでいたころ、デパートの中のおもちゃ屋をのぞいたら、セーラームーンの等身大の風船人形があった。いずれ、ああいうものを部屋にかざりたいなと思っているうちに、店からは見かけなくなった。取り寄せてもらうのかもしれない。コミック本でセーラームーンも見たが、第何巻かの表紙カバーの折りまげた裏に、著者のあいさつがあり、近くの公園で商店街のお祭りみたいなものがあり、見ていたら、自分の作品のキャラクター風船人形があったと言っていた。つまり、おもちゃ屋の店頭で見かける以前から商品はあったのかもしれない。

なお、次にそのおもちゃ屋を見たら、店先にクモの模型みたいなものを置いていた。すごく気味悪い、ゴツイデザインで、大きかった。全然、状況は理解できなかった。なお、TVでも見た。その後、中国の西安で、動物園に行ったら、入口あたりでおもちゃを売っていたが、ゴムみたいな物で動物の模型があり、クモもあったが、ずいぶん明るい空色で、ひどい気味悪さはなかった。日本の場合は、いろいろなことをいちいち注意したり、気をつけているのは大変なので、イメージで注意とか危険を示そうとしていたのかもしれない。

なお、まだ会社に勤めていたころだったかもしれないが、週刊雑誌を買って見ていたら、後ろの白黒の写真ページに、横須賀のアメリカ海軍基地に新しい司令官が来たので、歓迎の式典があったと紹介していた。講堂で式典が行われていたが、その後ろの壁（つまり見ている人からは正面）の上に、紋章みたいなものをかざっていたが、それを見たときは、クモの形を連想してしまった。今見たら、何と感じるかわからないが、そのころの感覚だ。民族によってデザインに対する感性が違うのだろうが、もう一つは、軍当局が、訴訟か何かを受け、裁判で負けてしまい、とても危ないことがあるということを示すため、そういうデザインの紋章を使用するように判決で言われたのかもしれない。

やはりそのころだったと思うが、そういう雑誌のそのあたりのページを見ていたら、自衛隊のレンジャー部隊の訓練の様子が出ていた。谷間みたいな所にロープを張り、四〇キログラムの荷物を背負って、渡っている写真だった。フックみたいなものは付いているのだろうが、たいがい腰のあたりだろう。しかし、リュックが四〇キログラムだと手をすべらせた場合、すぐ足をロープからはずさないと、背中が後ろに曲がってしまう。足をはずせば、頭が下で足は上になるわけだ。安全手段があっても、かなり危ない作業・動作だと感じた。

会社を辞めるすこし前だったが、外国の雑誌を見ていたら、こんなことまで研究しているということで、宇宙塵（砂つぶのようなもの、隕石ではない）が落下したとき、大気との摩擦で燃えあがり、空気がイオン化する。そこにマイクロ波か何か電波をあてると反射して、遠くまで届くという話があった。

やはり、そのころだったが、そういう雑誌を見ていたら、長波は地中を伝わるので、全米に五〇〇ヵ所の中継所を建設したとあった。

やはり、そのころ、日本の雑誌を見ていたら、第三次世界大戦みたいなものは、まず、スターウォーズ、人工衛星への攻撃から始まるだろうというアメリカ人の意見が紹介されていた。

やはり、そのころだったと思うが、外国の雑誌を見ていたら（日本語版だったか英語だったかは忘れた）、麻薬のマリファナだったかコカインだったか、いけないかどうかについて議論があったが、栽培している南米の畑に、空から何か薬品がまかれ、これで有害・有毒であることが、はっきりした、という文章が記事にあった。

ワンルームマンションに住んでいたときは、すぐ近くに区立図書館があったんだが、手の甲がただれていることが多く、ほとんど利用しなかった。いつごろだったか覚えていないが、実家に住んでいたとき、駅の近くの市立図書館をあらためてよく見ていたら、世界民話全集というようなものがあった。こういう本に目を通していれば良かった。ソルジェニツィンの本があり、それは少し見ていた。もっともたしか区立図書館には、本棚一つ分くらい（棚一段ではない）、旅行用のガイドブックとか旅行記があった。台湾のを見たら、最初のあたりに、台湾に来たら海鮮料理を、という言葉があり、そんなものはどこでも食べられるのにな、と感じた。

まだ実家にいたときだが、ある日、新聞に別刷で、ゴルバチョフ論文というものが入っていた。第一行を見たら、さあ、権力の配給が始まったという文章だった。すこし、紙がすでに汚れていたのかもしれないが、何か変な感じがして、それ以上は読む気分になれなかった。

会社を辞めたころだったが、NYの法律家が出版した軽い本（すこし冗談みたいな内容だった）を読んだことを第1章で説明した。その本の中で、著者は、アメリカ人にとっては電子レンジというと、その中で目玉をむき出している赤ん坊を思い出すのだ、と言っていた。さっぱり様子のわからない言葉だったが、おそらく、全米を驚かした凶悪事件があり、その印象が人々の心に残っているのだろう。

会社を辞めるすこし前だが、朝、新聞を見ていたら、一面である国際ジャーナリスト（作家として有名だった）が話題となっていた。すると、それに関連して、たしか当時の中曽根総理大臣が、私はそんな人は知らないとインタビューに答えていた。総理大臣なのに、有名な作家の名前も知らないのかなあ、と不審な印象を受け、その日、昼休み、近くの書店でその作家の文庫本をあるだけ買った。一〇冊くらいあった。おそらく総理の言葉は、会ったことはないとか、知人ではない、ぐらいの意味だったかもしれない。その当時に到っても、私にはまだ国語力がなく、常識的に言っても、学生時代・会社員時代を通じて、人と話をしたことはおそらくなかったんじゃないかと思う。

ところで、その作家の本だが、別の出版物によると、イスラエルのモサドが取材源だろうとのことだ。ある歴戦の勇士みたいな人間にインタビューすると、森みたいな所で戦っていたが、相手が突撃してくると茂みの中に隠れてやりすごし、相手がすこし行ってから、今度は背後から撃ち、気がついて戻ってくると、やはり茂みに隠れてやりすごし、行ってしまうとやはり背後から弾を撃ち、この繰り返しで結局、相手は全滅だか負けてしまったそうだ。この本も、ほとんど内容を忘れてしまったが、ある一冊は、南米のジャングルでナチスがUFOを飛ばしているという内容だった。

学生時代だったと思うが、ロケット学者のフォン・ブラウン博士の本を読んだ。『宇宙への挑戦』という本だったと思う。アメリカで飛行機を趣味で操縦する人のための雑誌に掲載されていたとのことで、そんなに専門的な内容ではなかった。第何章かの話は、秒読みについてで、あれは技術的な意味があるようだ。つまり、直前までずっと機器のチェックが行なわれており、故障しているものがあれば取り換えたり、予備に切り換えたりする。そのために多少時間がかかるわけだが、まだ間に合うかどうかを判断するために、秒読みを何時間も前からやっているとのことだ。

最近考えたことだが、言葉で第二組合というのがある（御用組合のこと）。しかし第二人事という言葉はない。転職にはトライしなかったのでわからないが、難しいのではないだろうか。会社でそういう紹介があっても面白いと思う。

入社する前、応募用紙などに記入していたら、家の財産（土地、不動産）がどのくらいあるかという欄があった。他にはそういうことを記入させた会社はなかった。電子機器の営業をしていたが、業界全部でそういうセールスマンは一〇〇〇人はいなかったと思う。日本全国で一業種の人数が一〇〇〇人というとかなり小さい職種だと思う。事務系はその中の五分の一とか三分の一なので実際にはもっと小さい世界だ。ここでやっていける人は能力・才能があるので（特に意識とか気力）、他の職種で一からやり直してもやはりかなりの所までいけるかもしれないが、そういう人はあまり転職しないだろう。〝おしい、もう少しなのに〟（私はそういうことを言われたことはないが）という人が転職するわけだ。人事課としては長年のノウハウで金のない人間を雇い、いい加減に放り出すと、そのあと、本人も周囲もあまり良いことはないと発見していたのかもしれない。

会社に勤めてしばらくたったころ、ビデオデッキを買った。映画とかいろいろ録画していたが、NHKのドキュメンタリーで食肉を特集したものがあり、それは録画で見た。配合飼料の袋の外側に成分が表示されていたが、そんなものちょっと見ても読めない。そこで、静止画像で見たら、たくさんの成分の一つにゼオライトというのがあった。百科事典で見たら土壌改良剤で、粘土の一種らしく、ミネラルか何かを吸着するらしい。穀物といっても豚のエサにするものは、栽培している土壌の性質が良くないのかもしれない。昔、社会科の教科書を見ていたら、畑や田の土を入れ換える客土というのがあり、流水客土というものもあった（川の水で泥を運んで来る）。雑誌を見ていたら、昔は山師というのがいて、金の出る山は光って見えるとか言っていたらしい。泥は岩石が風化したものなので、近くの山に鉱脈があれば、そのあたりの平野の泥は、そういう岩石が風化したものかもしれない。土によっては、豚でも食べるときに困るようなまずい穀物が育ってしまう場合がおそらくあり、それでゼオライトをまぜていたのだろう。

もう勤めを辞めて何年もたち、ワンルームマンションに住んでいたころだが、何曜日だったか、夕方、シリーズ番組をやっていた。恐竜戦隊とか電磁戦隊といった番組で面白く見ていたが、隊員が普段基地の中でしゃべっている会話がすごくまじめというのか、よくわからず、メカを使ってのバトルのシーンと対称的なので記憶に残った。やはり国語力がなく、人間心理もわからなかったので、ただ、謎なだけだった。

おそらく勤めていたころだったと思うが、いつも見ていたクイズ番組で、南米の古代文明（インカ文明だったろうか）の石碑の文章について特集していた。なんでも、その文明では長暦と短暦の二つの暦《こよみ》を使っており、その二つの暦が何年かごとに一致するとのことで（最小公倍数か）、それは二〇一〇年だ、と言っていた。ただし、以前、神奈川県立近代美術館でインカなどの石碑の拓本の展示会があり、そのカタログの説明だったかもしれない。TVでの説明とごっちゃになったかもしれない。TVによれば、人類はかつて〇度滅びており（三度か五度くらい）、あるときはジャガーに食べられて滅び、あるときは洪水で滅んだとのことだ。アメリカのある作家がこの石碑を研究したが、暦が一致するのは、二〇一一年とのことだった。

以前、日本で雑誌を見ていたら、コラム欄に上海でポルノ雑誌を出版した男が死刑になったとあった。

鄭州《チェンツォウ》に住んでいたとき（今、私は中国に滞在中）、雑誌などの販売スタンドを見ていたら、ヌード写真集があり、よく見ると、奥の棚には大判の別のものもあった。表紙の顔が会社に勤めていたときの同期の女の子とよく似ている。学校で外国語を勉び、貿易部門にいたので、顔をどこかで覚えられたのだろう。顔が表紙に出ていたので、すぐ気がついた。念のため、値段を聞いたら、だいぶ高いことを言っていた。

話がずっともどってしまうが、高校の政経の教科書だったと思うが、ナチスの時代にはこんな法律があったということで例が出ていた。なんでも、民族の法感情に反する行為は違法であるという条文で、今の日本だと、これは白地《しらじ》規定で、たしか憲法違反だ。つまり、あまりにも抽象的な条文は日本では無効なわけだ。

会社で国内営業にいたころだったが、ヨーロッパに駐在していた人が休みの日、アウトバーンか何かを走っていて、オランダ人の車とぶつかってしまった。工場から来た技師で、本社にしばらくいたあと出かけていって事故を起こしてしまった。たしか、六月ごろだったと記憶に残っている。なぜかと言うと、以前、犯罪学の授業を聞いていたら、六月は温度の変化が一番急なので、殺人事件は統計を取ると、六月が一番多いと説明していた。それが記憶に残っていたので、他のことは忘れてしまったが、それはこの関連で記憶に残った。

鄭州で最初のアパートに住んでいたころ（今、私は中国に滞在中）、歯医者に行ったら、部屋に医者が何人かいたが、一人は（厳密に言えば、医者だったかどうかわからない。看護師とか補助の人だったかもしれない。もう一人は、患者用のイスの横に立っていた。顔が似ている人が、何か英語をしゃべっていた）、この駐在員に顔と声がものすごく似ていた。偶然かもしれないが、ケガが治ったあと、ＴＶ取材でも受けていたのかもしれない。ただ、技報というのがあって、セールスツールということで客に配っていた。技術者の顔写真もでていた。それを見ていたのかもしれない。

この段落は二〇一六年の七月に追記するが、当時いろいろ軽い本を見ていたら（専門書ではないという意味）、一九八六年のチェルノブイリ事故が起きる直前、たしか「今日のソ連邦」という雑誌が、同原発を紹介していたとのことで、渡り廊下を歩く交替要員の写真がその本に出ていた。

ワンルームマンションを買ったので、だいぶお金を使ってしまった。生活費は貯金のお金からだったので、四年くらいたつとすこし心配になった。中国は物価が安いだろう、どんな所かな、という気持ちで、一九九八年の暮、二〇日間旅行してみた。天津と北京に滞在して、すこし町を歩き、あとＴＶを見ていた。一九九九年の夏、再度、出かけ、二〇〇〇年の一二月に帰ってきた。日記はつけず、どこのホテルに泊ったかというメモをつけていたが、今回、荷物を整理しているとき見つからず（最近、荷物をチェックしているとき、見つけた）、詳しい事も忘れてしまったが、滞在期限が切れる前に、三度ベトナムに出国して、中国に再入国していた。そのあとは、香港に出て、再入国していた。見た町は、天津、北京、蘭州、西安、洛陽、成都、昆民、広州、などである。言葉ができないので、様子などはさっぱりわからない。町を見て、ＴＶを見て、あとは新聞の写真とか見出しを見ていた。

二〇〇〇年の一二月にワンルームマンションを売り（八〇〇万円くらいだった）、手数料を払い、すこしあった借金を返し、お金を持って中国へ行った。引っ越しの感覚だったので、蔵書は全て持っていった（今回、二〇一一年一二月に帰国したが、ほとんどの本は持ち帰った。早く目を通して、荷物を減らそうとしていたが、難しかった。最後はノートを取ってから捨てていた。この原稿は、ほとんどが珠海で書いたのだが、まえがき、目次、第2章の最後〈「印象が大切」までは中国で執筆〉、第3章の各冒頭、第7章の当段落、第10章、第三編日本論の最後の部分、あとがきは、今滞在中の東京のビジネスホテルで執筆した)。ホテル生活がすっかり長くなってしまったが、二〇〇一年の暮れに鄭州でアパートを見つけ、入居した。新聞の広告で不動産屋を見つけた。

二〇一六年三月に追記するが、会社に内定したあと入社するまで、郵便で社報を送ってくれていた。それを見ていたら、裏表紙に写真があったが、工場には同好会(サークル)で、エスペラント語の研究会があり、定時後、会議室を貸りていたのだろうか、黒板に「Kato mangas raton」、猫がネズミを食べると書いてあった。

会社を辞めたあと、TVを見ていたら、何の広告か忘れたが、あの男が犯人です、というコマーシャルがあった。逃げていく男の後ろ姿を、録画で数人の男が見ながら、そのように言っていた。テレビの画面には、パソコンみたいな物の背面が見えていたが、それは私が販売したこともある、ファクトリーオートメーション用のパソコンの背面に似ていると感じたが、背面についてはそんなに記憶はなく、それに他社のパソコンの背面など知識はない。つまり根拠らしい根拠もない、気分にすぎないのだが、印象に残った。今、思うと、私は給料ドロボウだったのだろうか? ハハハ。

高校のころだったか、国語の授業のとき、先生が、昔、『女工哀史』という本を読んだことを話していた。伝染病だろうか。女工さん数人が病気にかかり、外にゴザをしいて寝かせていたが、下痢がいつまでも治らず、工場の経営者と医者と警察署長の三人が相談して、女工さんたちを薬殺してしまったそうだ。今とはずいぶん法律が違っているのだろう。なお、今、その本に、この話が出ているか、それはわからない。先生は、いつその本を読んだか、そこまでは言わなかった。戦前に、印刷・出版されたものを、読んでいたのかもしれない。

# 第8章 簡単で短い表現について

## 1 簡単で短い表現について

長い話は大変なので、短い説明が理想だ。それに、日常会話は、短い話が多い。仕事や大切な用事ならともかく、それ以外は、ＴＰＯのような会話じゃないだろうか。つまり、能率であり、能力の限度でもある。こういう話は伝えるとニュアンスがすぐ違ってくるだろう。

以前、新聞を見ていたら外電のニュースで、アメリカの大物右翼が共産主義は悪魔だと言ったと報道されていた。あまりそういう話は聞かなかったので記憶に残った。内容はともかく、こういうのは表現としてはシブイということかもしれない。つまり、聞けば、どういう意味だろうかということで頭の体操になる。どんな悪魔だろうか。もっと悪い悪魔がいるのだろうか、それとも何人目かの新入りだろうか、あるいは一番悪い悪魔だろうか。市民は皆忙しいので、やたらに考えごとをしていたら、淘汰の圧力が高まってしまう。まず、毎日の生活、普段の仕事、そういうものが大切である。しかし、こういう話題なら、誰でもすこしは考えるかもしれない。職場でも話題になるかもしれない。つまり、国家・国民にとって御利益のある話題である。おそらく、その米大物右翼は手下を相手にいろんな話をしていたのだろう。その中で、一般に報道してもメリット・利益のある話題を選んで新聞が報道したわけだ。

さて、本論にもどるが、歴史の本を見ていたら、中世のキリスト教では遠い世界について、ずいぶん荒唐《こうとう》無稽《むけい》なことを言っていた。たとえば、遠くに行くと、人は木の実から生まれますとか、頭がなく、胸に頭が付いている人間がいますとか言っていたらしい。ナンセンスと言えばその通りだが、これには理由があると思う。つまり、遠くから人が来たり、人が出かけて行ったりするので、最低限の感覚のようなものは必要だ。つまり、ずいぶん様子の違う人がいるという感覚だ。あとは、そういう時に気をつけたり、人に聞いたりすれば良いわけだ。そういう時に気をつけるとか人に聞くといった感覚は皆に必要なのだろう。もし、長い正確な説明をすれば、やはり、皆、その話を聞いてくれるのだろうが、いつも必要な知識ではない。それに、信仰心のある人、つまり寄付をしてくれる人が、まず、一生懸命に聞いてくれるのだろうが、結局、そういう人への淘汰の圧力を高めてしまい、長い間には、あまり必要もない話を長くしゃべっていると、結局、寄付金が減ってしまうという傾向が発見されていたのかもしれない。つまり、話はナンセンスだが、いわば、ノウハウみたいなものがあるのかもしれない。

以前ＴＶを見ていたら、新作の紹介をやっていたが、ベトナム戦争の元兵士がたくさん招待されて、ホワイトハウスの式典・パーティにやってくるというのがあった。ケネディが大統領で、元兵士の一人に気分はどうだと聞くと、小便がしたいという場面があり、ケネディは側近に小便がしたいと言っていると伝えていた。映画を見た少年にインタビューすると、五回見たという場面もある新作の紹介だった（二〇一九年の一〇月に追記するが、少年は歩道のはじ、車道とは反対側の所にすわっていた）。面白いと思ったら、繰り返して見たらよいのだ。本だと、面白いものでもしばらくたつと全部忘れてしまう。何度か読んでいれば、そういうことはないだろう。つまり、話で言えば長いので記憶に残らないわけだ。

二〇一六年の八月に追記するが、以前TVを見ていたら、民放だったかドキュメンタリーみたいな番組があり、畳で神棚もある和室で、ちょっとクラシックな感じのヤクザの親分にインタビューしていた。親分は、若い者が世間に迷惑をかけるといけないので、自分の所で面倒を見ている、と言っていた。ここで言う「若い者」とか「迷惑」といった言葉は一種の専門用語みたいなもので、聞く人が聞けばわかるという、具体的ではっきりした意味のある言葉だろうと思う。

二〇一六年の九月に追記するが、先日、七月ごろ、ラジオでニュースを聞いていたら、日本航空の「……ご遺族室」室長で六〇歳くらいの人が、慰霊祭の準備らしかったが、墜落現場への登山道を整備していて、五〇メートル下に転落して死亡したとのこと。ひょっとすると、これは誤報で、五メートルだったかもしれない。あるいは、会社が行っていたものではなく、有志などによる活動だったのかもしれない。むろん、土木・建設会社の人間を、雇用条件を明確にした上で雇っていたのかもしれない。

二〇一七年の六月に追記するが、まだホテル生活しているころだったかもしれない。シアンファンの駅前ホテルに泊まった。駅の建物は改築前で、しぶいデザインで、その夜景には少し感心した。ライトで照らされていた。夜、部屋から出て、エレベーターホールに行ったら、窓から駅舎の夜景を見ていた男が、少し大きな声で、「シーネイ」と言っていた。「市内」という意味だろうか。たしか町の郊外では、ダムか何かの工事が行われていたかもしれない。久しぶりに町に来て、アーバンな雰囲気にひたっていたのだろうか。

## 2　読後感想文――『論語』を読んで

文庫本で『論語』を読んだ。現代日本語に訳したものだ。内容は孔子を中心とした言行録で、道徳とか倫理、人としての生き方についてだ。引用しながら感想を述べる。

学而第一「学んで適当な時期におさらいする、いかにも心嬉しいことだね（そのたびに理解が深まって向上していくのだから）」ということで、記憶が薄れたころに再インプットして、記憶を確かめたり、もっと考えて、多様な理解へ進んだり、より正しい理解や総合的理解へ進むわけだ。

「曾子がいわれた、『わたしは毎日何度もわが身について反省する。人のために考えてあげてまごころからできなかったのではないか。友だちと交際して誠実でなかったのではないか。よくおさらいもしないことを（受け売りで）人に教えたのではないかと』」ということだが、反省というのはすでにある程度はわかっていることについて再度考えることだろう。仮に未知のことを検討するとすれば大変だ。反省の方がコストは低い。つまり、多少の余裕を未知の事柄の検討に使用するよりは反省のために使用した方が（時間、気力、気分など）、割りが良いだろう。一方、この場合には、経済学で言う収穫低減の法則が成り立つのではないだろうか。つまり、何も考えていなかった時に、まず、少し考えてみる、するといろいろ気がつくことがあるかもしれない。しかし、かなり考えたあと、さらにもうすこし考えてみても追加的な御利益、さらに気がつくことは少ないかもしれない。もっとも、事柄によっては、かなり考えないと気がつかないという物があるかもしれない。その場合は収穫低減の法則はあてはまらず、どんどんコストを投入していって最後にドーンと気がつくことがあるわけだ。さらに反省というものの姿を考えてみると、人に迷惑をかけないとか、組織の中で波風をたてるわけではないといった特徴がある。むろん、本人にとって得であり、周囲・社会にとっても得である（社会運営がうまくいくので）。

二〇一六年六月に追記するが、『論語』の読者は、農民や職人ではなく、今日で言えば工場労働者でもなかった。つまり、いろんな事をする人間である。きまりきっている事を毎日していたわけではない。その場合は反省は大切だ。いつも完璧な行動は無理だ。

二〇一七年の六月に追記するが、順調に行っている時はあまり反省することもないだろう。しかし体調・コンディションが低下しているときや、状況が変化・変動しているときは、いろいろ反省することもあるかもしれない。本というのは、ある程度、余裕がある時に読むことが多いだろう。孔子はけっして、じじいではなかったが、困難な課題に直面したり、過大な要求・期待を持たれたりして、多少の苦労とか気がついたのかもしれない。それで、他人の様子についても、何か気がつくものがあったかもしれない。ノウハウみたいなものがあったかもしれない。なお、反省の様子はわからないが、なにをウジウジしているんだろう、とか、何をボンヤリしているんだろう、といった批評がすでにあった上での、その人に対する孔子の評価があったのかもしれない。が、いろいろたくさんしゃべっている人で、その中で大切な点について孔子が気がついたのかもしれない。

「諸侯の国を治めるには、事業を慎重にして信頼され、費用を節約して人々をいつくしみ、人民を使役するにも適当な時節にすることだ」とあり、農繁期・農閑期があることから、これは当然な配慮だ。しかし、秀才の頭の中にはいろいろなものがギッシリつまっているので、念のために一言いったわけだろう。

「君子は重々しくなければ威厳がない」これも大切なことだと思う。言葉以外のコミュニケーションもあり、雰囲気とか様子まで見て、総合的にその言葉のニュアンス、重みを判断するというのはあたり前だ。

「学問すれば頑固でなくなる」。このようにすればうまく行くということがわかっているので、そのようにしているわけで、それ以外は判断がつかない。つまり、経験がたよりであり、あるいは指図に従っているだけ。しかし、学問を学び判断力がませば、行動も変わるだろう。それ以前は、経験主義がきわめて大切なわけで、保守主義が大原則。

「（人物の評価には）父のあるうちはその人の志を観察し、父の死後ではその人の行為を観測する。（死んでから）三年の間、父のやり方を改めないのは、孝行だといえる」とのことだが、二〇〇〇年以上前の封建時代の言葉だ。今で言えば、一種の家業の引き継ぎ、社長の交替、店主の交替みたいなものだろうか。まず、わかってから、必要なものを変えていくわけだ。

「有子がいわれた、『……。うやうやしさは、礼に近ければ、恥ずかしめから遠ざかれる。……』」ということで、つまり、慎重さ、敬意というものが大切。とくに、全てをわかっているわけではない、という状況ならなおさらだろう。

「……仕事によくつとめて、ことばを慎重にし、（しかもなお）道義を身につけた人について（善し悪しを）正してもらうというようであれば、学を好むといえるだろうね」ということだが、一般に言葉は大切である。これは営業が伝票を発行するのにも似ている。注文票をもらう前、あやふやな言葉を受けただけで、社内で作業指示するわけにはいかない。

「子貢がいった『……。』先生は答えられた。『……だが、貧乏であっても道義を楽しみ、金持ちであっても礼儀を好むというのには及ばない』……」貧乏だからと言って犯罪化されたら困る。金があるからといって、不礼（よくわからないことに対し、強い意志を示すことでもある）だと、社会を混乱させてしまう。

「人が自分を知ってくれないことを気にかけないで、人を知らないことを気にかけることだ」。つまり、〝売り込む〟前に、状況などを確認すべきということだ。必ずしも、悪い人がたくさんいるということではなく、人によって都合があり、性格・気質もちがい、人脈・脈閥もある。

二〇一〇年の一月ごろノートを取りながら読んだものを、すこし訂正して読後感想文とした。注釈書は見ていない。

二〇一七年の六月に追記する。私も一文考えた。マーケティング課の〇〇さんは、自分の業務に専念するだけではなく、その関連、一般的なことについても知識を求めることがあった（勤務時間中に週刊誌を読んでいただけなのだが）。

同月さらに追加する。例えばということで、ありえないことだろうが、米中が戦ってアメリカが敗け、アメリカ人が捕虜収容所で働かされるという場合、ミスター〇〇は疲れてついに地面に倒れ数分間動けなくなった。監督がやってきて、どうしたと聞くと、ミスターは、自分一人で持てると思って運んでいたら重くてくたくたになった。以前だったら、元気だったら、なんとかなるぐらいの物だった、と言った。こういう言葉は、ある程度は伝わるだろう。例えば、報告とか注意とか。しかし、一般的な表現に変えれば、もっと遠くまで、後世《こうせい》まで伝わるだろう。こういう話は聞けばメリット・御利益もあるだろう。知識であり、参考にもなる。あとは聞きやすい文章ということか。なお、私には無理だ。国語力・表現力がない。

私あての郵便物が、もし、出版社に届いたら、廃棄するようたのむつもりだ。

# 第9章　映像表現を見ての感想

『東方紅』という、建国物語の歌劇を撮影した映画をテレビで見た。年末の放送で、インターナショナルの合唱が終わると映画が終わり、放送も終了した。そのあと、しばらく、画面を見てボンヤリしていた。レコード店でＶＣＤを買い、何度か見た。

最後の三曲くらいはシブイ、良さそうな曲で、指揮者が向きを変え、観衆が立ち上がって合唱していた。カメラの動きのある視点も良く、国策映画というのか、国威発揚のための映画であって、多少、国力を反映していると思う。

『紅色娘子軍』という映画は、一九六〇年の普通の映画と、一九七〇年のバレー編があり、いずれもＶＣＤで見た。一九六〇年のものは、前口上を言っているときの画面の絵に、女兵士が何人か描かれていたが、一人はある人に似ていて、さらに、某国の出版物の表紙の絵の人物に似ていた。私には、そのように見えた。兵舎での、朝の集合のシーンは多少、印象があった。着替えて、早く来た順に並んでいくのだが、列がスーと伸びていった。バレー編もよかった。踊りがよかったが、中には、傑作かなというダンスもあった。いずれも音楽がシブく、よかった。なお、バレー編の主人公は、日本の某歌舞伎役者に顔が似ていた。私にはそのように見えた。

西遊記は、ＴＶで見た。日本でも、いくつか見ていた。渡中の前は、文庫本で読んでいたが、報告するときの言葉とか文章が、短いが正確で要点をおさえているので、ちょっと感心した。ある回では、悟空は牛魔王と闘うのだが、そのすこしあと、テレビでニュースを見ていたら、ロシアで何かの会議がひらかれており、画面に出た聴衆だか出席者の一人は、たしか軍人だったようにも思うが、顔が牛魔王のメーキャップに似ていた。偶然だろうが、しかし、つまらないことをあれこれ、せんさくされてもいけないので、謎はこれだ、というように考える材料を提示していたのかもしれない。

珠海に来てからはテレビは見ていないのだが、鄭州《チェンツォウ》にいた終わりのころ、テレビで鉱山の落盤事故を扱ったドラマを見た。葬式は印象的だった。まず、女性がロシア風の歌を悲しそうに歌い、次に、機関銃で空砲をダダダと撃つ。それから、シャベルを縦に持って皆で行進していく。テーマソングみたいな所だったか、スコップが四つくらいパッと現れる場面があった。私には、それが、なんとなく、家紋のようにも見えた。最後は、後に関係者が墓地で再会する場面で、皆泣いていたが、抱き合っている老人の顔をカメラがアップで写すと、その技師はシラッとした顔でカメラのレンズを見つめる、という場面もあった。墓碑にはたしか七一〇部隊とあった。

あるテレビドラマでは、男たちが強盗殺人をしながら、旅をしていた。一人は床屋で中年手前くらいの、すこし美人の経営者みたいな女性をナイフで殺害して金をうばう。たしか、店が閉まっているとき、ガラス戸をとんとんとたたき、愛想よく頼んで、散髪してもらうのだが、それが強盗殺人犯なわけだ。一仕事終えると皆、駅に集まるのだが、駅前広場で仲間を待つ殺人犯の顔はものすごくさっぱりとしていて、それをすこし見上げるようにカメラでアップで写していた。

昆民《クンミン》の町に滞在していたとき、テレビでドラマを見た。主人公は飛行場の管制官で、友人は外国（？）でビジネスらしい。仕事が終わったあと、空港の中の公衆電話（たくさん並んでいた）から友人のケータイに電話すると、友人はリムジンで川を渡ったあとで、豪華な雰囲気だった。

列車を待っている間など、近くの簡易映画館みたいな所で、ＶＣＤの映画をずいぶん見た。ヤクザ映画みたいなものもずいぶんあり、香港映画みたいに見えたが、広州あたりで製作しているものが多かったと思う。香港映画は少なかった。それでも昔、ＴＶで見た場面をもう一度見たりした。筋などは覚えてないが（中国映画）、金とブツの取引という場面で、若者同士のケンカになり、倉庫の中で、積みあげた箱の上に乗ったりして、五人対五人くらいの、すこしダンスみたいな動きのケンカをしていた。そういうのは見たことがなかったので、印象に残った。

別のヤクザ映画では、屋敷の中を走り回りながら、刀や拳銃で争っていた。ホールみたいな客間で、二階までの天井で、二階には回廊があって、刀をふりかざしながら三人対三人ぐらいで走ったりしていた。その二階の回廊から拳銃で一階を狙っていると、別の者から頭に拳銃をつきつけられるという場面もあり、これは状況は複雑だというイメージを表している。一方はたしか警察で、相手はヤクザだったが、皆、背広を着ていたのか、どちらがどっちだったか、見ていてもよくわからなかった。一人は日本の国会議員にとても顔が似ていた。別の映画だったと思うが、屋敷の二階の外に回廊があり、そこを男たちが走り回るという映画もあった。庭ではすこし美人の女性警察官が、自分には恐いものはないと言う場面があり、すると、どこからか弾が飛んできて、近くにいた悪人？　にあたった。筋など覚えてない。豪邸、走り回る男たち、拳銃、刀、予想外の状況、そういうものが記憶に残った。

『五女拝寿』は途中下車した湘南省のＴＶで見た。曲がシブく、よかった。最後の場面は、婿二人が、主人から出入り差し止めと言われ、ビックリする場面で、赤いホロの付いた馬車二台が出ていく様子を召し使いが門をギーと閉めながら見ていた（暗い場面だったが、召し使いの顔のメーキャップはとても派手で、まるで欧米人みたいに見えた）。シブイなあと感心してしまった。国によっては映画の製作などには金はかからない。もし、うるさい国からインネンをつけられたら、〝無実〟の〝証明〟に人を大勢殺害しなければいけないのかもしれない。つまり、悪魔教が現代世界の「裏」ではなく「表」になっているかもしれない。外交交渉の具合で何かを変更したり、やり直すとすれば、そのコストは大変だ。映画製作などは遊びで、そのコストはゼロだろう。

しばらくたってから近所で（その時は鄭州で四番目のアパートに住んでいた）、買い物したとき、手さげの赤いビニール袋二つに品物を入れてくれた。私は面倒なことがいやだったので（つまり、国際謀略合戦に利用されたくなかった。あるいは、〝外交交渉〟とでも言うのだろうか）、その赤い手さげのビニール袋を、両手に持つのではなく、片手でまとめて持ったが、お店の人が両手で持った方が良いというようなジェスチャーをするので、両手で持って出たかもしれない（そのビニールは薄くやわらかい材質で、小さい手さげ袋だった）。

ゆるい坂道があり、人通りは多かったのだが、前方一〇〇メートルくらいから電動オートバイが来るのが見えた。すこし行くと道路工事で道が狭くなっていたような記憶もある。私はとっさに、道の反対側に移り、あたりの様子をながめたら、私のあとから、一〇メートルくらい？　後ろにいたのだろうか、若い一八歳くらいの清楚な（私には客観的なことはわからない。国語力もない。少なくとも、うわー、いやだーという表情ではなかった。暗い表情ではなく、明るくもなく、無表情とか変な顔でもなかった）女の子が三人、一列に歩いて来た（背の高さや体型が三人とも似ていた。顔はチラっと見ただけだが、雰囲気が似ていると感じた。なお、第二編に関することだが、珠海に滞在していたころ、バス停でバスを待つ間、いろんな路線のバスが来るので、すこしキョロキョロしていたが、近くに女子高生が四～五人おり、なんとなくチラッと見たが、背の高さが同じくらいで、体型というのか雰囲気も似ていた。日本で学校にかよっていたころは、教室のタテの列が班だったが、中国ではヨコの列を班にしているのかもしれない。この注は二〇一四年三月に書いた）。それだけだった。良いものを見たということだろうか？

が、私の本心を言えば、一八歳くらいのかわいい女の子、三〇人と親しくつきあいたい。三人というのには何の意味もなく、私の利益でもない。私の利益が全てであり、その他には存在するものはない。つまり、私の利益が第一優先順位であって、第二優先順位以下は存在しない。これは絶対的で最終的な結論である。悪魔と議論するつもりはない。

むろん、気をつけることができることは全て気をつけたい。なお、三人あるいは三〇人というのは、抽象的な観念みたいなものであって、四人五人でもかまわなく、三人だって同じことだ。二五人でも良い。つまりくどいが、私の利益の他には存在するものはないということだが、これを平気で無視する恥知らずの鉄面皮が存在するのではないかと、秘かに心配している。あまりと言えば、あまりではないだろうか？　いったい私の利益の他に何が存在しているのだろうか？　何も無いと言いたい。

ＴＶで歌番組は何度か見たが、つまらなかった。スタジオに青年が集まり、歌手が歌っているのだが、メロディーが私の好みではない。言葉がわかれば、頭の体操かもしれないが、さっぱりわからない。二〇〇〇年ごろだったか、建国記念日のころテレビを見ていたら、金モールみたいな軍服を着た軍歌歌手が、「兵隊になった私」という歌を歌っていた。割れ鐘みたいな悪いメロディーで、そういうものをたくさん聴いていると、脳いっ血（脳出血）で死んでしまうかもしれない。そういう歌を必死の形相で、大声で歌っていた。背が高く、体格の良い歌手で、少し太っていた。

ある香港映画を見たら、カジノの場面があり、別室のテーブルの上には、札束が山のように積んであった。そのテレビを見たあと、私は北京に行ったときに香港のガイドブックを買って調べたのだが、香港についてはカジノの記載がなく、マカオの所にカジノの記載があった。それで、ビザが切れるときの出国は、マカオに出ることにした。

二〇〇七年の暮れくらいだったか、鄭州で五番目のアパートに住んでいたとき、天津放送局の「血疑」（日本のＴＶドラマ）を見た。親戚のおばさんがパリのアパートでアベ・マリアを歌い、それを日本のＴＶ局が放送するという場面があり、しぶいなあと感心した。アパートの窓は開いており、そこから遠くの、セメント工場か穀物倉庫か、何か丸い大きな円塔を横につないだような建物が見えた。

中国の簡易映画館では、軍事訓練センターを描いた作品を見た。教官が、「人肉……」を始めると言い、画面では訓練を受けている人と同じ人種（軍服を着ていたかもしれない）が、物陰からピョコンと飛び出すと、それを実弾でズドンと撃つという場面だった。おとり捜査でつかまえて、死刑の判決を受けた兵隊の処刑だったのかもしれない。処刑なら合法だが（その国の勝手ということだろう）、リンチみたいなもので、まだ勝訴の確定判決を取っていないと、慣習刑法が成立する以前ということで、犯罪じゃないだろうか。なお、日本では、慣習刑法とか判例による刑法は、たしか、憲法が禁じている。

二〇〇八年のまだ冬のころ、ＴＶでアメリカの軍事学校に入学した中国の軍人（兵隊）を主人公にした中国の映画を見た。だいたい面白かったが、その軍事学校の校長はある人に似ており、さらに、その人に似た軍人が以前新聞の一面に出ていた。数人でトーチカの横をパトロールしていた。さて、内容だが、ある時、まず整列させると、すこし太ったアメリカの兵隊はポケットにサンドイッチを入れていた。紙やビニールには包んでいなかった。校長はそれをつまみ出し、ぬかるみのドロの上に落としたあと、それを拾って食えと命令していた。命令はどのくらい法的根拠があるのかわからないが（たとえば、軍事学校であること、作戦命令みたいなものではないこと）、その兵隊は泣きながらドロまみれのサンドイッチを食べていた。ずいぶん不可解な場面だった。

終わりのあたりだったが、不手際があったのだろう。同士討ちで何人も死んでしまった（別の軍事学校の生徒）。すると、会見の場所だろうか、ゴルフ練習場にやって来て、生徒を殺されてしまった軍事学校の校長が、オレを殺せと言ったみたいで、そのあと、芝生の上を走り出した。すると、その校長は機関銃を持ってきており、それで走っていく校長をバリバリと射殺していた。映画は良くできており、内容のわりには受ける不自然さは少なかった（二〇一八年の六月に追記するが、これは文明の問題点を指摘するという側面が、あったかもしれない。以前、新聞の科学欄を見ていたら、海底の泥〈ドロ〉には、フグの毒が、沈殿しているとのことで、その量は全世界の海底で一〇万トン（？）だ、とあった。つまり、海水中のある種の細菌が毒素を生産していて、それをフグが内蔵に蓄積するわけだ。致死量は、海底の泥六〇〇グラムとのこと。むろん、泥を食べる人はいないが、以前、海底だった土地は、土からフグ毒が検出されるという言葉があったような気もする。結局、有機物といっても、中にはいつまでも分解されないものがあるようだ。今後の、科学・技術の発展は見当がつかないが、何かの有機物が、さらに、地球環境に蓄積する可能性はあるわけだ）。

同年、オリンピック期間中のあるＴＶ番組は謎だった。軍事演習をやっているのだが、演習中に何人も兵隊が死んでいるのではないか、という印象も受けるドラマだった。印象的だったのだが、省略する。

ＶＣＤでは民族舞踊がよかった。何度も見た。言葉を覚えようと思い（難しいので、その後あきらめた）、子供の歌や踊りのＶＣＤもよく見た。何度も見たが、このあたりが一番良かったと思う。曲もすこしシブイものが多かった。なお、出演した園児さんの中には、会社に勤めていたときの女子職員によく似ている顔がいくつかあった。特に意味はないと思う。コストがかからないので、できることをやっているのだろう。第三編ですこし述べる。

ある歌のメロディーには、ア、アー、アーとしだいに音程を上げていく部分があるが、昔、ＴＶで見た「宇宙家族ロビンソン」で、それをくぐるとワープできるという門（ゲート）が現れる場面があり、そのとき、もっと低い音だったが、何かの楽器（弦楽器みたいだった）で同じメロディーをやっていた。馬車とのお別れみたいな歌詞で、しだいに遠ざかっていくとの言葉だった。あと覚えていないが、見送るのではなく、歩いていくにつれてという歌詞だったかもしれない。中国で本をすこし買ったが、それだったか、昔の詩、あるいは、凝古文みたいので、全ての枝れ道という言葉があったような気がする。園児がアトムの歌（吹き替え）にあわせて踊っているものもあり、良かった。

「大明王朝」（土木堡の変）については第三編で述べる。なお、この作品で、将軍が部下を集めて酒を飲んでいるとき、体に傷がいくつあるか数えて比べる場面があり、月並みだなと思った。その将軍はあるとき食事しているのだが、野菜だろう、緑色のものを口に入れ、それが唇の間にあるのが、一秒くらいの間、画面に出ていた。

レコード店で見ていると、刑事ものか何かのドラマみたいのがあり、数枚買って見たが、つまらなかった。いろんな知識とか国語力を基礎として、アカデミックに鑑賞しないとダメだろう。

テレビでは、公共広告ではなかったが、短い歌番組があり（五分くらい）、おししの行列が田舎道を歩いていた。たしか、「好日子」というような題で、メロディーが良かった。田舎道を行く行列を、上空からヘリで撮影した場面もあり、すこし下にたわんだような道を画面で左から右へと進んでいた。見ていて面白ければ良いわけだ。なお、メロディーは楽しい曲なのだが、かすかに哀調を含んだシブイ調子だった。

二〇一七年の六月に追記するが、TVで見たんじゃないかと思うが、建国直前、国民党が撤退するとき、刑務所に収容していた共産党員を処刑することになったが、最後、一日だけ祭りをすることを許可したということで、皆で踊ったりにぎやかだった。若い母親が赤ん坊を持ってうれしそうに高くかかげていた。史実だったということで、映画かＴＶ番組だった。

あと、ＴＶで戦争物とか建国物語みたいなものとか、いろいろ見たが省略する。なお、そういう映画で国民党の将校が出てきたが、かっこよく描いていた。あるときＴＶを見ていたら、目薬だか鼻の薬のパネルディスカッション風の広告番組があり、その俳優が出ていた。うしろの壁には映画のかっこいい場面が大写しで、その俳優は、以前は鼻がつまったりしてどうのこうのだったが、この薬を使うようになってからどうのこうのと言っていた。面白い広告番組だと思った。

なお、毛沢東が出てくるＴＶドラマはむろん、ある。ある番組では、青年の毛沢東が女の子とダンスしていた。別の場面（別の作品？）では、指導者となった毛沢東のところに部下が相談しに来る。愛想よく話を聞き、がんばってくださいと握手したりしていた。ＴＶの影響とか〝権威〟みたいなものもあるので、憲法上の配慮もあるかもしれない。

二〇〇八年に日本に一時帰国したが、そのとき、現代中国の法制度についての本も買ってきた。その中の現行憲法の主な内容と規定という所を見ると、四つの基本原則を憲法の指導理念としているとのことで、中国の国家体制は人民民主主義独裁であり、労働者階級を指導階級として、労働者、農民との連係基盤とし、人民民主主義独裁とは人民に民主、自由を与えると共に社会主義制度に反対する敵対勢力（旧支配層）および敵対分子に対する独裁すなわち弾圧を意味し、そのため、人民民主主義の独裁の堅持、社会主義の道の堅持、マルクス＝レーニン主義・毛沢東思想・鄧小平理論および三つの代表という重要思想の堅持、共産党指導の堅持は指導思想として、憲法に書き込まれている、とのことである。つまり、おそらく、なにがなんでも全てに関して毛沢東思想ということではなく、たくさんある重要思想の中の一つということではないかと思う。

さらに、以前どのように毛沢東思想を扱っていたのか、私には知識がないが、可能性としては、まず、バランス、それからイメージの修正ということで、ドラマに登場する毛沢東の演技が配慮されていたと思う。つまり、以前は唯一の〝神〟であれば、映画などでもそれっぽく描いていたわけで、その影響もある。しかし、法理論・法体制が変われば、映画での扱い方も変わるわけで、そういうイメージの修正、あるいは、今の様子を伝えるという目的もあるかもしれない。つまり女の子とダンスする青年毛沢東とか、すごく愛想よく部下と話をする指導者毛沢東というのは、中国においては、かすかに、法律上の意味というのか、法律の（憲法の）影響を受けた描き方ということかもしれない。

日本でも少し中国映画を見ていたが、ある映画では、学校のプールだろうか、男子生徒がはしごの所からプールに降りていこうとしている場面があり、すこし離れたところでそれを見ていた女子学生は、「不良だわ」と、友人の女子学生に言っていた。リュウという名前の男子学生で、横顔を見ても私にはわからなかった。自分にはわかるんだということかもしれない。

中国に来る前、物価の安い国へ行くのだからということで（これについては注意が必要。第4章第3節で述べた）、昔の映画音楽だとかいろいろなCDセットを八万円くらい買った。以前からTVで能や歌舞伎は見ていた。

以前見た民放のTVドラマの予告編だが、ある人が、ニセの不動産屋・サギ師にだまされてしまい、引っ越し先の家屋を入手できなかった。しかし、家族に説明することができず、予定通り、トラックで家財を運んでいくが、結局、空き地にそれを置かせて、本人は家財の脇で地面に座り、ぽけーとしている、というラストシーンだった。

いつごろ見たか忘れたが、隕石のような宇宙船が着陸して、中にガラスのボール（球）に入ったタコのような宇宙人がいるのだが、人間の奴隷みたいのがいて、そのボールを持ちながら数人でモダンバレエのような踊りを踊るというＳＦ映画があった。『火星人襲来』とか『宇宙水爆戦』（一九五二年？）などといった映画もＴＶで見た。

『戦争と平和』は、たしか、アメリカ製とソ連製の両方が放送されていたと思う。撤退するナポレオン軍は、ロシア人を引き連れており、もう歩けないと言うと、どういうわけか、銃殺していた。

『レッドオクトーバーを追え』という映画では、ソ連の国防省だというビルが出ていたが、廊下には美術品の壺がかざってあったりで、美術館みたいだった。

イギリスの映画で、紳士の主人公が記憶喪失症にかかり、別の所でも結婚するのだが、記憶がもどってそこを立ち去る、という作品があった。たしか、額に木の枝がぶつかりそうになって、結婚していたということを思い出していた。文学ということだろう。上品な作品だった。

シブイなあとすこし感心したのは、ＮＨＫの３チャンネルでやっていたと思うのだが、昔の『会議は踊る』という映画の歌だった。メロディがよかった。

『エクソシスト』はどこで見たか忘れてしまったが、少女がうわごとで妙な声をだすので、テープレコーダーに取り、誰かが調べるのだが、それは米東部の普通の発音の言葉だった。ただし、それを逆にしゃべっていたとのことで、結局、悪魔祓い士（エクソシスト）が招かれる。聖水をかけたり、呪文を唱えたりしていると悪魔が現れ、少女の顔も変わり、気味の悪い声を出したり、首がぐるりと一回転して、口から緑色のものを吐いたりと、印象的な場面だった。結局、少女はもとにもどり、一家は引っ越していくのだが、少女の顔には傷のあとがあった。

会社を辞める直前だったが、極端に世間の様子がわからなくなり、休みの日に国会図書館に行き、昔の新聞のマイクロフィルムを見た。何か、暴露みたいな耳寄りの話がないかと思ったのだ。三ヵ月分くらいだろうか、まず明治のころの新聞を見た。知識も国語力もなかったので、資料を見ても気がつくことは何もなかった。次に昭和一九年か二〇年のマイクロフィルムを見たが、同様だった。もっとも新聞には早版とか遅版があり、私が見たのは海外版みたいなものだったかもしれない。最後に赤旗の縮刷版を見たが、オイルショックのころを見た。やはり同様だったが、それでも、エクソシストについての批評があり、首がぐるりと回ったりするあたりには、ドクロの絵のサブリミナルが入っていると指摘していた。そういえば、とても恐かった。さらに、これはアメリカ商法だ、と言っていたが、この意味は今もわからない。

TVで『燃えるマラカイボ湾』というのを見たことがあるが、美女が水上スキーをしていると、主人公みたいな男が背広で水上スキーを始め、美女に追いついて挨拶するという場面があった。だいたい、かっこよかったと思う。

ワンルームマンションに住んでいたころだったと思うが、民放のTVで昔の映画『ともに歌おう』(たしか、そういう題名だったと思う)の一場面、つまり、山手線の自動ドアが閉まる所が放送されていた。

小学生のころだったが、TVで子供番組を見ていたら、主人公の家の窓の外の木にものすごく気味の悪い猿みたいな化物が現れた。すると、探偵だったか大人の人が百科事典みたいな本を調べると、宇宙病だということがわかった。つまり、宇宙に行ってきた人だったわけだ。そのころは宇宙開発が始まったばかりのころで、本に出ているというのは変だな、と記憶に残った。

話は違うが、能のたぐいで猿楽というのがある。ネーミング、名前が良いかもしれない。猿は木の上に住んでいて、キツネ・タヌキ・鹿などのようには移動が速くない。飢饉の時につかまって皆、食べられてしまうかもしれない。しかし、飢え死にしそうな人たちに、猿をつかまえるなと言えば、役所の評判は低下する。が、昔は自然界の様子がわからなかったので、猿が何を食べ、森の中で何をしているかわからなかっただろう。そうすると、もし、猿を絶滅させてしまうと、何かの虫が大繁殖して、山が荒れたり、農作物に影響があるかもしれない。そこで、音楽・芸能の一分野に猿楽という名前をつけ、何かあるのかなという印象を与えようとしたのかもしれない。長年のノウハウが家業の中に形成されていたのかもしれない。

話が中国に変わるが、北京のレコード店でエアロビクスのVCDを買った。ケースの外の絵・写真は印象があった。女の人が二人いるのだが、一人は会社に勤めていたときの秘書課の中年の女性にすこし似ていた（たしか、岐阜県の出身だったと思う）。二〇～二五歳くらいのトレーナーのようだが、とても鋭い顔をしていた。もう一人は、一八歳くらいのちょっと肉付きの良い女の子で、片手を上、もう一方の手を水平に伸ばしていた。すこし、ポチャッとした、おとなしそうな女の子だった。日本の公安機関とか情報組織に対するイメージ的なメッセージだろう。つまり、批判されていることが、おそらく多く、それで、じゃ、あれは何だ、というイメージを表現しようとしていたのだろう。

中国では、簡易映画館でアメリカ映画みたいなホラーをやっていた。一つの場面は、兵隊がシャワーをあびていると、上官がムチを持ってやって来るというもので、活劇ではなく、ホラーのようだった（兵隊はすこし逃げるような様子だったかもしれないが、ただやられる一方だった。必死に身を守るような動作だったろうか)。あと、とても恐かったのは、やはり、そういう所で見たホラー映画で、車は停車していたのだが、カーラジオから急に普通にしゃべる男の声が聞こえる、次は女の声だがやはり何か普通にしゃべってお り、そのうち歌い出すわけで、すごく怖くなり、周りを見たら、誰もいなかった。

子供のころだったと思うが、外国のSFのTVドラマがあり、赤い熔岩《ようがん》が背景の場面で、男が、一〇万年の間閉じ込められていたが、やっと逃げ出せる、ずっと反乱のアイディアを考えていたんだ、今度は大丈夫だ、というようなことを言って、去って行くというのがあった。

やはり、ずいぶん以前、軽い映画をTVで見た。お店屋さんの二階の部屋を貸りて、若い女性が石炭から原子爆弾を作る研究をしている。遂に完成すると、怖くなり、走って逃げるのだが、映画はフィルムを早送りにして、その若い女性がパタパタと道を走っている様子をコミカルに写していた。どこかの小学校の前に来ると、そこにいた小学生にここは東京から何キロメートルかと聞くと、小学生はここは東京から何キロメートルです、とずいぶん大きい距離を言っていた。面白ければよいわけで、現時点で判断すると、特に作品に意味はなかったと思う。その作品を見た人で、その後、人生に影響を受けた人がいただろうか。せいぜい食生活に影響があったくらいじゃないだろうか。

二〇一七年の六月に追記するが、滞在中、TVのニュースを見ていたら、光ファイバーケーブルを敷設している様子を紹介していた。どういうわけか、怖い顔をした中高年の男がスコップで畑の中の土を軽く、三センチメートルくらい？　掘りおこし、すごいスピードで進んでいく。トウモロコシか何かタケの高い畑だ。進路は直角に曲がっていたかもしれない。その男のあとを、作業員がケーブルを敷設していった。掘って埋めるというよりも、地表の様子を見ながら、案内していた、といったことか。その中高年の男の顔は、在職していたときの、三年先輩の顔に少し似ていた。本社の営業だ。

二〇一七年の六月に追記するが、旅行中、駅ビルの簡易映画館で、旧日本軍が登場する映画を見ていたら、主人公が乗車している列車を日本の戦闘機が追尾するという場面があり、列車が岩山のトンネルに入ると、上空五〇メートルくらいを平行して飛んでいた日本の戦闘機は、垂直の岩山にぶつかって、粉々にくだけた。観客は皆（一〇人くらいか）、明るい軽い声でアハハと笑っていた。

第10章

# グローバリゼーション

## グローバリゼーションとは

ある本の説明によると、元来は地球規模の思考やその態様のことで、一九九〇年代以降は、多国籍企業の活動による経済のボーダーレス化と、情報の世界的な波及をいうとのこと。商品・サービス・労働力・資源の国境を超えた移動を促進し、人々の経済活動をダイナミックにする反面、世界を均質化する。まず、経済から。その競争で、国家間・国内の貧富の差が拡大する。反グローバリズムというものもあり、左派は社会的格差の拡大や環境破壊に反対しており、右派は伝統文化の破壊に反対している。「ワシントン・コンセンサス」というものがあって、それに基づいているらしい。アメリカ政府、ＩＭＦ（国際通貨基金）、世銀（世界銀行）が、自由主義の拡張と世界経済の均質化を目指して推進しているとのこと。つまり、世界のアメリカ化。標語があり、「グローバルな思考とローカルな行動」。

## 今の世界の状況は

何に着目するかというのが一つの問題だが、ある本のデータによると、世界では毎年、エイズで三〇〇万人死んでおり、栄養失調つまり餓死（？）は、九〇〇万人とのことで、状況は良くないというべきだろう。何年か前、まだ中国に滞在している時（先日、帰国して、この第10章は東京のビジネスホテルで書いている。第三編の日本論の最後あたりもまだ終わっておらず、これから）、ＴＶを見ていたら、アフリカで、水が無いために一〇万人だか二〇万人死んでしまいそうなことを言っていた（中国語はわからないのだが、字幕が出ていた）。

それに、以前、新聞を見ていたら、某大学の研究によると一〇〇年後には地磁気が消失するそうで、これも大変だ。ただ、その研究の続報は聞いていない。いろんな推測、予測がありそうだ。さらに、やはり以前、新聞を見ていたら、一面に、数ヵ国が共同で南極で核実験をやるとかやったとかあったが、これは記憶がはっきりせず、計画のスクープだったかもしれない。さらに、日本は津波がとても多く、一〇メートルのものはあまり珍しくはないようだ。しかし、これは調べるとわかるということで、普段、耳にすることはない。これも変といえば変だ。昔はワラ小屋に住んでいたわけだが、今は家は立派だ。大変にけっこうだが、財産が不動産に固定されてしまう。さらに、工場の産業廃棄物だけでなく、中間生成物だって気にはなる。

毒ガスのホスゲンは工業原料らしく、今も、靴底の原料はホスゲンらしい。事故は、あってはならないが、被害の推測は必要だろう。原状回復は一般に可能なんだろうか。

よくわからないことは昔もあったが、今もある。しかし、その性質は変わっている。以前の謎は、今日、知識として出版されている。今の謎は、確率とか程度という問題かもしれない。

## 宗教のスタートは？

農作業をしている人が、もし蛇が嫌いだったら、見つけるたびに退治するかもしれない。するとネズミが増えて、農作物の収量はわずかだが減るかもしれない。もし、誰かが、蛇をお祭りして、蛇に対して皆が敬意みたいなものを持つようにすると、蛇が増えて、ネズミは減り、わずかだが、収量は増えるかもしれない。気質とか状況によって、人の行動はある程度決まっているのだろうが、何かの影響を受け、その行動がすこし変わることがある。御利益があるならば、そういう影響を受けることにより、淘汰の圧力が減るわけだ。すぐ気がついた御利益はこれくらいで、あと、どのような利益・理由があって、宗教が発展してきたのかよくわからないが、物事には理由とか原因があると見るべきだろう。

## 大切なのは理性

もし、どこかの国の工業団地予定地に投資・進出しようとしたとき、そこにはナントカガエルの最後の一団が住んでいます、開発したらナントカガエルは絶滅してしまいます、と言われたら、ビジネスはあきらめるべきだろう。これが理性だ。早くわかっていれば良いのだろうが、あちこちにナントカガエルがいれば、あまり気にしないで、外資をつのるだろうが、他の生息地で絶滅してしまうと、状況が変わる。多少、準備が進んでから、そういうことを言われると会社としては迷惑だが、大切なのは理性の判断だ。大統領と言っても、特定の目的・動機があってその職についただけで、その職務に必要な一般的な、知識・能力があるかはわからず、いわば、自派の利益の追求者にすぎないかもしれない。法律と言っても、ただのでたらめかもしれない。正義と言っても、日本以外の正義、日本人以外の主張する正義とは、いったい何なのかという問題はある。第2章で説明したように、都合は絶対だ。あと五円の部品一個だから、もういいや、これで完成だ、という会社は過去においても存在しなかった。今もない。〝わずかな〟ことでも都合は、絶対に、絶対に、絶対に無視できない。これは、世界の根本原則であり、この原則によって、世界は形成されてきた。特に、競争状況下においては、都合に対する配慮の必要性は高まる。

さて、グローバリズムと言っても、それは一部の人たちが勝手にそのようなことを言っているだけであり、言わば、さあ、がんばるぞと言っているようなものだ。従って、国内で、何かを行うのとは、質的な違いがある。つまり、うまく行かないことや、不都合がありうる。そのとき、どうするのだろうか？　理性だ。理性に頼るしかない。法律と言っても、本当にただのデタラメかもしれない。いろいろ言っていた人がいても、それはそのときの状況で、言わばＴＰＯで言っていたにすぎない。一〇〇回聞いたのに、と言っても、いわば一〇〇回宣伝を聞いたにすぎない。オレが道を渡り始めたときは、歩行者用の信号は青だった、と言っても、途中で赤に変わり、状況が危険なら、もとにもどらなければならない。

とっさの判断は大変だが、まず、安全第一に考えるべきだ。いろいろ言いたいことはあるだろうが、そのときの状況（つまり最新の状況、あるいは現に存在する状況）にもとづいて、理性で判断することが大切だ。たとえば、じっくりと考えれば、最適な状況というものを思い描くことができるだろうが、競争状況下であれば、現実の姿はかなりゆがんでいるかもしれない。しかし、現に存在するのは、あるいは存在することができるのは、そのようなゆがんだ状況なわけだ。

### 先進国とは

所得などにもとづいて統計的に各国を分類しているのだろうが、基本は、気候が良いので農業生産高が高い国々のことだ。つまり最近まで、農業国だったわけだ。その民族としての、あるいは国民としての発想は、工業化以前と変わってないのかもしれない。もし、何か一般的な発想みたいなものがあったとしたら、それは呪術とか練金術、あるいは魔術みたいなものだったかもしれない。しかし、魔術師を政府の顧問にするわけにはいかない。それに、それは農業社会における魔術師にすぎなかったかもしれない。日本では、呪いのようなものは祭ることで対処してきたらしい。しかし、そういう対応策にどのくらい一般性があるのかわからない。

一般性というのは科学だろうか。しかし、おそらく、その分野だけだろう。たとえば、どの株を買えばもうかるのか、というのは、経済・財政・経営・金融・投資家心理といったいくつかの分野の問題であって、一つの学問分野の問題ではない。異なる分野の科学者同士の議論というのはおそらく無理で、まず厳密な議論ができない。かすかな発見だって、その分野では検討の対象だ。

企業間、グループ間の議論というのは難しいと思う。〝大魔術師〟でもいれば別かもしれないが、結局、その時代にのみ対応した小物かもしれない。一般性の基本というのは、経済学・国際金融・国際法・地学・

地理・世界史・宗教とか哲学・法学だろうか。私は国際金融についての知識は全くないが、これらは今の若い人たちの世界だろうか。つまり、大勢で対処するということだろうか。
話は変わるが、医学というのはあてにならない。まず金がかかるが、健保などで政府・政治の影響が大きく、民族とか部族の都合が変わらなくても政治の影響で治療法が変わってしまうかもしれない。つまり、実質的なジェノサイドというものはあるかもしれない。結局、主権国家同士の暗闘みたいなものが続いているのだろうか。謀略・脅し・嫌がらせ・妨害……といった世界だろうか。

いかに国家を運営するか

資源というのは本来国家運営には関係ないと思う。ある分でなんとかする、それが基本だ。しかし、競争状況下ではどうなんだろうか。もう一つの問題は、変革期に〝アドバイザー〟がいるかという問題だ。競争が進行するだけだろうか。あるいは〝化学反応〟みたいなものだろうか。

どんなお祭りがあったのか

たたりを鎮めるためにお祭りしていたということはすでに述べた。あとはどんなお祭りがあったのだろうか。さっぱり知識がないのだが、太陽神をなぜ祭っていたのか、意外に必然性みたいなものがわからない。小学生のころ、週刊マンガ雑誌を見ていたら、コラム欄にアリを食べる人たちがいる、国によってはカンヅメにして輸出しているが、日本では食品についての法律により、それは輸入できない、とあった。荷物を片付けるため、最近百科事典にさーと目を通していたら、未開社会では主食にアリをまぜて食べることがあったらしい。以前、週刊誌を見ていたら、トンボを食べるタイの少年がグラビアか何かの写真に出ていた。NHKのドキュメンタリーでは南米のジャングルの中の原住民が、胴が二センチメートルくらいのクモを焼いてから石灰をつけて食べていた。食料なのか薬なのかそれはわからなかったが、麻薬をやっている場面もあり、一メートルくらいの管を使って、互いに相手の鼻に何かの粉を吹き込んでいた。効く（？）らしく、ゲーと吐いていたりした。

以前、教養科目で自然人類学の授業を聴いたが、それによると、人類の祖先は猿ではなく、以前はリスに分類されていて、今は猿の亜目か何かに分類し直された、夜行性の小動物に似ているナントカナントカという化石の動物が人と猿の共通の祖先で、二〇〇〇万年前（そのくらいの数字だった）に別々に進化を始めたそうだ。で、その共通の祖先（によく似ている今の動物）は、虫などを取って食べているそうだ。歯の具合で、草食性・肉食性・雑食といったことはわかるようだ。ということで、いつごろまでかわからないが、人類の祖先あるいは未開人は虫を食べていたのだろう。

中国に滞在していたとき、公園の近くのアパートに住んでいたことがあったが、水鳥の鳴き声がよく聞こえた。近くのスーパーで菓子パンをよく買って食べていたが、あずき（あんこ）を入れて平らにした、楕円形（ワラジ形）の大きなパンをよく食べていた。横に筋が何本もあって、見ていると、そのうちに、何かの虫（玉虫？）を連想した。実際にはもはや、風味とか味が体質に合わなくなっているだろうが、虫を食べるという感覚は人類の本能か感性にまだ少し残っていて、菓子パンのデザインなどに利用できるのかもしれない。

何かのきっかけで、虫、例えばクモだろうか、を、お祭りするようになると、食生活に影響が出て、その変化が淘汰の圧力の具合を変えるかもしれない。たとえば、本能の世界からすこし遠ざかるなど。北の大地（つまりヨーロッパ。アジアの北は寒すぎて火を使うまでは住めなかっただろう）は見通しが良いので、部族や〝村〟の争いは、待ち伏せではなく、遠くから大きな石を投げたり、棍棒でなぐりあったのかもしれない。その結果、体が大きくがん丈な者ほど生存が有利だということで、その方向で淘汰の圧力が加わったのだろう。そのような、変化・特化・進化の途中において、もし、食生活が変わり、さらに生活一般が本能からすこし遠ざかったとすれば、変化・特化・進化にも影響があったかもしれない。もし、お祭りしていた場合、どのように虫を祭っていたのかわからないが、タブーとして扱っていたのかもしれないが、いわゆるお祭りしていたのかもしれない。最悪の場合は悪魔教みたいなものだったのかもしれない。

太陽神というのはひょっとすると、それ自体はあまり必然性はなく、一種のアンチテーゼ、あるいはバランスということで出現したのかもしれない。あるいは、一般的なものの代表みたいなイメージだろうか。なお、不足している人材の特徴を祭ったという可能性もあると思う。以前ＴＶで、アフリカの村の入り口に戦士を剥製《はくせい》にしてかざっているのを見たことがある。

私の気分としては、なんとか適当にやっていければよいというのが理想だ。適当に面白ければ良い。混乱する今の世界が医学などの実験場になってはいけない。利益とか、生活・楽しみ・娯楽、あるいは、良識・常識・感性といったものが大切だ。科学は物事を観察するだけで、実験したり、何かをコントロールしたりするのはよくないと思う。第一きりがない。

グローバリズムの主役は企業だろうが、企業もやはり分業で動いている。けっこう大切な問題でも、意外に少人数で決めているものがあるであろう。また、その決定があたっているのか、正しいのか、つまり、うまく行くのかという問題もある。つまり、その場合はギャンブルなわけだ。分業なので、大勢がギャンブルにつき合わされることになる。地域が、あるいは世界が、ギャンブルで振り回されたらいけないと思う。

# 第二編　中国滞在心象記

# はじめに

まだ、ホテル生活していたころ、たしか西安の町だったと思うが、三蔵法師ゆかりのお寺を見に行った。資料室があり、ガラスケースの中に書籍がたくさんあったが、その中に、日本の大正大蔵経があった。あるページが開いていたが、見ていても難しくてわからない。しかし、一行というのか、一文、次のようなのがあった。「全ては理論である」とのことである。二〇一六年の三月に追記した。

なお、やはり、まだホテル生活していたころだったが、たしか洛陽の町はずれを歩いていたら、若い男がリヤカーの横で道に倒れ、激しく泣いていた。あたりには少し間隔をおいて数人の男が点在していて、なんとなく刑事かな、という気がした。私からは三〇メートルくらいの距離だろうか。リヤカーは空だったような気もするが、よく見たわけではない。男は体格がよく、号泣というのか、ずっと大声で泣いていた。リヤカーの柄は、太い棒で、それをつかんで引いて行くタイプだ。何か、経済統制法の関連だったのかもしれない。まさか、すでに判決を受けていて、執行猶予中だったということではあるまい。とにかく、真剣に激しく泣いていた。記憶がはっきりしないが、そのあたり、とてもゆるやかな坂道が始まっていたかなという、かすかな気分があるが、覚えていない（二〇一七年の八月に追記した）。

さらに、二〇一八年の六月に追記するが、はじめのころ、北京の通りを歩いていたら、小さい本屋があった。私はめったに立ち読みはしないのだが、新書判くらいの大きさのマンガの本があったが、少年がクモ型の戦車に乗って冒険に出かけるという話だった。戦車はキャタピラではなく、足が付いていた。何本だったか、数えたわけではないが、胴体がまるかったので、クモ型に見えた。新聞の四コマ漫画のような簡単な絵だった。

# 二〇〇二年

## 一月

この年の一月一〇日木曜日から日記をつけ始めた。夜中に休んで昼ごろ起きることが多かった。学参を見ていた。会社を辞めたあと買い込んだものだ。問題集で、すでに解いていた。字がとてもきたないページがあったが、紙が汚れていた。まもなく、軽い頭痛を感じた。

観光写真を撮っていたので、現像して模造紙にはり、壁に貼った。新聞の切り抜きまで貼ってしまった。

バスで銀行に行った帰り、新聞を買った。電気ガマが壊れたときは、百貨店で、修理所を聞いた。マンションの団地は新しい建物だったが、短時間の停電と断水は多かった。

本をビニール袋に入れて、部屋に並べた。

ある日、団地内のスーパー（いつもそこで買い物している）で、トイレットペーパーを買ったら、ガラスの粉がたくさん入っていた。捨てた。翌日、団地内のレストランで食事をしたが、茶は飲めなかった。

外出したときは、レストランや食堂でいろいろなものを食べていた。きざんだにが瓜と肉の炒めもの、ラーメン（種類が多い）、キモをいためたもの（最近食べるのをやめた。第5章第2節参照）。レバー料理、いり玉子のトマト、砂糖をまぶしたトマト、緑色の麺（野菜入り）などである。

居間の一〇〇ワットの電球が消えたり、しばらくしてついたりすることがあった。翌日、締め直した。

# 二月

電気がまを修理した。プリント板を取り換えた。翌日、よく掃除した。冬はとても寒いので、室内で、セーターを二枚着ていたが、きつかった。少し暖かくなったので、一枚にした。

家賃は月初めに支払っており、家主の女性が来たので、二ヵ月分で一万五〇〇〇円払った。

だいたい同じようなものを先月に引き続き食べていたが、ビスケットに砂糖水とか、黒ごま入りのオートミール、ソーセージ、ゆで卵、ドーナツ、木の実、蜜につけたなつめの実、ニンジンのつけもの、クラッカー、粉末ジュース、コーンスープなども食べた。よく食べていたのは、魚のかんづめ（黒豆入り）、マントウ、ゆで卵、ドーナツ、オートミール、インスタントラーメン、ソーセージ、砂糖水である。

小学校三年の算数の問題集の途中に、「一九九三年／九月」のサインがあった。文庫本とか雑誌や本も見ていた。

下旬、公安局の「外事処」（外国人窓口）で、ビザを一ヵ月延長した。日記の曜日が二日ずれていたので直した。新聞で確かめた。実は平日だと思って公安局に行ったら閉まっていたので、近くの銀行を見たら、日と曜日が外から見てもわかるように電光表示されていた。

日あたりの良い部屋だったので、晴れている日は、セーターに薄手のジャンパーそしてトレンチコートを着ていた。

厚着をして手首のあたりをしめつけていたせいだろう。手の甲はあかぎれがひどく、血がにじんだりしていた。

たらいで洗濯していたが、ある日は六時間かかり、別の日は五時間でやめ次の日にさらに三時間、ある日は五時間だった。これは二月から四月はじめまで日記に記録が残っていたものである。

外出するのは夕方が多かった。

食べ物では、あと、パイナップルジュースとか、インスタントラーメンに木くらげを入れたりとか、蓮根の粉、ピーナツも食べた。

濡らしたチリ紙で床を掃除したが、一時間かかった。

百貨店で、コンセントに差し込んで取り付ける二ワットの常夜灯をいくつか買って、各部屋につけた。一つ一二〇円。

## 三月

マントウを三つ食べたと日記に書いてあった。寒いころは六個食べていたようだ。雨は少ない土地なので、「昨夜は珍しく雨だった」と書いてあった。上旬、小雪が降った。中旬、朝からずっと雨。

実は文庫本だとか普通の本だけでなく、怪獣や超人の写真カタログも持ってきてしまった。中国に来るすこし前、買い込んだ本だ。上旬、小学生用の問題集は目を通しおえた。続いて、小学生用の学習参考書を取り出した。

本屋で小学校一年生用の学習参考書（むろん中国語）を買ったり、百貨店でだて眼鏡（度がついていないメガネで、サングラスではない）を買った（六〇〇円）。

居間の電球が切れたので取り換えた。眼鏡をかけ、マスクをして作業した（第一編第4章第2節参照）。

よくわからないことは多いが、ある日、団地内を歩いていたら、前から来た二人連れのうち、若い男が腕を振るので、かすかだが顔にホコリがかかった。なお、日本に帰国したのち、その若い女性の方に似た顔を、二度見かけた。

肉のほそ切りを入れたラーメンは四五円で、麺と一緒にレバー料理を食べたときは（二品）、一二〇円だった。麺を主食にして、キモの料理を食べたときは二品で、二八五円だった。水ギョーザは、「半斤」（大皿）五〇円。

ビザが切れるのでその前に香港へ一旦出国しなければならない。その直前、夕方、電気をとめられてしまった。窓から他の建物は電気がついているのを見て、とめられたと判断したのだろう。香港で六〇日のビザを取得して、再入国し、五日目の夜、もどってきた。

香港から戻った翌日、団地内の端にあった販売センターで聞くと、管理会社（「物業管理」と言う）まで案内してくれた。電気は再通電した。なぜ、とめられたのか、もう忘れてしまった。日記にもそこまで記入はなかった。

暖かくなったので、室内でシャツの上にレインコートを着て、さらにオーバーを着ていると、暑くて頭がボワッとする。

# 四月

上旬、毛布などを片付け、部屋の中では上は長そでシャツのみ。いろいろなものを食べていたが、砂糖水がすこし多くなった。たとえば、砂糖水とゆで卵とか、砂糖水とラーメンなど。多いのはマントウ、ラーメンで、あと緑豆のスープなど。

サンルームの窓の下に、ガラスの粉が落ちているので、拭き取った。この月は、四回くらい吹き込まれていた。大家が来るので、ラジオを聴きながら待っていた。二ヵ月分の家賃一万五〇〇〇円と、一〇月から二月までの電気・水道代二五五〇円を払った。次回は何日に来ますと言って、帰っていった。実家に国際電話をかけた。駅前広場にある郵便局から。

英／中の絵本の辞典（幼稚園児用と小学生用）を買ったので、学習参考書とか本だけでなく、絵本もながめた。

団地内のスーパーでいつも買い物していたが、このころペーパーロールの不良品が多く、四つのうち三つ捨てたこともあった。ガラスの粉。後には、床を拭くのに使用した。

まれに、朝、目が覚めたあと、足のふくらはぎがつることがあった。最初につったのは中学のころで、クラブ活動で運動したせいだろう。手でふくらはぎをつかんだりして治した。

中旬、風が強くなり、サンルームの窓を四分の一だけ開けた。キッチンの窓を三センチメートルだけ開けるようにしたこともあった。通風は大切だが、ブラインドの下の棒のような板がガラス板にぶつかって割れたら大変だ。荷作り用のテープでブラインドの棒を窓枠に固定し、さらに、網戸もすこし固定していたが、用心が大切だ。念のため、ブラインドの下の棒には、その両端に紙だとかビニールを丸くもこっと貼り付け、緩衝材とした。ある日は、昼すぎに風が吹き始めたので、サンルームの窓は四分の一だけ開け（サンルームへのドアの反対側、つまり一番奥の窓のみ開けるようにしていた）、キッチンの窓は五センチメートルだけ開けた。突風のような風があり、ドアがドンと言い、ブラインドが時々パタンと言った。

ある日の日記に買い物の内容があった。ペーパーロール×四、ラーメン大袋（五個入っていた）とあと四個、魚のかんづめ（黒豆入り）、砂糖（三〇〇グラムくらいだったろうか）×二、たまご一パック（一〇個くらい）、マントウ三袋、野菜のつけものの真空パック、ドライフルーツ類。これで一二七五円。日記を見るとその後、オートミールも食べているので全部は記入していないようだ。電気がまで調理していたので、六日間外出せず、七日目に次の買い物などで外出していた。

前日の残りと砂糖水を飲んだときは、一〇時一五分に起きて、一二時一五分には日記をつけているが、起きたあと、窓を二ヵ所開け（たしか一応、帽子をかぶり、レインコートを着たりしてから。が、これは必要なかったと思う）、キッチンの床を拭いたりしていたら、食事のしたくを始めるまでに一時間四五分かかってしまった。

下旬、公安局の「派出所」(警察署、local police station)で、「住宿証明」という手続きをした。これは「外事処」(外国人窓口)で言われたので手続きしたが、どこに住んでいるかを証明(登録?)するものだ。何で見たか忘れたが、ホテルに泊るときはフロントで手続きするので必要ないが、それ以外の所で宿泊する場合は必要らしい。有効期限があり、この時のものは二ヵ月だった。

近くの家具店で、学校の教室で使うような小さな子供用の机を買った。一九五〇円。オートバイで運んでくれた(たしか運送係のような人が裏口あたりにいた)。私はどうしたか覚えていないのだが、オートバイがゆっくりと荷車を引いていくので、歩いたのじゃないかと思うが、もうはっきりしない。運賃はなかった。

下旬、再度、電気を止められた。夕方、暗くなり、近所が明るくなってわかった。三日後(つまり、買ってきたものを食べおえたあと)、管理事務所(「物業管理」)へ行って聞いたら、家主に電話してくれた。翌日、通電が再開された。

半田を半田こてでよく焼いたものを持っていたので(チリ紙にくるみ、ビニール袋に入れていた)、ビニール袋の口を開けて机の上に置き、さらに、ハンコをたくさん押した明治以前のものらしい小冊子(以前、神保町で買った)のビニール袋の口も開けて、机の上においたりした。が、まもなく、それらはやはりしまった。私の考え方の基本は、まず汚れを取り除くということである。バランスという考え方もあるが、これは難しい。まず、本当にバランス・中和が取れるのかということもあるが、次に量の見当がつかない。したがって、きれいにする、通風を確保する、というのが大切なわけだ。今、シブイものをしまっているビニール袋を開けたが、おそらく、そんなに飛び散らないのだろう。しかし、だからといって、それらにさわって、さらに別のものにさわるというのは、カケかバクチのようなものだ。それで状況が改善されるかわからない。どうしても、というのであれば、きれいなチリ紙でそれらをなで、そのチリ紙を机の上におけばよいのだが、私は引き続き、汚れを除去するという原則で行くことにした。

パックのつけ物など、買ってきたもので洗えるものは洗っている。

ネギ風味のマントウを買ったら、一食で一袋食べた。ピーナツだとかハムなどを食べたときは、二分の一袋のことも。

## 五月

夜はけっこう寒く、毛布カバーの中のタオルケットがずれないように気をつけているのだが、両側や片側にずれてしまうと寒い。上旬のある日、七時ごろ目がさめたが、三時間くらいゴロゴロして、一〇時ごろ起きた。暖かくなってからは朝起きるのが早くなり、九時や八時に起きていた。夜休むのも早くなり、一二時ごろ休んでいた。

六神丸という薬を、少し飲んでみたが、私の体質にはあわなかった。

マンション団地は大きな道路から一〇〇メートルくらい入った所に正門があり、広い中庭に面していた。バラ園があり、コンクリートのアーチというのか、ピラーがあって、良さそうな雰囲気だ。バラがすこし盛りをすぎたころ、遊歩道を歩いてみた。

小型犬を見かけることが多かった。室内でかっているので自然に小型犬を選ぶのだろう。品種はなんというのかわからないが、足が短かく、白い毛がむくむくしており、胴は少し長かったかもしれない。人の顔は見ないが、犬は多少眺めた。すこし立ちどまって見ていたこともある。三〇秒か一分くらいだろうか。五分とか一〇分ではなかったと思う。

帽子の内側にポテトチップスのアルミの袋をたたんで入れていたが、先日、はずした。遠赤外線とかマイクロ波のビームみたいなものを頭に照射されたらいけないと思っていたのだが、そういうものは頭がい骨を透過するだろうか。

大きな本屋の隣にある小さな本屋で、幼児とか小学生用の学習参考書をたくさん買った。九〇〇円くらい。

公安局の「外事処」へ行き、ビザを一ヵ月延長した。写真を撮ったが四五〇円。

数日前から石けんにヒビが入った。下旬も終わりのころ、午後、突風でブラインドがパタンといい、窓を見ると外では上からタオルが落ちてきた。風がゴーゴーいっており、サンルームの窓は閉めた。たしか西側で、高さ一〇〇メートルくらいの土ぼこりが立っており、土の壁が現れたかのようである。前線の通過だろう。三〇分くらいで日が出ておさまった。夜、洗面台の排水口がつまり、U字型のパイプの底ぶたをはずして、直した。

翌日、風向きが逆になり、サンルームの窓から風が吹き込んできた。夜、もとに戻った。

外出したとき、バスで席に座ったが、振動がけっこうあり、すこし頭痛。帰ってから鏡を見たら、片方の目がつり上がっていた。

## 六月

上旬、家賃の支払い。その日の午後、ものすごく暑く、夕方、ブラインドが、カランカランと鳴り出した。コートを着て（これは必要なかった）、台所の窓は閉めたが、ピカッと空が光る。サンルームの窓は閉められず、サッシのドアを閉めた。台所で、さがって見ていると、くっきりと落雷が見える。団地内らしい。ずっと様子を見て、一〜二時間待って全部窓を閉めた。雨がずいぶん降っていた。風は雨が降ると吹かなくなった。突風が吹き出したら、すぐ窓を閉めないとダメだ（ブラインドを使用している場合）。風が吹き込む前に、雷鳴がしていたかもしれない。窓を閉めたころの方がそのあとより、雷は近かったかもしれない。居間（ホール）から台所に外を見に行ったり、見ていて動いたりすると、その直後くらいに光っていることが多かった。

上旬、夜一〇時をすぎると空気が悪くなった。汗が急にひき、のどがヒリヒリしたり、頭痛など。それまでは、一二時ごろからだった。近くにゴミの焼却炉があるのかもしれない。

半ズボンをはいた。

ものすごく暑いころ、食欲がなくて、夕食を抜いたことがあった。

学参を見ていて額のあたりに痛みを感じた日、夜、サンルームの窓を閉めたとき、手の甲がすこしブツブツとはれた。棒でブラインドを軽くたたくのを忘れていた（その日も、窓のすぐ下あたり〈網戸を閉めていた〉にガラスの粉が散乱していた。見えるか見えないかぐらいの小さい粒で、キラキラ光っていた。窓のへり、つまり壁の断面とか、その真下の床）。だんだんブツブツがふえ、すこし小さな水泡のようになり、そして平らになった。手の甲は皮膚が弱くなっているのだろう（第一編第4章第1節参照）。数日たっても、ツブツブは残っており、かすかに痛がゆく、すこし赤い。

雨が降った日の夕方、シャワーをあびていた。前夜、眠っていて、つめで頭か顔か手の甲をかいてしまったらしく、つめの先にあぶらのようなものがつまっていた。指自体はそれほどヌルヌルしておらず、手の甲がすこしヒリヒリしていた。

三食たべたことが記載されていた。オートミールを朝食にとったので、その残りを早めに食べたのかもしれない。菊の粉ジュースも飲んでいる。

中旬、九時三〇分に起きた。涼しかった。快晴のようで、木の枝はほとんどゆれていなかったが、すこし遠くの大きい木は上の方、枝・幹が大きくゆれていた。トレンチコートを着ていたが暑くなかった。風はよく吹き込む。南側にぬける風が強く、一瞬、ピューと言った。半そでですごした。すでに中学生用の学習参考書を読み始めていたが、この日は風通しがよかったので、小学生用の理科の学参で、そこだけインクが金粉みたいだった乾電池のページを見ていたが（豆電球を直列・並列でつけたり、電池を直列、並列に並べたりといった内容）ブラインドがカランと言って網戸にすいつくので、内側のドアを閉めたりしたが、不安なので、昼すぎ、長そでシャツ・コート・帽子に着がえてメガネをかけ、サンルームの窓を四分の一まで閉めた。西側の部屋から外を見ると、すこし遠くにポッカリした雲（下が平らだったか）がいくつか、すこし高い所にあった。三〇分後だろうか、作業（窓閉めのこと）を終えてから見ると、かなりくずれてぼやけた感じで近くに来ていた。雲を見たのは久しぶりだった。午後もだいぶたってから、急にムッと、すこし暑くなった。風はあいかわらず、ときどきピューと言っており、西側からブラインドをつまんで外を見ると（この部屋は窓を開けなかった）ボワッとした大きな雲が来ていた。

滞在期限が切れるので、一旦、モンゴルに出国してみることにした。ビザを取得するため、北京のモンゴル領事館へ。中旬のある日、朝五時に起きて、すこし食事をし、七時一五分に出て、八時一五分に駅着。一〇時二〇分の特急で北京へ。夕方五時、北京西駅着。切符代は一四七五円。タクシーで以前利用したことのあるホテルへ。四三五円。翌日、やはりタクシーでモンゴル領事館へ。四五〇円。翌週受け取りだったので、スーパーでチーズとかマグロのかんづめを買って、午後の特急で鄭州《チェンツォウ》に帰ってきた。切符代が一二〇〇円。疲れが出て、ちょっとウトウトしてしまった。眼鏡の金属のフチに緑色のドロッとしたものがついていた。メッキか何かの材料に銅が含まれていて、それが酸化して緑青《ろくしょう》になってしまったのだろう。拭いたら、すぐ取れた。一〇時に着き、タクシーで帰った。スーパーに寄って、部屋に戻り、片付けてから、頭を洗おうとしたら、稲光があったので、すぐ休んだ。

とても暑いころだったが、学習参考書だとか（小学生用のものはこのころだいたい読み終えていた）、文庫本を読み続けていた。翌週、再度、北京へ行った。一二〇〇円。よく利用していたホテルにタクシーで行ったが、パスポートはまだ受け取っていなかったので（ビザはパスポートのページにスタンプで押す。それで領事館に預けていた）、泊まることができず、駅の近くで以前利用したことのある、すこし値段の高いホテルへ行き、パスポートのコピーを見せて泊まることができた。部屋に入ってまもなく雷が鳴り出し、開いていた窓のスキマから風が吹き込んできた。一時間くらい、立って様子を見ていた。それから、手を洗って、顔を拭き、休んだ。翌日、昼前、モンゴル領事館でパスポートを受け取り、デパートをすこし見てから、駅で切符を買い、ホテルへ。一泊三〇〇〇円。外国人が泊まれるホテルとしては、だいたい一番安い値段。レストランは利用せず、近くのスーパーで、イチゴジャムやパン、イワシのトマトペーストづけ、オレンジジュースなどを買って、部屋で食べた。

翌朝（もう下旬のころだった）、原因が全くわからないのだが、トイレでひどい痔になってしまった。タクシーでは、すこし体をかたむけるようにして座った。昼前の列車で呼和浩特《フフホト》へ行った。はじめのうちは立っていた。夜着き、駅前のホテルに。一五〇〇円。二重窓だった。次の日、午前中、雨だったが、やんだので、歩いて博物館へ行った。

三日くらい滞在したあと、夜行列車でモンゴルのウランバートルへ向かった。切符代は一万円弱。朝、二連という駅に着き、昼ごろ国境を越えた。その先の駅に着いて、そのあたりで一二時間くらい停車していた。夜中に動き出し、昼前、ウランバートルに着いた。厚着していたので、脱水症状みたいな気分だった。タクシーで大きなホテルに向かった。一泊七〇〇〇円。翌日、中国領事館でビザ（滞在許可証）をもらい、この日は別のホテルに泊った。四五〇〇円。国際列車切符売り場で、三日後の集寧《ジーニン》行きの列車を予約した。シーズンでホテルが混んでいるため、この日も別のホテルへ。四五〇〇円。バス停横の売店でクラッカーを買ったが、ドイツ製だった。次の日、お寺を見物したが、地面に絵を並べて売っている人達がいた。夜は、レバーペーストや砂糖をまぶしたパンを食べ、テレビでロシアの番組を見ていた。出発した日は、ステートデパートメントに行き、お面だとか絵はがきを見た。自然史博物館も見た。古い時代を再現したコーナーもあり、ガラス窓の向こうの小部屋に、紅葉した小さな木の模型があった。

なお来たとき、最初の日、列車がウランバートルへ向かう途中、地上までたれ下がった前線を列車が通過した。坂道というよりは丘のへりあるいは台地のへりのように見える雲が横に続き、上はずいぶん高く続いていた。見た話が、遠くにまで伝わって、宗教的なインスピレーションの原因になったかな、とそのとき推測した。

# 七月

夜行で、中国の集寧《ジーニン》へ向かった。翌夜、着。が、外国人が泊れるホテルが見つからず（規則・法律で決まっていた）、駅に戻って、二二時すぎの列車で呼和浩特《フフホト》へ。切符代が三三〇円。一時ごろ着き、駅近くのホテルに泊った。北京へ行き、そして、鄭州《チェンツォウ》に帰ってきた。

食べていたものは、ご飯につけものの海草とか、塩、あるいは卵。あるいは砂糖水やジュース、ピーナツなど。マントウやあんこ入りのマントウも食べた。米をといだとき（洗ったとき）、内がまの水を全部捨てず、すこし残っていたら、炊いたあと、底の方のご飯を食べると、舌の先が切れるような感じがした。

中旬、「派出所」（警察署）で「住宿証明」（居住を証明・登録する手続）の再登録。旅行から帰ったあとは、朝、部屋のドアを開けて換気・通風していた。ドアの所に立っていた。バスルームの窓は、開けても風が入らなかった。

百貨店でVDRを三六八〇元（五万五〇〇〇円くらい）で買った。再生専用機は五〇〇〇円くらいのがあったような気がする。その日だったか、夜、学参を見たり、日記をつけたりしたが、一二時ごろ、急にやる気がなくなり、窓を閉めて休んだ。その時、雨がザーと降り出し、外を見るとピカッ〜と光っている。横になりながら、ドカン、ドーンという雷鳴を一時間くらい聞いていた。

翌朝、七時前に起きて、窓を開け、さらにドアからの通風。八時前に顔を拭き始め、ジュース・砂糖水・ソーセージで朝食。朝、足のふくらはぎが急につり、それで目が覚めた。食後、ジャムのビンにふたをのせると、自然にくるっと回転して、ふたが閉まった。一回転したわけではなく、六〇度くらいだろうか。まもなく、ドーン、ドカンという雷鳴が三〇分くらい聞こえた。居間のイスに座っていたようだが、その後、横になって眠ってしまい、一時四五分に起きて、うがい。その後、学参を見ていた。朝は、空の下の方が茶色のように白っぽかったが、上は青っぽい白だった。三時に日記をつけたが、外は完全なくもり。夕食のしたくをしていると、五時ごろ、ダーン、ドカンと雷鳴が聞こえてくる。三〇分くらい、居間のイスに座って様子を見ていた。その日の朝同様、風は出ない。夕食は、ご飯・ジュース・砂糖水・真空パックの牛肉のみそづけ・ジャム・卵二つ。夜は文庫本を読み、一一時三〇分に日記をつけて休んだ。その記載によると、「法窓夜話」を半分まで読んだようだ。

翌日も、夕方、雷雨。

ある日、一〇時三〇分に起きて、窓を開け、通風のためドアを開けたが、他の部屋もドアを開けていて、そのすぐ内側で人が大きな声で話しているので、ドアは細めに開けた。が風がよく入る。まもなくザアーと雨。風は弱まった。

買い物で外出したとき、広場（中庭）は通らず、建物と建物の間を通った。

ある日、気がついたが、ドアから通風・換気を行っているとき、雨がやむと、すぐに風は乾いた風に変わった。

ある日、夜、雨が降ったが、雷はなかった。すぐ、雨はやんだ。

ある日、いつも使っているボールペンの握りのあたりが、ツーンと金粉のような感じがする。石けんで洗った（日本にいたとき、自宅のある町の、駅前の本屋の文具コーナーで買った。とくに選んだわけではないと思う。たくさんある中の一本だったと思う。いつ汚れたかは、わからない）。粉ジュースを飲んでいるが、そのブランドを変えた。その日何となく、おもむきがないような、こくがないような、かすかに金粉のような感じがした。この日は涼しかったので、外出しても汗をかかず、園内の庭園を歩き、バラの植込みを見た。


その翌日、かすかに頭が重い。電球を取り換えるときに使っているマスクをチリ紙につつんで、机の引き出しにしまっているが、それを取り出して、外側に頭を近づけたが、いつもの収斂性の雰囲気がない。歩くとかすかに振動が頭にひびく。一〇〇ワットの電球がすこし前から、チリチリと音をたてていたが、前日から静か。気温が低下したので、そのせいか。天保小判を石けんで洗い、それをチリ紙で軽くみがいて、そのチリ紙を机の上に置いた。適度な収斂性がある。電球は接触不良らしく、音はしないが、点滅するかのように時々、パッパッと明るくなった。翌日、電球はチリチリ、あるいはジリジリといった。次の日、その電球を締め直した。電球の金属部分（つまりねじ込み部分）のへり（ガラスの球のすぐ近く）に半田が盛り上がっているが、熱のせいか、とけて、削り取られたようになっていた。

夜、雷鳴とアパート内の物音をまちがえ、窓を閉めたが、気がついて再度開けたことがあった。

# 八月

百貨店で、TFTカラーの液晶テレビを買った。一三八〇元（二万一〇〇〇円くらい）。

朝や夜の、ドアからの通風のさい、ドア外側の、網をはった格子のドアは閉めている。開けていたら、蚊が入ってきたので。外食のとき、野菜を食べるようにしているが、普段は、つけものとか、ジュース、ジャム、野菜ペースト（ニラ）など。

上旬のある日、手の甲に小さなジンマシンのようなものがたくさん出た。たまに又ずれみたいなものが出ることがあったが、赤くはれて歩くのが大変。ひじより下の腕がときどきシビレルみたいだ。前日、たらいで洗濯したが、四時間かかり、最後の一時間は夕陽が窓から射していた。数日前から目やにがひどかったが、特にこの日はすごかった（昼）。ひざより下の足も時々しびれるみたいだった。ものすごく暑い。胸にも赤い点がたくさん出た。夜になって、ジンマシンの赤い色がうすれた。が、たまに足の指にツーンと痛みがあったりした。夜中、水をたくさん飲んだら、ジンマシンの赤い色がさっと消えた。汗で体表面の温度が低下したのだろうか。

家主の人たちが来たので、家賃を払った。この日、夜、床の掃除などをしたのだが、あとで鏡を見たら、両眼とももののすごい充血で、白眼がまっ赤だった。

その翌朝、目が目やにでくっついてしまい、指でまぶたを開けた。生活はいつも通り。昼はテープを聞いたり、夜はVDRやTVを取り出してつないでみたり。

二日くらいで、ジンマシンはだいぶよくなり、目の充血も治った。パンツのみなので、汗はほとんどかかない。それでも、外出するときは、冬ズボン、Tシャツ、薄いジャンパーだ。

中旬、気温が少し低下した。風邪をひいたのか、咳がちょっと出て、のどが痛く、一日横になっていたことがある。ある日、トイレに行ってから、手を洗っていたら、外で大音響。雷だった。稲光が室内の壁に映って光るのを何度か見た。赤っぽい光だった。

下旬、公安局の「外事処」で、ビザを一ヵ月延長した。延長コードで電源をつなぎ、光ディスクを見た。民族舞など。

# 九月

テレビを見ていたら、天気予報で、華北は最高気温が三六〜三八℃だった（鄭州は、河南省の北部）。

イチゴジュースを飲んだり、みかんを食べたり、しょう油卵を食べたりしていたら、胃が痛くなったことがあった。

中国に来る直前、いろいろなCDのセットを八万円くらい通信販売で購入した。書籍が大量にあり、TVも見れば、ラジカセでFMも聴いていたので、そういうものを買うつもりはなかった。しかし、中国は物価が安いので（この点については注意を述べた。第一編第4章第2節参照）、来ることを決めたあと購入した。そういうものがあったので、文部省唱歌とか昔の映画音楽、邦楽・おはやし・雅楽などを聴いた。

そのころだったが、食事のとき真空パックの肉を食べていたら、ビニールの包装をつかむ指の力が強かったのだろう、肉のかたまりをテーブルの上に落してしまった。テーブルは食事に使用していただけで、いつもまず濡らしたチリ紙で拭いていた（カラ拭きもすれば完璧だったと思う）。パックのビニールの包装は石けんで洗っていた。それで、テーブルの上に落ちた肉のかたまりをつかんで食べ続けた。おいしかった。味に変化はなかった。たしか、その日の夜、という記憶があるのだが、ボールペンの握りのあたりがとても汚れている。硅素だろうか。頭痛ではなく、頭皮の中を虫がはうようなすごく変な感じがする。そこで別のボールペンを探したが、どれも同じように汚れていてダメ。石けんで洗ってもダメ。次に外出したとき、新しいボールペンを買った。

パスポートのページがいっぱいになったので、北京の日本領事館で、パスポート発行の手続きをした。戸籍謄本が必要だったが、実家から送ってもらった。翌週受け取り。

ある日、園内のスーパーで、下の段の何かのスナックフードを取ろうとしてしゃがむと、近くにいた、背の高い若い女の人が、さっと来て、何かを取るため、私の頭の上に手をのばした。あとで、後ろの髪の毛にさわると、すこし硅素の汚れの雰囲気。

北京へ行き、パスポートを受け取った。手数料、一万五〇〇〇円。このころの日記をみると、久しぶりに窓を閉めて休んだ、とあった。翌々日は、食後、横になったら眠ってしまい、翌朝、目が覚めた。

下旬、ランチョンミートのかんづめに不良品。溶接が途中で切れていた。鼻が悪いので香りは不明。スプーンで軽くなで、それを舌の先でなめてみた。舌を出しっぱなしにして約五秒後、ウーと苦しくなったので、チリ紙で舌の先を拭いた。紙をとりかえながら、数度以上拭いた。最後に、舌のみをすすぎ、それから口をゆすいだ。

滞在期限（ビザ）が切れるので、香港へ行った。広州まで特急の二等席（一等席はめったにない）が二九一〇円。二〇時間かかった。翌夜広州に着いて、さらに深圳へ。座席のシーツ（下とか背もたれ）にピカリと光るガラスの粉がついているので、他の席へ。駅近くのホテルに泊ったが、シーツの上にガラスらしい粒が落ちているので、取り換えさせた。大きいのは一ミリメートル×〇・五ミリメートルくらい。指でさわると動くので、ノリではない。翌朝、香港へ行き、中国領事館でビザを申請して夕方受け取った（その後、当日受取り（特急）は廃止され、後、さらに制度が変わった）。帰り、市内の電車に乗っていて、窓の外の夜景がものすごく美しいので驚いた。実は髪の片側だけ、どういうわけか硅素のようなもので汚れていた。鄭州《チエンツオウ》に戻るため、深圳で切符を買った。寝台車で五二五〇円。横になったが、ガラスの粉が光っている。新聞紙をしいたが、なぜか腹がおかしくなった。何度もトイレへ。結局、窓ぎわの座席に座った。夜中、シーツをかえてくれたので、横になったが、明け方ウトウトしてしまった。翌日、夜、鄭州に着き、タクシーで帰った。窓は開けて休んだ。

光ディスクのデッキは録画ができない。

近くの警察署で「住宿登記」。

# 一〇月

上旬のある日、朝四時三〇分に目が覚めた。ブラインドの音がしたのだろうか？　日記をつけ、再び休み、昼ごろ起きた。ランニングシャツ・長そでシャツ・冬パジャマで暖かい。翌々日は、ランニング・長そでシャツ・上着（綿の）・オーバーでタオルケット×二をかけて休んでいた。その日の天気預報では三〇～一七℃。風は流れており、サンルームは二分の一だけ窓を開けた。

ＴＶはできるだけ字幕のある番組を見るようにしていた。あと、ラジカセでクラシック音楽など。ＶＤＲはまれに映らない光ディスクがある。家賃を払った。水道代・電気代・その他込み、二ヵ月分で一三二〇元。

電球の取り換え。マスクをし、メガネをかけ、帽子をかぶって作業。新しい電球は半田の山がひっかかって入らないので（一〇〇ワット）、四〇ワットの新しいのがあったのでそれを入れた。

この作業中、腕はまくっていたが、そのあと腕を洗ったら、すこし赤く色が出た。ボールペンの汚れがついていて、皮膚が弱くなっていたのだろうか。翌日、腕がすこしかゆく、かすかに湿潤している。肩の力を抜いてみたりした。一～二分、ラジオ体操のまねをしたら赤い色は弱まり、かゆみも減った。五～一〇分、体操のまねをして、さらに万歳のように腕を上に数秒上げていたら、こんどはかすかに足がかゆくなった。こまかい血栓のようなものが落下したのだろうか。翌日、治った。

テレビの天気予報では、九℃から七℃。曇りや雨のときは、居間の電灯をつけて本をみている。下旬、寒いので、綿コートの上にオーバーをきた。次の日、天気予報では、一二℃～四℃。

# 二月

上旬、電気掃除機を二四〇元で買った。三六〇〇円。イリ電気製。一二〇〇ワット。風が流れなくなったら、どういうわけか、靴の中の足がかゆい。すこしかぶれた。ある日、雪がつもり、マイナス三℃。翌々日、とけた。下旬、公安局の「外事処」でビザの延長の申請。翌週受け取り。

電球を取り換えた。ビニール袋で下からつつむように持って、電球をゆるめると、ガラスの球が金属のねじ込み部分からはずれてしまったが（ズレた）、なんとかはずした。新しいものを入れようとすると、半田の盛り上がった部分がひっかかって充分入らない（最後まで入らない）。つまり、点灯しない。そこで球をはずし、買い物用のビニール袋をたたんで何枚かにして、それを指先にあててソケットの中の、奥の板バネのような接点をすこしおこした。今度はOK。板バネは銅製だがバリ取りなどはしていないので、ちょっと刃物みたいにエッジがついている。軍手（日本から持ってきた）は、はめていたが、指にあてていたビニール袋の一枚はすこし破れ、小さな穴が空いていた。あとを片付け、服をはたき、帽子をはたき、顔を拭いて、床を拭いて、イスを拭き……。

# 一二月

二ヵ月分の家賃一二〇〇元を払った（一万八〇〇〇円）。延長コード（四六元、六九〇円）を使って、机の上に電気スタンド（三六元、五四〇円）をつけた。明るい。ある日の天気予報はマイナス五℃～九℃。寒い。

中旬のある日、誰か来てドアをたたき何か言う。I don't know English. と Open the door. とも言う。無視していると、中国語で何か言って立ち去った。数日後、夜、洗濯していたら、近所の女の人がうるさくドアをたたく（けっていた?）。何を言っているのかわからない。

切符を買うため駅へ行ったが、バスが一時間くらいかかった（三時に外出した）。切符はなかった。帰ってきて、片付けをしていると、アパート内の人が来て、ドアをたたき、開けると何か言うが理解できず、別の人が来て話しているので閉めた。

下旬、朝、左目の白目の片側がまっ赤になった。昼、かなりひいた。

ある日、夜、早いころ、近所の人が来てドアをひどくたたく。英語で何か言っても通じない。激しくドアをたたくので、police man をつれて来るようにと言ってやった。警察官なら英語がわかるだろうと付け加えた。数日後、夜おそく、誰かがドアをダーンと何度かたたいた。

下旬のある日、夜行列車で広州へ。すこしウトウトしてしまった。翌夜、広州に着き、駅前ホテルへ。ビザが前日までだったので、明日出入国管理課へ行くようにとフロントで言われた。翌日、その役所へ行き、数日前に目が赤くなった、疲れも感じたと書類に記入した。左目にわずかに残っていた赤い所はさらに小さくなった。金曜日に書類を提出したので、月曜日の午後、再度出向き、次からは一日五〇〇元の罰金とのことで一ヵ月のビザをもらった。翌日、鄭州《チェンツォウ》へ帰った。ホテルでは近所で買った鳥の丸焼きなどを食べて休んでいたせいか、帰りの列車ではウトウトもせず、景色も楽しく眺めた。

# 二〇〇三年

## 一月

初旬のある日、夜、静かにしてください、というメモがドアに入っていた。そこでそれは無理だというメモ数枚を作製して、団地の入口の警備員に渡した。

昼、食事していたとき、手に持っていた豚のキモ肉のかたまりを床に落してしまった。午後、人が来てドアを普通にたたき、何か言った。英語で To Whom do you want to meet? とか What is the problem? とか I can't speak Chinese. と言っても何か言い続け、下の階で話し声が聞こえ、そのうち電気がとまった。再度来て、何か言うが、わからない。いそいでしたくをして（パックを洗ったりとか）、夕食をとった。暗くなるころには横になった。窓は今月からは夜閉めている。この日は、めんどうなので着がえず、室内用のオーバーの上のボタンをとめ、フードをかぶって〝作業〟した（窓閉めのこと）。こういう生活があと三日続いた。横になっても、眠るのは一〇時ごろだったと思う。が、三日目の夜、女の人が来て、ドアをケリ、何か言うので、日本語でバカヤローなどとさけんだ。しばらくして、下の階から音がして、また来て、数度ドアをけり何か言う。Oh, no. Go away. と言った。

翌日、公安局の「外事処」へ行き、この件についてのメモを渡した。アパートの契約についても聞いたが、新規の契約書があった方が良いだろうと言っていた（一年契約だったので、もうすでに期限は切れていたが、自動延長かなという感覚で、家賃を払っていた）。警察署（local police station）で「住宿登記」をしたが、そこでもメモを渡した。管理事務所（「物業管理」）で聞くと、最初の日（ブタのキモを床に落としてしまった日）に来たのは大家の女性だったらしい。電話しておく、とのこと。

翌日、来客。大家の女性と管理事務所の人のみ入れて、話を聞いた。ここでは、皆、早く休むらしい。とにかく約束はできないが、夜、静かにするよう最善をつくしたいと答えた。まもなく電気再開。早く休んだが、上の階がにぎやか。（このごろ、よく）足音とか、テーブルの上に物を置く音、あるいは何かを落とす音。下の階の女性（？）が来て、今度は静かにドアをたたくが、だまっている。隣ぐらいの部屋の人がドアを開け、何か言っている。すぐ帰ったようだ。上の階の音が二層下までひびくのかわからない。階段から音が伝わるのかもしれない。

ある日、夜、下の階の人だろうか、ドアを普通にたたき、「日本人（リベレン）……」「明白」（ミンバイ、わかりましたという意味）……」と一～二分話して帰っていった。何を言っているのか全然わからないが、その直前くらいに、上の階で大きな音はした。引きつづき聞こえてくる。物をテーブルの上に置く音、落とすような音も聞こえてきた。翌日、昼ごろ電気が止まった。外出しようとしたが、玄関の外側のドアにカギが入らない。テープで閉まらないようにして外出。その時、下の階の女の人が、また来て何か言う。上の階の女の人も立ちどまって話している。「物業管理」へ行った。午後〇時に、その人のところへ行くとのこと。すこし買い物して、帰ると、内側のドアもカギが入らない。再度「物業管理」へ。いつもの事務の人が、職人をつれて来た。しばらく作業して直した。外側のドアはチリ紙がすこし、内側はマッチの軸よりもっと細いようなものがつまっていた。無料。事務の人は下の階へ行ってすこし話していた。もっとも、ベストはつくすがわからない、電気はその人が持って行ってしまったので、管理事務所では直せないとのこと。直接話したら、とも言うが、それはことわった。

フェルトのクッションのような羊のスリッパを買った。一九五円。五時三〇分ごろ休んだ。次の日も。

次の日、家主の女性が日本語の通訳をつれてきた。下の階の人と話をしようという提案はことわった。家主はこの件は関係ない、関係しないというので、了承した。下の階の人は警察か裁判所に訴えると言っているそうだ。通訳はドアを開けてくれと言うが、ことわった。

夜、四回くらいトイレ（小便）に行ったことがある。香港へ行き、ビザをとった。

# 二月

上旬、羊のスリッパをやめ、ビニールのスリッパにした。これは、一月初めに買ってから、羊のスリッパを買うまではいていたものだ。家賃一二〇〇元を払った。警察署で「住宿登記」。上の階は、断続的ににぎやか。日中から夜のはじめごろまで、日に数度、物音がまとまって聞こえる。

ブタのキモはときどき食べていた。停電しているので、ご飯とかインスタントラーメンは食べない。水分摂取量は減っているのだろう。尿が透明になることはない。五〇元くらいで、小型のラジオを買った。

下旬、病院の歯科に行った。Gold taste は隣の歯の穴によるものであり、レントゲン撮影のフィルムを見ると、穴が深いので、抜いてしまった方がよい、問題の歯の金属は問題ない、とのことだったので、帰った。

管理事務所に行き、電気再開。職人が来て、配電板を直していた。誰かがドアをけり、一度はすごい大音響だった。気持ちが、萎縮《いしゅく》したのだろう。天井の電灯はつけず、机の上の電気スタンドのみ（夜）。

ある日、アイスクリーム四本とかしパンなどで夕食を取っていたら、上の部屋だろう、大きな音が何度かした。夜、すこし遅くなってガラスの割れる音がした。そのあとは、わりに静か。その翌日、大学病院の歯科で、下、左、はじから二番目の奥歯の金属をこわしてもらった（会社につとめていたときは、プラチナをかぶせてもらったのだが〈四万円かかった〉、辞めたあと、九〇何年、健康保険でニッケルみたいなものをかぶせてもらったら、とても金粉みたいな雰囲気だった。それをはずして、複合リジンにかえようとしていた）。ドリルですこしずつ壊していた。そのあと、隣の歯の側面とその歯にプラスチックのようなものをつめた。六〇〇元（九〇〇〇円）払った。帰り、「外事処」に寄り、電気が回復したことを伝え、メモを渡した。

その翌日、〝書庫〟を見たら、窓ガラスが割れていた。外出のしたくをして、まず窓の下を見に行くと、ガラスは落ちていない。警備員にメモを見せ、すこし説明した。部屋を見ると言うが、理由は忘れたが、それは断わった。管理事務所にいくと、もう夕方で人がいない。もどると、その窓に面した小さな広場のあたりで、階下の人たちがやって来た。いつもの女性、初めて見る男性（階下に住んでいると言っていた）など。うるさいので、ガラスを割ったと言う。そこで、政府だけが実力を行使できるのだ、と英語で説明したが、ダメ。前回同様、部屋は静かだ、音は聞こえるがどこからか不明、それが大きな音かどうかもわからない、と答えた。一時間くらい、押し問答をした。すこし離れた所に警備員が来ていて、すこし横を向きながら、おそらく様子を見ていたのだろう。客観的な状況もわからないだけでなく、ボキャブラリー（語い）もないので、何と言ってよいのかわからないが、日記には「事件なれしている連中と見うけられる。危険度不明」と書いた。翌日、管理事務所にメモを持っていき説明した。警官が来るので部屋で待っていてくれというので、戻った。その日は誰も来なかった。

## 三月

次の日、事務所で聞くと、忙しいので警官はいつ来られるかわからないとのこと。すこし風が出てきたので、工事用のさくのようなものを窓の下におけないか聞いたら、誰かに聞いてみる、部屋に戻っていてくれ、とのこと。翌日見ると、風が出てきて、サンルームのブラインドはパタンといったり、大きくたわむこれ、とのこと。翌日見ると、風が出てきて、サンルームのブラインドはパタンといったり、大きくたわむことがある。〝書庫〟（六畳半くらいの部屋）の様子を見ると、大きなガラス片が割れてブラインドにささるようにたおれかかっている。ブラインドが風で窓にぶつからないようにするつっかえ棒の役をしている、と判断した。何もいじらず、ただ風圧を下げるため、ブラインドを明るくして、風の通りをよくした。ドアを閉め、下のスキマにやはりチリ紙の束をつめた。サンルームの窓は四分の一だけ開けた。さらに翌日、様子を見るが、割れている窓には変化はなく、つまり、ガラス片は落下したり、はずれてはいない。その翌日、管理事務所に行くと、まもなく警察官が来るとのことで、部屋で待った。夕方、警察官二人と管理事務所の人が来て、心配ない、大丈夫とのこと。翌日、夕方、電気をとめられた。その翌日、管理事務所へ。さらに翌朝、〝書庫〟の壁に張っていた多数の模造紙をはがした。それから、一〇時ごろ管理事務所へ行くと、まもなく行くので部屋で待っていてほしいとのことで、職人と事務所の人が破片をはずし、窓枠を持っていった。床の掃除をしたり、窓のあたりをきれいにしたりしていると、職人がもどってきて、窓枠をはめた。三〇元。破片は持っていってくれた。メモを書き、管理事務所に持っていった。〝修理は完了しました。ガラスにビニールフィルムを貼ってよいか?〟おそらくかまわないのじゃないだろうかとのこと。その前だか、そのあと、隣の建物の部屋で、窓一面に新聞紙を張っている部屋を見た。〝地面におちたガラス片を拾ってよいか?〟かまわないとのこと。引っ越すとしても数ヵ月かかると言うと、一ヵ月で見つかるよ、と言っていた。一階がいいとも言う。返事はしないでおいた。電気はこのとき直してもらった。四元。いつまで続くかわからないとやはり言っていた。

翌日は洗濯。五時間かかったが、三ヵ月ぶり。翌々日は網戸に一〇センチメートルくらいの穴が空いていた。警備員に知らせ、見に来たが、心配ないとのこと。翌日、管理事務所で話をしたが、警察に電話したらよいとのこと。

中旬となり、翌日、あちこちを歩きまわり、警察署と「外事処」にメモを渡した。翌日、本の廃棄を始め、部屋を片付け始めた。午後、ホテルで長期宿泊の割り引きを聞いた。

しかし、衣類、オーバーを捨てたのは失敗だった。二万円で買った綿コートを捨ててしまった。二〇年はたっていなかったが、とにかく痛んでいなかった。

外出が多かったので食べるものがかわった。鳥もも、豚ミミ、かしパン、みかん、ジュース、クラッカー、かじるラーメン、まんじゅうのようなもの、ソーセージなど。

下旬、鳥もも、レバー、店頭にあった木クラゲと玉ネギのサラダなど食べていたら腹をこわしてしまった。

「外事処」でビザを延長した。

網戸を直した。

新しいアパートを見つけて契約したので、その掃除に出かけた。

## 四月

上旬、フード付きのオーバー（化繊の厚いもの）と化繊の薄いジャンパーを捨てた（荷物を減らすため）。これは大失敗だった。

毎日、朝七時か八時に起き、夜、九時か一〇時に休んでいた。食べていたのは、クラッカー、かしパン、アンの入ったかし、ドライフルーツ、かじるラーメン、イチゴジュース、パックの鳥肉、ソーセージ、卵、鳥もも、緑豆のかし、ブタの皮でまいたハム、つけものなど。

家賃二ヵ月分（四、五月分）、一万八〇〇〇円と管理費一年分四五〇〇円を払った。団地内の商店で、カラのダンボール箱を受け取った。大きいのが一〇箱、小さいのが四〇箱。計三七五〇円。百貨店でダウンジャケットの上着を買った。二九〇元（四三五〇円）。植物園の大きな看板（ゲートみたいなもの）が近くにあったが、廃園にでもなったのだろう。見あたらなかった。

もう一枚のオーバーも捨てた（これは大失敗だった）。四〇箱までつめた。

下旬、香港へ。途中、岳陽で一泊。広州へ。念のため、出入国管理事務所へ行き、領事館が開いていることを聞いてから、深圳へ行き、一泊。香港の領事館でビザを取得。深圳と長沙でそれぞれ一泊して帰ってきた。ダンボール箱をさらに一〇箱受け取った。

# 五月

警察署で「住宿登記」。レストランで食事したとき、ビールを飲んでみた。ソーセージの不良品は多い。シールが不完全。

下旬、すこし体調は回復。箱づめをつづける。外出したとき、肉ラーメンときのこと野菜の料理を食べたが、食後の方が調子が良いと感じた。箱づめ、だいたい終了。本を入れた小さい箱が六〇箱、衣類などを入れた大きいものが一五箱。

# 六月

引っ越しの日、最後の箱づめがなかなか終わらず、昼すぎ、引っ越し屋の人たちが来たとき、箱のフタをしめておらず、テープも買い忘れていた。やむを得ず、テープを買ってきてもらった。このとき、洗濯物を干すのに使っていた針金をはずしたが（この時、手伝ってもらった）、これは翌日でもかまわなかった。明け渡しはこの四日後を約束していた。とにかく、箱のふたをして、積み込んで、私もトラックの助手席に乗って、新しいアパートへ。すこし古い建物だが、だいぶ町中（今までのは、町はずれだった）。運び込みをすませ、一六〇元（二四〇〇円）払った。三～四人来ていた。マットレスを拭き（ビニールをはいでなかった）、タオルケットだとか敷布の入った箱を開け、近所できのこ野菜料理とラーメン、それにビールも飲んだ。パンツのみで休んだが、明け方寒くて、箱から、ランニングなどを出している。

## 思い出すことなど

アイスクリームを食べながら歩いて来た小学生の女の子と閑散とした歩道ですれ違う

夏ごろだったと思うが、外出の行き、マンション団地のすぐ前を通っている大通りの歩道を歩いていたら、小学校一～二年くらいの女の子（二～三年だったかもしれない）が、アイスクリームを食べながら歩いてきた。歩道は人もあまり歩いておらず、前からやって来たので、なんとなく視線を向けて眺めて、通り過ぎた。涼しい顔というのだろうか。特に、ウワーおいしいやといった表情ではなかった。

毎夕、犬を呼んでいた女の人

夕方になると、マンション団地の中で毎日のように何かを呼ぶような女の人の大きな声が聞こえていた。ナントカナントカーと声を張りあげていた。かなりたったある日、その声に続いて犬のワンワンという声（おそらく小型犬）が聞こえた。犬を呼んでいたのだろう。

あるウェートレスの女の子

ある日、団地のすぐ外、大通りに面したレストランで食事していたら、ウェートレスの女の子（年齢は見当がつかないが、一五～一六歳か、一七～一八歳だろうか〈二〇一四年三月にこの注を書いているが、一三～一四歳くらいだったかもしれない〉）が、茶わんをもうすこし小さくしたような食器（スープを飲むときのボールだろうか）をいくつか重ねて、大切そうに手でもって、私の横を通るのでチラッと顔を見た。かわいらしい顔で、小犬のような印象を受けた。かっぽう着みたいなものを着ていたかどうかわからないが、食器を大切そうに、おそらく両手でもって歩いていた。食器棚みたいなものが後ろの方にあったのかもしれない。厨房への入口には小部屋があって、ＴＶがついており、コックだろうが、若い青年がどういうわけか苦笑いしているように見えた。ＴＶ番組がつまらなかったのだろうが、私は何か、この時の状況に関連して感ずるものがあって、苦笑いをしているのかなあ、と推測した。

行商人？

団地のまわりの塀は、一ヵ所壊れている所があり、ある日、その先、隣の空地に自転車とか荷車の行商人みたいな人たちがたくさんいた。なお、客は一人もいなかった。

私が購入した木製家具について

家具店の店名は、神がどうのこうのという名前で、今ひとつイメージがわからなかったが、大平原の国で、木材資源が十分ではなかったのかもしれない。ベッドは重く丈夫だったが、すぐ一ヵ所こわれてしまい、ギーギーいうようになった。イスは問題なかったが体を動かすと、ギッということがある。実用上は問題なかった。

ネズミを見た

団地を出て、大通りへ行く途中、歩道のはじ、植込みの横を、ネズミが三匹くらい走って行った。

窓のブラインドについて

サンルームと部屋（居間）の間の窓ではなく、サンルームの外に面した窓にブラインドを取り付けたのは、不十分な判断というべきだろう。そうすれば、テープでブラインドの下の板を窓枠に固定する必要はなく（板の両端にビニールや紙でモコッとしたカンショー材を取り付ける必要もなかった）、さらに、風が吹くたびに窓を閉める必要もなかった。この点については全く気がつかなかった。応急の対応（窓閉め）を始めた時点で、その窓のブラインドをはずして、ガラスに新聞紙とかゴミすて用のビニール袋などを張ってもよかったのだが、これも全く考えなかった。すでに対応したわけで、しかも窓ガラスに紙とかビニールを張るという発想はなかった。日本でそのような窓は見たことがなく、そのころ、向いの建物のある部屋が窓ガラスに一面ずっと新聞紙を貼ったが、そういうものは初めて見たという印象だった。風が吹くたびの心配や窓閉めの苦労はけっして小さいものではなかったが、それがあたらしい行動や別の対応を必要とさせるとの意識は全くなかった。おそらく、私にとって何か必要なものというのは、すごくたくさんあって、あれも必要だ、これも必要だということで頭がいっぱいだったのだろう。つまり、さらに何か別の新しいもの（新しいこと）を必要だと認識することができなかったのかもしれない。

## 偶然？

新しいアパートを探すため、不動産屋に行ったが、たしか片言の英語が通じたと思う。メモに日本語と英語で要件を書き、絵も書いたりしたが、話す内容はきまっているので、意思は通じた。二日目くらいに物件を見つけたと思う。なお、最初の日は、大通り沿いの物件で、不動産屋がまず話をしに行ったので、その時、ここで待っていてください、と言われて、社会科学研究所というような表札が出ている門のところで待っていた。夕方くらいだったと思うが、小学校一～二年あるいは二～三年くらいだろうか、学校帰りの女の子が通って行ったが、私の前を通るとき、チラッと私の方を見て、歩いて行った。私としても、社会科学研究所というような表札が出ている門のよこで立っていることにかすかに違和感はあった。それで、そのようなこまかいことを覚えていたのだろう。もっとも、その翌日かそのころ、イラク戦争が始まったので、それで印象に残ったのかもしれない。なんとなく、直前くらいに学校で注意でもあったのかなと想像した。海外に対する軍隊の大規模な集結ということで、どうしてもわかるのかもしれないが、主な国に対する事前の説明・あいさつといったものがあったのかもしれない。ただし、全て想像だ。

引っ越しの日に掃除の女の子を見た

引っ越した日の直後のころだ。明渡しの日だったかもしれない。団地内の掃除の係の人が来て、ゴミはあるかと聞いていた。私よりもすこし小がらな女の子で、年齢はわからないが、一五～一六歳か一七～一八歳くらいだ。やせているというよりは、中肉中背かすこし肉付きがあるくらいだ。明渡しの日だったら、床を拭いたあとのチリ紙のたばがあるので、そういったものを入れたビニール袋を持っていってもらったかもしれない。記憶によれば、私はドアを背にして立っており、掃除係の女の子はその向い側、つまり部屋の側に立っていた。おそらく、入って来て、室内の様子を見て、その間私はドアを開けた所で動かなかったのだろう。

バスの窓から学校の〝朝礼〟を見た

外出したとき、バスで町一番の目抜き通りの手前くらい（つまりまだ繁華街ではなかった）をバスが走っていたら、学校があり、女子高生くらいの女の子がたくさん校庭に並んでいた。私は窓の横に座っており、なんとなく見えたが、社内のおばさんたち（中年くらいだったか〈この注は二〇一四年に追加した〉。私はバスのまん中くらいに座っていて、前の方、運転席の後ろくらいに、おばさん二人が立っていて、バスが学校の前を通るとき、少しはしゃいだような、楽しそうな感じでそとを見ていた）も身を乗り出すわけではないが、眺めていた。つられたわけではないが、私もすこし熱心にながめたが、一人美人というのか印象に残った女の子が目に入った。どういうわけか皆けっこう間隔をおいて立っている。皆、トレーナーを着ていた。さて、その女の子は、そのころの私の感覚としては、何となく変な表情に見えた。つまり、さあ、ラジオ体操だとか、〝朝礼〟でお話を聞くんだとか、毎日、楽しいなとか、あるいは疲れたなあとか、眠いなあとか、いつもつまらない話が多いなあとか、そういった雰囲気の表情ではなかったと思う。しいて言えば、意外なものを見聞きする、すこしアレッという表情だったかもしれないが、私は中学・高校が男子校で六年間、その年齢の女の子の表情を見ていないので、雰囲気みたいなものは全くわからない。それに走行中（通りはすいていた。目測などはきかないのだが、時速四〇キロメートルくらいだったろうか）のバスの窓からスーと眺めただけだ。しかも、一人の表情に注目してしまったので、全体の様子をサーとなんとなく眺めるということはなかった。すでにわからないことがたくさんあったので、一〇〇が一〇一に、あるいは一〇〇が一〇〇一に変わったようなものだった。決して、五が六に変わったのではなかった。

イーグルスの「ホテルカリフォルニア」

ＶＤＲを百貨店で買ったとき、受け取るまで売場ですこし待っていた。テレビがたくさんあり、一台、イーグルスだったか、「ホテルカリフォルニア」を、バンドで演奏して歌っていた。シブイなあと、私はすこし感心した。

遠くの放送局から聞こえてきた雑音まじりのタンホイザー行進曲

ある日（夏のころだったが）、ラジオの中波でいろんな音楽を聴いていたら、タンホイザー行進曲をやっていた。小学校か中学校のころだったろうか、音楽の教科書に出ており、授業で歌ったこともあったと思う。シブイ良い曲だった。さて、ラジオの方は、どこか遠い局で放送しているらしく、雑音まじりで、ガーだかピーだか、音質はよくなかったが、一種のおもむきがあり、こういうのも悪くないと感じた。つまり自分たちで（音楽の授業で、という意味）歌うのも良いかもしれないが、どこか遠くの放送局から雑音まじりで聴こえてくるメロディー・音楽を聴かせてもらうのも悪くはないなという感覚である。テープに録音したので、思い出しては、しばらくの間、何度か、繰り返して聴いてみた。

？

このマンション団地に住んでいた後半は、住民とのトラブルで大変だったが、管理事務所には何度も出かけた。ある時、建物の横をすこし離れた所で歩いていたら（つまり、別の所に行った帰り道、よく通っていたそのあたりを、歩いていたんだろう）、事務員だろうが、若い女の子が二人、二階の窓の外に出て、つまり身を乗り出すのではなく、窓枠につかまって、窓ガラスの外をみがいていた。片手で窓枠をつかみ、片手でみがいていた。体の前に窓ガラスがあった。このことについては後述する（第三編）。

観光写真

いつごろだったかおぼえていないが、新聞を見たら、たしか韓国のソウルの大道芸の写真が出ていた。サルが眼鏡をかけていたが、その眼鏡の形のせいだろう。そのころの国家主席の顔に似ていると感じた。観光客が、撮った写真を帰国後、新聞社に持っていったのだろう。

転載記事
いつだがおぼえてないが、新聞に、英国の天文学者によると、隕石が香港に落ちると、広州まで被害がおよぶという記事があった。隕石の大きさが問題だが、それをはぶいて転載していたようだった。

翌日、九時に起き、大きい箱のふたを全て開けて、常夜灯を取り出したり。机やイスを拭き、トイレをすこし掃除した。水が天井から漏れていた。ポタン、ポタン。床は引っ越す前、何度か来て拭いていた。窓は南側の〝倉庫〟にした部屋の窓（カーテンは閉めた）と、書斉のテラスに面した窓を開けた。ある日の夕方、風が吹いたので、すぐ窓を閉めたが、これは必要なかった。習慣みたいなものだろう。まもなく、雷鳴が聞こえた。台所に換気扇があったので、朝起きたあと、三〇分換気するようにした。窓をどうしたか覚えていないが、開けたのだろう。たしか、このアパートだったと思うが、サッシの窓枠の下のコンクリートにだいぶスキ間があった。

近くの警察署で「住宿登記」。

今までのアパートに行き、床を拭いたりすこし掃除。台所の流し（これは入居中、使わなかった）に、一〇センチメートルくらいのトカゲの死体があった。トイレに流した。夕方、家主の女性が来たので、鍵を返し、預り金二三〇〇元（三万四五〇〇円）を受け取った。外で別れ、管理事務所であいさつして、団地を出た。新しいアパートに戻る途中、レストラン（食堂）で、木くらげと肉の炒め物、キュウリの油炒め、ラーメン、を食べ、それにアオク（正確な発音はわからない）というビールを飲んだ。軽いビールなのだが、体質にあわないのかもしれない。なんとなく腹にひびいた。そこで、バス停のあたりの店で、紅茶を一本買い（四五円）、飲んだら、気分が変わった（腹の感覚が通常に戻った）。

翌日は、朝九時に起き、窓を開けたりしたが、昼前、若い女性が来た。この部屋の持主らしい。契約したのは、ある運送会社だったが、そこに勤めているらしい。僕が契約した女性の Tel No を教えたが、通じないらしい。仲介した不動産屋を知らせた。

中旬、つまり人が来た翌々日、夜、若い女性と男性が二人来た。男性の一人はすこし日本語を話した。なんでも、僕が契約した業者は金を持って消えてしまったそうだ。若い女性が部屋の持主（使用権？）らしい。社宅とも言っていた。明日、返事すると答えた。翌朝、七時に起き（そのころ起きることが多かった）、八時四五分に外出して、近くでおかゆを食べ、電話してから、仲介してくれた不動産屋に出かけた。九月まで住めると言っていた（あちこちに電話をかけていたかもしれないが、もう思い出せない）。外に出て、きのこ野菜の料理といためためんを食べ、警察署に行った（「住宿登記」は済ませていたので、なぜ行ったのかわからない）。話をしていたら、結局、家主の女性が来て、九月終わりまで住んでいてよい、そのあと、明け渡すように、とのことだった。

ある日、近くの不動産屋を探した。通りを一～二時間（？）歩くと、五軒くらい看板が出ていた。洗濯をしたら、六～七時間かかったが、台所にタイル張りの棚のような台（テーブル）が、壁にそってあったので、そんなに疲れなかった。書斎に続いているサンルームの窓を閉め、そこに干した。開けている窓をひと部屋にすると、風はあまり吹き込まない。

下旬、「外事処」でビザを一ヵ月延長した。帰り、すこし散歩。が、すごく暑い。近くまで戻ったあと、ニンニク野菜と揚げパン、それにやはりビールを飲んでみた。

部屋での食事は、ご飯を炊いてしょう油をかけてみたり、豚の皮をまいたハムとか。一五〇〇円で革靴を買った。「住宿登記」。駅の近くに衣料品街があり、バスで行った。二二五円で夏ズボンを買った。すそも直してもらった。産地直送みたいなトラックが来ていたので、スイカを買った。マントウは、翌々日にカビが出ていた。暑い。パンツのみ。読書していたら頭痛があった。その日、夕方から大雨。

# 七月

上旬、上海へ旅行して、地下鉄で繁華街へ行き、貴金属店で聞きながら、金の地金を買い取る店をさがし、そこで売った。来る前、東京で念のために金の延べ板（地金）を買っていたのだ。お金は銀行に持っていき、鄭州の僕の口座に送った。

中旬、ドライフルーツを一口食べたら、舌がすこし痛み、むくんだ（？）ような感じ。食後、横になることはあるが、このときは、眠ったら、胸がドキドキして目が覚めた。

電気スタンドを買ったり、バスルームの天井からポタンポタンと水漏れがあったり、バシャンという大きな音がして、バスルームの天井の照明のガラスフードがたまった水の重みで落ちたり、台所の壁のタイルのすき間から水が漏れ、床を濡らしていたり、北風（？）の突風が夜中吹いて、換気扇がゴーといい、まもなく、雨がバラバラと降って大雨となり、三〇分くらい、雷と突風と大雨だったり、外食では、きのこ野菜と白菜の羊肉ギョーザをよく食べていたり。

香港へ。駅前の店で靴ひもを一本一〇元（一五〇円）で買った。昼の列車で岳陽へ。一三二〇円。ずっと立っていた。夜、着いた。まず、切符を買いそれからホテルへ。翌日は特急で広州東へ。一一六元。さらに深圳へ。この列車は七〇元。香港へ。フンホン駅構内の中国旅行社で聞くと、Fビザというのはビジネス用。そこで、Lビザ（三ヵ月）を頼んだ。駅構内の売店を見て、食事をして、地下鉄で繁華街に行き、本屋を見たり。夕方、ビザを受け取り、電車で中国側へ。税関を通って、深圳に戻り、食事をしてから、列車で広州へ。このころ利用しているホテルは三七五〇円くらいが多かった。あとは、長沙に一泊して、鄭州へ。立っていることが多かった。夜、着いたが、どういうわけか、レバースープとご飯は食べたが、きのこ野菜はあまり食べることができなかった。

読書、テレビ、VCDの毎日。朝起きると、指のツメには頭皮のあぶらとか目ヤニがつまっていることがよくある。汚れた本を、ノートを取りながら見ていたら、手の甲とか腕の内側が、右も左も赤くなってしまった。石けんで洗ったら、色は消えた。翌日も色が出たが、エアコンを作動させ、冷風にあたっていたら、まもなく色は消えた。入居したはじめのころ、コントローラーのボタンを押したが作動しなかった。気温が低いと作動しないのかもしれない。腕の皮膚はザラザラになってしまった。なお、エアコンを最初作動させたとき、しばらく換気扇を動かしていた。

# 八月

夜はエアコンをとめ、換気扇をずっと作動させた。まくらのまわりに、かたまった平たい目ヤニがたくさん落ちているので、ひろった。ある日の予報は一九℃～二六℃。「住宿登記」。

ある日、レコード店で、棚の上の幽霊のVCDを取ろうとして、背のびしたら、背後より、靴に微粒子を照射されたと感じた。帰ってから調べると、トルエン？　の臭いがして、硅素の雰囲気。チリ紙でよく拭いた。それ以前から汚れていて、その時、気がついたのかもしれない。二〇日ぶりに、バスルームの天井の水モレが乾いた。水滴が背中にかかったような気がしたときは、着がえて、髪もよく拭いていた。

通訳をつれて、不動産屋へ。新しいアパートを見て、契約した。七五〇〇円置いてきた。領収書と鍵は一週間後に受け取ることに。仲介料は二二五〇円。通訳代は一日分ということで三〇〇〇円。帰り、小雨にあったので、アパートに戻って、エアコンにあたり、乾かした。再度、外出して、今の家主に電話をかけ、スーパーで買い物。夜、家主が来たので、引っ越しのことなどを説明。

ある日の予報は、最高気温が三四℃。そのころ、エアコンの水が一晩に一〇リットルくらい出た。サンルームの床にポリタンクがあり、そこにためていた。

ある日、片側の耳がほとんど聴こえなくなった。かすかに痛い。翌日、午後病院の耳鼻科へ。耳かすだった。最後は水を流し込んで、洗い出した。はっきり聴こえるようになった。

不動産屋へ行き、三万円渡した。預り金が一万五〇〇〇円、三ヵ月分の家賃が二万二五〇〇円。鍵を受け取った。帰ったあと、鍵を石けんで洗った。

ある日、予報は二二〜一六℃だったが、夜中ものすごく寒くなり、毛布を出してかけた。食事のとき、ソーセージがいたんでいるのか、なめる気がせず、香りをかいでいたら、一時間たってしまった。予報では二二〜一二℃。着ているものの汚れに気がついた（上着）。きれいなもので厚着をしたら、それまでは歩くのも疲れたような感じだったのに良くなった。

# 九月

ある日、新しいアパートの床を掃除した。念のため、水に濡らしたチリ紙で拭いて、石けん水をつけたチリ紙で拭いて、水に濡らして、チリ紙で拭いて、塩水に濡らして、チリ紙で拭いて、水に濡らしたチリ紙で拭いた。木のはめ込み式の床の部屋があった。最初、収斂性かと感じたが、硅素＋収斂性か。ある日、捨てる本の一部のページをはずした。ＡＢＣによる手話の方法、地上から空へ信号を送る方法（記号のこと）、旗による海上信号、モールス信号、手旗信号など。本自体は軽い、雑学のようなものだった。全くの、念のために、というにすぎない。

中旬、新しいアパートの全ての窓にテープを貼った。防犯用の鉄格子はあるが、鍵は一つも付いていない。

引っ越しした。最後の箱づめが終わったあと、夕方、運送店へ行き、トラックで一緒に来た。積み込んで、出かけ、七時か八時ごろ到着。二時ごろ休んだ。

思い出すことなど

歩道で見かけた制服のウェートレスさん数人
レストランが何軒かある通りを歩いていたら、いったん部屋にでも戻るのだろう。制服みたいなものを着たウェートレスが数人歩いていた。その店には行ったことはなかったと思う。ユニフォームの絵は、私には、大きな食器の絵かデザインに見えた。

下旬のある日、以前のアパートに戻り、いそいで室内を掃除した。家主の女性が来たので、鍵を返した。新しいアパートでは、ベランダのおそらく洗濯物を干す針金に、ブラインドを二つさげた。念のため、ひもでブラインドの下をある程度固定した。窓枠とひもで結んだり、居間とサンルームの間の窓との間をひもで結んだり。家具を拭いたり。近くに空調や配管を扱う電気店があり、換気扇を取り換えてもらった（たしか壊れていたので）。蛇口も調子が悪かったので、三つ換えてもらった。排水のつまりも直してもらった。たしか、二八〇元（四二〇〇円）。居間には台所との間に明り取りの窓があり、そこにブラインドを一つ下げた。あと、居間とサンルームの間の窓に。さらに、寝室と書斎の窓にもブラインドをつけた（この窓は開けなかった）。このとき釘を金づちで打ち込んだ。壁の中はコンセント用の電線が通っているが、そのあたりなら大丈夫だろうと思ったからだ。すでに、いくつか釘は壁に打ち込まれていた。台所の窓と居間の残りの窓には、青いビニールを目かくしとして貼った。けっこう疲れ、全てが大変。一〇センチメートルくらいのトカゲがいた。

## 一〇月

ある日、一〇℃くらい、寒い。あちこちで水モレ。換気扇を動かして、バスルームだったか殺虫剤をまき、サンルームのあたりにイスをおいて居眠り。ひどかったベッドのきしみが直った。鼻をかんだら鼻血。電球を取り換えた。電球に使っている半田の性質が今までのものとは違うような気がした。背中がちょっとかゆかった。「住宿登記」。駅前の衣料品街で冬用のズボンを買った。五二五円。机の上に五センチメートルくらいの灰色のトカゲがいた。テーブル・机・イスを毎日拭き始めた。衣類や本を入れたビニール袋は、夜は口をしばることにした。近くのレストランで食事したら、トイレから出て、となりのテーブルに座った人が、濡れた指をピンとはじくので、水滴が手の甲にあたった。サラリーマン風の人間。読書の毎日。

## 一一月

汚れのひどい本はサンルーム近くで見ていた。パンツの中にチリ紙を入れた。ダウンジャケットのえりを電気掃除機でよく掃除した。セーターにも電気掃除機をかけた。水モレなどの修理。四五〇円。家主来宅、三ヵ月分の家賃二万二五〇〇円を払った。部屋に備えつけの洗濯機があるので使った。香港へ。帰りの列車で、液晶テレビの映画を見た。箱を開けるとふたがTV。二時間で一五〇円。帰ってきた日、駅横のレストランで食事したが、きのこは食べられなかった。スチームがアパートに入り、ラジエーターが熱く、部屋が暖かい。

## 二月

背中がかゆいので、病院の皮膚科へ行った。ブツブツがたくさんあり、デコボコ。薬を三種類もらった。数日で治った。

# 二〇〇四年

## 一月

しいたけを買ってきて、塩、コショーで煮た。鼻の下にひげをはやしていたが、そった。読書の毎日。換気扇を動かしているので、汚れた本を読んでいた。ある日、桂花《クイファー》のハチミツをマントウにかけて食べたら、背中がかゆくなり、頭痛みたいなものがあったので、CDで良い音楽をしばらく聴いていた。ある日、夜、休むとき、足の指がつってしまった。「住宿登記」。鼻をかんだら、ほんとの鼻血。焼肉を食べたとき、その脂身を背中にぬった。

## 二月

薬局で買ってきたワセリン（軟膏用基剤）を背中にぬった。流しの排水口がつまったので、針金でつついて直した。家賃を払った。四ヵ月分の暖房費が一万五〇〇〇円。香港へ。長沙では切符が買えず、二泊した。

# 三月

インスタントラーメンのあまった調味料を台所の流しに捨てたら、なぜか背が高くなったような気がした。その数日後、うっかりして、黒砂糖のかたまりをやはり流しに落としたら、逆に低くなったように感じた。足のひざが重い。換気扇が動かない。うがいをしたら、タンに血がまじっていた。香港へ。

# 四月

外事処でビザを一ヵ月延長。

下旬、この前行った不動産屋で二件見て、新しいアパートをきめた。契約（一年契約）をして、六ヵ月分の家賃（五月一日～一〇月三一日）、七〇〇元／月×六＝四二〇〇元＋一五〇元（仲介料）を払った。繁華街。再度、見に戻った。家主の家族の人（祖母？　若かったが）と一緒に歩いた。商店街の配管や空調を扱っている電気店で話をしていた。職人をつれて行き、台所の窓に換気扇を取り付けてくれるらしい。途中で用がありますので、というようなことを言って、おばさんは帰っていった。工事を見ていると、上げ下げできる窓の上に取り付けるようだが、窓を開けたあと、残りの部分をどうするのかわからなかった。言葉ができないので職人に聞くわけにもいかない。窓ガラスを半分切って取り付けるとすれば大ごとだ。そこで、換気扇はいりません、と片言の中国語で言って、終わらせた。

レストランで、麵とニンニク料理。「住宿登記」。

# 五月

中旬、香港へ。下旬、ＶＣＤや読書の毎日。背中と腹の炎症がひどい。いろいろ薬をぬっている。

# 六月

中旬、ブラインドを大部分はずし、荷物を動かして床掃除、箱のテープ貼り。引っ越しの予定の日、電気掃除機をかけようとしたら、ホースの柄がない。窓を閉め、タクシーで新しいアパートへ。柄はあったが、電気・水道が止まっている。家主に電話。タクシーで運送店へ行き、その日の引っ越しを中止。食事をしたあと、夜九時、新しいアパートで家主を待ち、来てくれたので、管理人と話をしていた。不払いが原因だった。翌日、再度、新しいアパートに行き、水道はＯＫだったので、あと電気を再開してもらう。さらに、翌日、今、住んでいるアパートの全ての窓を開け、電気掃除機で掃除。が、寝室には硅素のようなものを吹き込まれた（打ち込まれた）。夜、再度、掃除。その翌日、最後の梱包をすませ、夜九時、タクシーで運送店へ行き（前回依頼した店）、トラックで戻り、積み込み。そして、新しいアパートへ。夜一二時運び込み終了。三〇〇〇円払った。ベッドをすえ、掃除をして、すこし箱を開け、明け方、日記によると五時ごろ休んだ。記憶では明け方四時、横になったんだとずっと覚えていたので、すぐには眠れなかったのだろう。

思い出すことなど

偶然だろうが

偶然だろうが、守衛所のおばさんの顔は、新書に出ていた御婦人の顔に似ていた。ただし、これは記憶にもとづくもので、本を見て確かめてはいない。そのような気力・意欲はない。仮に、そっくりだったとしても、そんなことに何の意味があるだろう。私にとって何の利益があるだろう。へたをすれば、話題にするだけで、わざわいをまねくかもしれない。

段に並べていたいくつもの植木鉢

何の店だったが覚えていないが、すこし行った所で店の前に数段ステップがある店があり、そこに植木鉢を並べていた。たしか、同じ物でそろえていたので、印象に残ったのだと思う。
理由がわからなかったが、店内の客が私の表情にでも調子をあわせていたのだろうか
このころは、レストランでよく木くらげのサラダを食べていたが、何となく店内がアハハと上品ににぎやかだった（二〇一四年三月に追記するが、アハハという笑い声は上品なだけでなく、軽い音量だった。食事中わりあいよく聞こえていた。その店には何度も行っていたが、聞こえていたのは一度だけだったように思うが、記憶はとくに無い。奥に細長い店内でどのテーブルの人だったか、それはわからない。なおウェイターの青年がかすかに変な顔をしていたが、その人の顔はある人間の顔に少し似ていて、さらに、そのころ、表通りの電柱に映画のポスターがかざってあったが、その映画に出てくる秦の始皇帝は、その顔に少し似ていた。電柱に取り付けられたポスターは珍しかった）。

翌日はタクシーで以前のアパートに行き、家主に電話。残金三五〇元を受け取り、鍵を返した。バスで帰った。その前日、ビザを延長するため公安局に行っていた。数日後、受領。一六〇元。中旬、百貨店（歩いて二〇分）で小型の洗濯機を買った。一万五〇〇〇円。自転車の荷台につんで運んでくれた。店員が二人。運搬、据え付けの手伝いはむろんしていない。バスルームの蛇口を二つ取り換えてもらった。一五〇〇円。部屋に業務用の大きいエアコンがあったので、つけてみた。窓には青いビニールを貼った。ゴミ捨て用の袋。「住宿登記」。百貨店で扇風機を一八〇〇円で買った。
スイカは何度か食べていたが、日があたっていない下側、つまり白い所が硅素のように汚れているものが

あり、いつも、二つに切って食べていたが、その部分がある二分の一個は、よくばって最後まで食べていたら、ひたいが重いような変な感じになった。一時間くらい横になって休んだ。

# 七月

上旬、少し散歩して、バスで帰ってきた。サンルームは南北に二つある。エアコンに温度表示が出るのだが、暑いときは三二℃。夜、風が吹き出し、雷鳴も。気温は五℃くらい下がった。中旬、香港へ。一ヵ月のビザを取得。下旬、修理（エアコンがブッンといって止まってしまったので）。そのとき、ふたを開けていたヒューズボックスから、とけて赤熱したヒューズが一〇センチメートルくらい前方にとび出して落ちていった。離れた所で見ていた。

ただ、こまかい微粒子はわからない。私はこのときちょっと驚いて、アッと言ってしまったが、何も言わず、口を開けない方がよかっただろう。特にどこを見ていたというわけではなかったが、広い居間のまん中よりも少し反対側で、修理の様子を見つつ、ヒューズボックスが開けられているということも意識しつつ全体の様子を眺めていた（なお、だいぶあとでわかったが、エアコン用のヒューズボックスはアンペアが不足していたので、取り換えた）。

# 八月

レストランでは、梅菜コーロー（脂身の野菜料理）というのをよく食べている。気温は二九℃くらいまでが多かったが、ある日、三一～三二℃で、落雷。公安局でビザの延長。

# 九月

日記に、「出がけに、七～八月分の電気・水道代を払う」という文章があり、管理人室で払っていたようだ。香港へ。日系のデパート（スーパー？）があったので、調味料を買った。車内ではポータブル液晶テレビ。DVD。買ってきた練りニンニクを食べたが、味があわず、捨てた。電気がまが壊れたが、修理店（直営）が遠いので捨てた。が、各種の家電製品を修理する店はたくさんあった。近所にもあった。

新しい電気がまを買った。しかし、掃除していて（洗っていて）、気がついた。内がまのテフロンにけっこう強い硅素がまじっている。収斂性のようにも感じられたのは、血栓がバラバラと落下して血のめぐりが悪くなっただけのことで、実際には金粉型なのかもしれない。別の電気がまを買った。二二一元（三三一五円）。

透明な何かの粒子を目に打ち込まれることが何度かあった。最初の、町はずれのマンション団地では団地内を歩いていたら、中年の二人づれと道ですれちがったとき、三メートルくらいの距離はあったと思うが、左目に硅素風の目には見えない微粒子が飛んで来たと感じた。ここでは、風が吹いているとき、歩道を前から歩いてきた青年が私の横を通るとき、白い見えるか見えないかくらいの粒が飛んで来て、眼の中にも入った。今回は、横からバラバラとあたり、眼鏡の裏にも多数あたった。ホースの水で顔を洗ったりした。レンズには透明なガラスかプラスチックの粒子（一ミリメートル×〇・五ミリメートル）がいくつかついていた。

## 一〇月

「外事処」でビザの延長手続。家主来宅。家賃四二〇〇元を払った（半年分で六万三〇〇〇円）。蛍光灯を買ったのだが、ヒビが入っていたので、取り換えてもらった。某メーカーの蛍光管で、端子の先端にメッキのように半田がついている。机の上には電気スタンドが二つ。

## 一一月

電気・水道代を二ヵ月分払った。一五〇〇円。背中に最後のワセリンをぬった。ずいぶん大きな容器だった。二〇℃くらいあった気温は、一五℃、さらに一二℃まで低下。繁華街のアパートで建て込んでいるので、風が吹かない。そこで、扇風機を使って、サンルームへ風が流れるようにしていたが、寒いのでヤメ。風邪をひき、五日、寝込んだ。〝フトン〟をかけていても、ふるえた。〝フトン〟というのは、毛布カバーの中に、タオルケットだとか、洗いやすいように半分に切った毛布とか、フトンカバーなどをつめたものである。重いので、これ以上はかけられない。最初のアパートでは、昼、室内で着ていたオーバーを〝フトン〟の上にかけていた。実はオーバーを探したが売ってなかった。土地の人たちは、行商人から買っているのかもしれない。

## 一二月

ハンドクリームを買って、背中にぬってみた。机の上の電気スタンドのスイッチを入れたら、部屋中の電気が切れてしまった。管理人にヒューズを直してもらった。しいたけとニンニクを煮て、ビニール袋に入れ、少しずつ食べた。糸がとれたので、冬ズボンのすそを縫い直し、ポケットのボタン二つもつけてみた。三時間かかった。下旬、八～九℃、すごく寒い。衣類を取り出した。次の日、雪、七℃。寒いので便秘ぎみ。「数日ぶりにトイレ」という記載があった。痔になった。起きるのは昼ごろ。スイッチを入れたら、トイレの電球が切れた。粉ミルクはいつも少しずつ飲んでいる。

# 二〇〇五年

## 一月

北京では八百屋を見かけたことがあったが、四番目のこのアパートの近くには、裏通りに何軒もあった。さらに後、別の所で、やはり裏通りとかマーケットの中で八百屋を見つけた。

上旬のある日、一〇時三〇分に起きた。快晴、六℃。ニンジンを洗って（たしか、そのころから石けんで洗っていたと思う）、外側を切ってすて、大き目に切り、玉ネギを入れて、一二時に電気がまのスイッチを入れた。一二時三〇分から、かんづめの脂身とかピーナツ、ジュース、しいたけとニンニクを食べ、すこし野菜を食べたあと、乾燥させたトウモロコシ（どんな商品だったかもう思い出せない。オートミールみたいな、パックに入った食品だったのじゃないかと思う）を入れ、再度にている。その後、トウモロコシのかゆを食べ、二時四五分に食べ終えている。風邪はひいていないが、寒いので、〝フトン〟に「もぐって」三日くらい、一日じゅう横になっていた。やはり食事はしているが、一食の日があった。

気温は八℃に上昇。ツメを切ったり、すこし掃除したり。電球がよく切れる。水電費八五元を払った。のりとか野菜果物ジュースも摂っている。香港へ。広州ではいつもとは別のホテルに。「中央系統」の通風がないので、ときどきバスルームの換気扇を動かした。

下旬、九℃。窓は夜二センチメートル開け、昼は一〇センチメートル。もも引きに冬パジャマズボンを二枚はき、ランニングを六枚、長そでを一枚、冬パジャマを一枚、セーターを一枚、トレンチコート、綿のガウンを着ていてちょうどよかった。揚げ物屋で買ったレバーとか鳥ももをよく食べていた。にんにく一〇個（球根のかたまり）の薄皮をはぐのに四時間（石けんで洗いながら）、ゆでるのに一時間。この日は、昼一二時ごろから、食べ終えた夜九時半まで、ずっと台所で立っていた。ニンニクを食べたら、かすかに胃が痛いのが治った。

## 二月

寒いので、〝フトン〟をかけて横になっていることが多く、中国の小学生用の国語辞典を見ていた。

中旬、一〇センチメートル開けていた窓を、三〇センチメートルにした。「外事処」でビザの延長。

下旬、九℃から一〇℃へ。やはり、ヒューズが切れる。はずれかかっていたようで、管理人がドライバーでヒューズボックスを軽くトントンとたたくと直った。

# 三月

水電費一六五〇円。トイレの電球を取り換えた。厚着しているので、横になっていても、起きていても寒くない。外は風が強く、ホコリがうずを巻いているのを見た。室内にいて、風の音を聞いたこともあった。外を歩いているとき、ズボンがすこし下がり、すそをふんでしまった。こういうときは、すぐ、すそをはたかないといけない。旧正月のころだったが、〃フトン〃の中で、足の裏がとても痛かった。爆竹の火薬に金粉か硅素のようなものが混ぜてあるのだろう。なお、保温とかこういったこと以外に、カロリーが大切であると認識したので、黒砂糖と粉ミルクを水にとかすと味もよいので、よく飲んだ。しばらく前、足の指（薬指？）の先端が急にすこしねじれて、向きを変えてしまった。〃フトン〃の重みのせいかもしれない。一三～一四℃。鼻をかむと少し血がまじるが、読書を再開。

朝、天然ガスの検針。ガスは使っていない。電気がまのみ。瞬間湯わかし機もあったが、それも使わなかった。たしか、暖房用のラジエーターがあり、配管がつながっていたが、めんどうなので使わなかった。空気をきちんと入れ替えても、お湯による効果は大きかったかもしれない。入居したとき、家主のおばさんが換気扇を取り付けてくれようとしたが、あれはガスを使用した場合への配慮だったのかもしれない。

ある日、歯をみがいたとき、ホーローのコップを使用してみた。ＶＣＤを開いていたら（あまりよい音ではなかった）、かすかに頭の片側で、ツーとするようなかすかな痛みがあり、それは移動したと感じた。何かがはずれて、血管内を移動したのだろうか。一四～一五℃。

三八元のひげそりを買った。中旬、夜眠れず、昼ごろ起きたので、旅行を一日延期。夕方外出して、駅で切符を買い、駅前のホテルに泊った。三九〇〇円。切符は九〇何元むだにした。北京の日本領事館でパスポートのページを四〇ページくらいふやしてもらった。一九〇元くらい。朝、帰ってきたが、部屋に入ると、暖かいと感じた。が、クーラーについている温度表示（ＯＦＦのときも室温を表示していた）は一〇℃だった。レストランでニンニクの肉料理と涼麵というのを食べた。ものすごくたくさんのニンニクが入っていた。麵はラージャオで、コショーかからしの味が強烈だった。南側の窓をいっぱい開け（網戸はついている）、北側は三〇センチメートル。

中旬のある日、つまりコショー味が強烈な「涼判麵」というのを食べた翌日だったが、日記の中でいろいろとコンディションについて検討していた。その検討項目の一つは、新しく買ったひげそりについてであった。まず、ふた／網を洗ったとき強い汚れを感じた。次に、最初にバスルームでひげをそったあと、もう一度そこへ歩いて行ったとき、皮靴の中の足の裏が急にサラサラスベスベした。それから、シェーバー（ひげそり）のふた／網の外周は金色のペイントだった（前年九月、電気がまを買い直したが、最初のものは内がまの内側がたしか金色だった）。以上である。

下旬、外出するので、シェーバー（ふちが金色のシェーバー）でひげをそったら、あごのあたりの皮膚ですこし痛いところがあった。チリ紙を濡らして顔を拭いたとき、唇を拭くと口の中に味がすこし拡がり、すこし変な、よくない感じがした。石けんで口や鼻のあたりを洗った（この日の朝は、タンをはいたら、「まっ赤だった」と翌々日の日記で述べている）。その日、百貨店で、三三元のシェーバーを買った、翌日、新しいシェーバーをよく拭き、はずせるものは洗った。基本は基礎体力の不足だろう。このころ、顔だか指で自然に出血したこともあったようだ。そのようなことがあったりしたので、金色にふちどりしたシェーバーでひげをそった時、皮膚で痛い所があったとか、どうのこうのということが意識に残ったのだと思う。

# 四月

金色のふちどりの悪魔のようなシェーバーは、ビニール袋に入れて、ふんでつぶしてから、ゴミとして捨てた。誰かが持って行ってしまうといけないので。

このころ、すこし背のびしたとき、足のアキレス腱あたりで、ブチッというようないやな音がした。痛みはなかったが、変な感じがした。その次の日くらい、こんどは反対側の足のやはりアキレス腱あたりで、バリッというすごい音がしたが、異常みたいなものはなかった。座っていて、ちょっと足を組んでみて、すぐ戻したとき、ポカッというのか、ポコッというのか、大きな、おそらく骨の音がした。クシャミはよく出ていた。

いつ買ったか忘れてしまったが、「大明王朝」という光ディスクを、このころ、再度あるいは再々度見ていた。四〇枚一セット。五〇〇〇円くらい。なお、これは土木堡の変についての時代劇で、続編があるが、それは見ていない。扇風機二台をつかって、換気を始めた。

家主来宅。さらに一年間の契約をして、半年分（五月〜一〇月）四二〇〇元（六万三〇〇〇円）払った。ガスの料金は百何元渡し、支払いを依頼した。

下旬、二三〜二四℃。ある日、二六〜二八℃。このころ、日記には「本。」という記述が多かった。しかし、月末には、「あついので本があまりよめなかった。」とある。

このころだったと思うが、もう少し前だったかもしれないが、町を歩いていたら、タイヤのホイールが金色の車が走っていた。裏通りだ。歩いていたら、たしか、もう一度、その車を見かけ、そのあたりで、昔、会社に勤めていたとき、営業技術課みたいな課にいた先輩の顔に似ている人を見かけた。

## 五月

上旬、ホーローのコップに一時間くらいつけていた海草を食べたら、舌の先がヒリッというような、あるいはテラッとしたような感じになった。

香港へ。管理事務所で水道代を払った。

## 六月

上旬、朝、耳に小さな虫が入ったらしく、ビーンとかコゾッという音がする。ハンドクリームを中にぬった。ある日、大家の代理人（祖母？）が来たので、一緒に銀行へ行き、電気代支払いのための通帳を作った。三〇℃前後の毎日。

「外事処」でビザ延長。三二℃へ。さらに三三℃へ。ある日、エアコンを作動させた。一時間後、サンルームのドアを閉めた。三三℃→二六℃へ。翌日、気温は低下。しかし夕方、三一℃へ。

ある日、朝七時にエアコンをONにしたら、パンという音がした。エアコン専用のヒューズボックスを見ると、ふたのすき間から、赤い点のような明りが見えた。OFFにしたら、明りは消えた。

# 七月

私の体験では、ホテルでは、他の部屋からテレビの音はあまり聞こえてこない。音を消して画面のみ見ていた。

広州から長沙へ。一泊。現金はいつもそんなにたくさんは持っていなかったので、銀行へ行ったが、鄭州の支店での通帳なので、湖南省の支店では使用できなかった。とにかく暑い。日中は四〇℃くらい。玉ネギの肉いためとご飯をよく食べていた。

下旬のある日、近所の家電修理店の人をつれてきて、ヒューズボックスを修理してもらった。エアコン(業務用の大型)を作動させると、ヒューズボックスから火花が落ちるが、断にはならない。ヒューズボックスが一六アンペアでエアコンが三〇アンペアらしい。取り換えてもらった。作業中、ヒューズの糸が折れてしまったので、一本は銅線で代用していた。これは後日、ヒューズに取り換えた。ブレーカーは切って作業してもらった。四〇元（六〇〇円）。

## 八月

「外事処」でビザの延長。暑いので、ジンマシンが出ることがある。三三℃。三〇℃でずいぶん消えた。

「住宿登記」。

## 九月

旅行の出発が遅れ、切符は買い直した。香港へ。

旅行中はかん入りのココナッツジュースを一回に四分の一くらい飲んでいたが、帰ったあと、部屋で一回に二分の一くらい飲んだ。

## 一〇月

郵便局から実家に国際電話。財産の話。

ある日、警察官が来宅。一人で住んでいること、滞在の目的（ビザは観光ビザ。留学とかビジネスではない。物価が安いので来て住んでいるだけだが、このことについては第一編第4章第2節で注意を述べた。いわば、生活を継続するのが目的だが、観光ビザでかまわないのかそこまではわからない）などについて説明。本がたくさんあるがという質問には（日本からフェリーで来たとき、ダンボール箱で四〇箱持ってきた。重いのでむやみにつめ込まず、スキ間に衣類などを入れていた）、〝面白い本は案外少ないので〟とか〝一冊あたりの中味が少ないので〟（たしかにそういう本はあったと思うが〝役に立つ〟といった主観的な目的に着目しての言葉だった）と答えた。

夜、家主の女性が来て、有線ＴＶを契約できるというので、一年分の料金五〇〇元を渡した。目の下にシワにそって血が流れ、線のようになってかたまっていた。三度目くらい。

## 一一月

香港へ。

アパートに戻り、ドアを開けようとしたら、鍵の軸が折れてしまった。ドアは閉めた。三日後、外出して、近くの鍵屋に直してもらった。外トビラだったので、から箱を内側のドアに貼り付け、閉まらないようにして出た。鍵は取り換えた。一〇〇元（一五〇〇円）。その後、段差があってかんぬきが入らないことがわかり、再度鍵屋へ行き、夜、直してもらった。

外食では、きのこ野菜とかにんにくの芽の肉いためを食べている。ダウンジャケットを買い、室内用とした。四五〇〇円。温風機を四五〇〇円で買った。エアーフィルター付。大学病院の歯科に行き、下あごの、この前つめてもらったプラスチックがはずれてしまったので、治してもらった。一八〇〇円。

職人に来てもらい、台所の排水口のつまりを直してもらった。ワイヤーで掃除していた。三〇〇円。商店街に荒物屋みたいな店があり、そこに、排水のつまり直しますというような札がかかっていたので、紙に絵と英語と日本語、それに覚えている中国語の単語を並べて説明して、来てもらった。修理の依頼とか、不動産屋での会話はいつもこのような〝筆談〟だ

## 一二月

風邪で三日寝込んだ。外事処でビザの延長。電気代を銀行の機械（ATM）で送金した。この年の年末だったかもしれないが、テレビで映画『東方紅』を見た。

# 二〇〇六年

## 一月

室内設備とか、家電製品の修理が多い。

## 二月

排水管の修理で家主に見に来てもらった。その後、部屋を買うという人が、家を見に来た。不動産屋も一緒。家主には話をしてあるとのこと。下旬、皮靴を買った。九七五円。

## 三月

香港へ。車内で小型の液晶テレビを見ていた。六〇元。銀行（工商銀行）で、電気代三〇〇元弱を払った。

一〇〇元札のニセ札を受け取ったことがあり（商店の人が受け取りをこばんだ）、それは銀行に持っていった（取り換えてはくれない）。メンドーなので、二枚たまってから銀行に持って行ったら、行員の女の人がこわい顔をして、この書類に記入するようにと、何か用紙を渡してくれた。どこで受け取ったか、という欄は、銀行にしたが、銀行ではいつも機械で数えている。行員がニセ札の判断をどうやってしていたのか、忘れてしまったが、機械は数えるだけではないかもしれない。ホテルを出るとき、預り金を返してくれるが、その中にまじっていたのかもしれない。

## 四月

人が来たので部屋を見せた。すでに購入したとのこと。「外事処」でビザの延長。「住宿登記」。オールバンドラジオを買った。一五五元。「外事処」でパスポートを受けとった。手数料二四〇〇円。ラジカセを買った。二六〇元。

以前の家主が来宅。部屋は売却したとのこと。新しい家主に電話で聞いてくれたが、あと一年間住んでいて良いとのこと。

## 五月

上旬、三ヶ国語辞典（中・英・日）というのを買ったが、すごく汚れており、表紙を捨て、へり三方をはさみで切った。

香港へ。

中旬のある日、新しい家主と契約した。二〇〇六年五月一日から二〇〇七年四月三〇日までの一年契約。半年分四二〇〇〇元払った。

## 六月

上旬、旧家主が職人二人をつれて来て、エアコン（室内機と室外機）、ソファー、カーテンを持っていった。窓にビニールを貼り、掃除機などで掃除した。

「外事処」でビザ延長。「住宿登記」。

## 七月

香港へ。下旬、スーパーでパックに入った酢（ス）づけのニンニクを買った。これはその後よく食べていた。

## 八月

「住宿登記」。香港へ。「住宿登記」。

## 九月

下旬、警察官が戸籍調査（住民調査）で来宅。文化程度という欄があり、～年～大学卒業と言ったが、警察官は身ぶりでそうではないという意思を示した。私はアハハと笑ってしまった。

## 一〇月

近所に電話屋があったので、次の家賃支払いについて家主に電話したら、そこで待っていてくれというので、電話屋で家賃（一一月から四月まで）四二〇〇元を払った。

## 一一月

香港へ。「住宿登記」。電気温風機を使い始めた。

## 一二月

〝フトン〟がすごく重いのだが、中のものがズレると寒い。帰ったあと、頭を洗ったこともあった。

# 二〇〇七年

## 一月

VDRが壊れたので、新しいものを三八〇元で買った。

## 二月

薬局でビタミンAの錠剤を買い飲んだ。たしか一粒五〇〇〇〇単位。以後毎日一粒。ただし、たしか説明書に、服用は二〇日を限度とすると書いてあり、意外な感じがした。気温は夜の氷点下があまりなくなった。香港へ。香港で一泊。八七〇〇円。明け方、鄭州に着き、映画で時間をつぶし、警察署で「住宿登記」をしようとしたが、来週。アパートの部屋を見たいと言うので、パトカーでアパートにもどり、住んでいることを見せた。実家に電話をかけたが、いろいろと都合があるらしく、東京の郊外に、家を建てるため土地を買ったとのこと。「住宿登記」。近くの百貨店の地下に、大きなスーパーがあったので、そこで買い物するようになった。

# 三月

上旬、足のひざの裏に少し炎症のようなものがあったが、それがちょっとただれたようになった。それまで、約一ヵ月くらいだったが、ひざをまげたときだけ、ズボンを何枚もはいていたので、それをひざがはさんでしまって、痛いような感じがあったが、このころから痛がゆいような感じになった。ハンドクリームは引きつづきぬっている。イスに座っている時間が長いので、足の血行がよくないのだろう。

滑《すべ》るという文字の入った名前のきのこを食べたが、かすかに硅素の風味だったかもしれない。当帰とか肉じゅようの入った漢方風の中国酒を飲んだら、足のひざの裏が湿潤化してしまった。別の中国酒もダメで、あごの横がすこしハレたみたいで、顔の型が変わったと感じた。赤いブツブツやかさぶたが出て（あごなど）、すこし湿潤化。あごや、ひざはかゆくてもさするくらいだったが、腕はパジャマの上からこすってしまった。これはいけなかった。

ひざの裏はかさぶたがたくさんついた。あごの横は再びかさぶたが一面に出た。背中もひどいブツブツ。すごいかさぶたみたいなものは、湿潤が乾いたものかもしれない。かゆくても、なでるくらい。イスに座ぶとんをしいた。

下旬、外出したときマスクをつけた。ハト麦四〇〇グラムに「爆裂玉米」（トウモロコシの一種、これは私にはあわなかったかもしれない）一〇〇グラムをまぜ、にんにくを数個分入れてゆでた。ずっといろいろなものを食べていたが、このとき便秘は治った。翌日、その残りを食べたが、そのトウモロコシは食べなかった。

ある日、あごは急に赤みがスッと消えたが、腕の炎症は変化なし。粉ミルクのおかげで便秘は治った。ある日、夜ねているとき、かゆいので、腕のかさぶたをツメでみな取ってしまった。

## 四月

上旬、炎症はだいぶよくなった。腕、腹、背中、ひざの裏など、チリ紙を濡らしてよく拭いた。ビタミンAの錠剤はすこし前から飲むのをやめていた。レバー（揚げ物屋で売っている調理済の食品）を買うのはやめた。炎症はだいたい治った。

月末、以前北京の支店で作った通帳に現金が残っていたのでそれを取りに行った。鄭州の口座へ送金してもらうように手続きした。数日かかるとのことだった。本屋で香港・マカオのガイドブックを買った。

アパートの次の一年契約をして、半年分（九〇〇元×六ヵ月）＝五四〇〇元払った。

# 五月

上旬、預金通帳を作った支店へ行って聞くと、お金は届いたが、送り返してしまった、というようなことを言う。通帳の種類が違うとも言っていた。ビザが切れるので、いったん出国しなければいけない。一〇日後に再度来ることにした。

マカオへ。広州で一泊して、バスで珠海という町へ。二時間くらい。自動車専用道路をずっと走っていく。洪北という所に着いた。六〇元。税関がある。税関を抜けてバスでマカオの町を行く。ガイドブックに写真が出ていた豪華ホテルに一泊。一万三五〇〇円。館内にカジノがあるので、行ってみた。体育館くらいの大きな部屋で、周囲に小部屋がある。トランプかルーレットだろう。そういうものに関心はなかった。スロットマシンがあったので、やってみた。テレビゲームみたいなもので、いろんな絵が出てくる。が、一万円使ってしまった。

銀行で北京の口座から送ったお金の入金を確認した。新しい通帳を作り、そこに入金した。

隣家のストーブの煙突から煙が出始めたので、空気清浄機を買った。二万四〇〇〇円。「住宿登記」。近くに首飾りの材料店があったので、一〇〇グラムの銀の板を売った。二〇〇〇年一二月に東京で買ったもの。

## 六月

上旬、マカオへ。岳陽で二泊。三五℃くらい。夜、ミルク一リットルを飲み、翌日、昼、やはりミルク一リットルを飲んだら、午後ひどく腹をこわしてしまった。

税関の中を歩いているとき（外。中国側の税関ビルとマカオ側の税関ビルの間の中庭みたいな所で、通路に屋根があった）、後ろから歩いてきた人の足が、僕のズボンのスソにあたった。やあ、すいません、というようなことを言って、すっと歩いていった。あとで、念のため、ズボンのスソをよくはたいた。マカオで、旅行代理店でビザを依頼。

カジノでスロットマシン。やはりダメ。四〇〇〇円くらい使った。

たしかこのころだったかもしれない。新聞を買ってみたら、広州と珠海の間の自動車専用道路が通る橋が落ちたニュースが出ていた。川船が橋ゲタにぶつかり、ズレて橋が落下したらしい。その道は今回の旅行で通ったかもしれないが、はっきりはしない。

## 七月

三日くらい前、外出した日、団地（アパートが数棟ある）の入口の管理事務所の黒板に「登記」せよとあった。夕方、門を通ると呼び止められ、守衛所に入ってきくと、言葉が通じない。係みたいな女の子がいた。何度か名前を聞かれたが無視した。書類・ペーパーがあるので見ると、「保証書」とあり、入居者が誰かに対して保証する内容らしい。難しい条文・条項がいくつもあり、ことわった。たとえば、火事のとき、(室内にいる?)人を助けます、とか、火は危ないということを子供に教えます、といった内容だった。英語で、難しい、中国語は話せない、とも言っておいた。ついでに、まもなく引っ越しすると言ったら、そこにいた女の子(係?)が、でも、しばらくはいるんでしょ、と言っていた(英語だったかもしれない)。

# 八月

上旬・中旬・下旬と、日記にはＶＣＤという言葉くらいしか出てこない。あとは少しテレビという言葉があるくらい。本だって見ていたと思うが。それ以前は、テレビという言葉も出ていれば、本という言葉も出ていた。

月末のある日、かばんのチャックを修理していた。七五円。

## 九月

マカオへ。スロットマシンは、三日間で、一万七〇〇〇円使ってしまった。

この前、世話になった不動産屋に行き、新しいアパートを探した。公園の近くの物件がよさそうだった。もう一軒、繁華街のあたりのアパートは小部屋があって、女の子が何人かで住んでいるのか、そこまではわからなかったが、女の子がおり、言葉ができないので、やむを得ず洗濯機がどうのこうのと話したが、むろん、相手はだまっていた。つまり、バスルームが狭くて、洗濯機を置けなかったのだ。見ただけだった。前の日に見た部屋を契約した。一〇〇〇元の預り金と、三ヵ月分の家賃二〇一〇元（六五〇元×三＋二〇×三）、計三〇一〇元払った。一三元が有線TV、七元が「物業管理」。仲介手数料は、前日三〇〇元、この日三五〇元払った。その部屋には、イスがあり、テレビがあった。

## 一〇月

上旬、本を片付けたり、新しいアパートの掃除をしたり。ある日もどるとき、白い猫を三度、後ろに見かけた。距離はだいぶあったが（五〇メートル？）、同じ猫だったので、ついて来たのかもしれない。むろん、散歩がてらかもしれないが（二〇一六年四月に追記するが、歩いていく方向が偶然同じだったのかもしれない。野原ではなく町中だ。歩く所は道しかない。なお、距離があったので、その猫の顔・表情は全く記憶がない）。二〇一七年六月にさらに追記するが、中国では猫はあまり出歩かないのかもしれない。そこで、あの男なら大丈夫だろうということで、あとをついて来たのかもしれない。猫の顔は実はすこしけわしい、かすかに怖い顔をしていたが、町を歩くことに、かすかに不安のようなものがあり、それで猫は緊張していたのかもしれない。

下旬、この前頼んだ運送屋に行ったが見つからなかった。アパートに戻り、守衛所で聞いたら、広告の出ている新聞のページをくれた。不動産屋に行き、代わりに電話してもらった（筆談というのか、紙に英語・日本語・知っている中国語を書き、絵も書いてそれで話をしていた）。住所を聞いてもらった。わりに近くの運送屋だった。さっそく話をしに行った（メモを持って）。

台所の壁は油煙・油滴で汚れていたが、焼酎で拭いたら、すごく汚れが落ちる。引っ越しの当日、朝七時に起き、最後の片付け、梱包、掃除を行った。一二時外出のつもりが、終わったのが夕方だった。タクシーで新しいアパートをちょっと見てから、運送店に行き、いやーすいませんと言って、料金を渡し、再度、明日、引っ越しをすると言った。その日は、ホテルに泊った。翌日、運送店に行き、トラックで一緒にアパートへ行った。積み込みには二時間くらいかかった。新しいアパートでは、トラックが建物前まで入れず、距離代八〇元を追加した。結局二一〇元＋八〇元＋あと何だったか五〇元で三四〇元払ったが、前日のキャンセル分はいらないと言われた。運び込みは一時間くらいだった。

思い出すことなど

顔の似ている人

いつごろだかもうおぼえてないのだが、南北に通る繁華街の、だいぶ北あたりを歩いていたら、交通警官を二～三人見かけた。通りの反対側で、間隔をおいてちらばっていた。ちょっと見ただけだが、一人の顔は、昔、会社に勤めていたときの、輸出部門の部長の顔に似ていた。当時、大手の電気メーカーが三割の大株主だったが、その会社でブラジルの現地工場の工場長をしていたと聞いた。たしか、満州《まんしゅう》の大学を昔、卒業した人だった。

売り場のテレビに出ていた映像

デパートにVDRを見に行ったが、テレビの画面には、木の枝の上に座っている猫が出ていた。私はなんとなく、アハハと笑ってしまった。ちょうど横に販売員の女の子が立っていて、正面の方を見ていた。なお、通路の反対側のTVは、スターウォーズだろうか、岩山のガケの道を走る車両数台（装甲車を改造したような車）が画面に出ていた

地震の前兆現象？　について

日本で中越地震があった前の日くらい、サンルームの壁のペイントが三～四センチメートルくらいはがれ落ちていた。ときどき、はがれ落ちるので、たまに掃除していた。地電流が強まっていたのだろうか。その

前の日ぐらいに、近くの店で買い物したときに、天井のはりだか棟木の横に蛾がとまっていて、急にパタパタ飛び始めた。その店で、蛾に気がついたのは、そのときだけ。

なお、話がかわるが、避雷針の容量が不足していると、落雷で避雷針が破壊されてしまうことがあるそうだ。耳で聞いた話だ。日本の場合、避雷針は銅のケーブルで地中に打ち込まれたアースにつながっていたり、ビルだと鉄骨にアースしたりしていると、出版物で読んだ。中国では避雷針を見かけることは少ない。

## 歩行者にとっての中国交通事情

中国では、すぐ近くの交差点に信号があるのに、信号のない所（横断歩道もない）で道を渡る人がいる。最初のころ、北京で私も信号のない所で道を渡ろうとしたら、センターラインまで来て進めなくなった。やむを得ず待っていると、一メートルくらい前をバスが通ったりする。道幅がものすごく広いので、横断は大変なのだ。あるとき鄭州で、大通りの車線を数えたら、たしか六車線あった。

ホテル生活をしていたころだったが、北京西駅という駅は長距離列車が発着するが、その駅前は自動車専用道路が通っていて、信号とか横断用地下道あるいは最近までは陸橋もなかった。到着したとき、どうしていたか覚えていないが、バス停があるのでバスを利用したか、大勢の人と一緒に渡っていたのだろう。行くときは、地下鉄を乗りついで、すぐ近くまで行き（バス路線はよくわからなかった）、一〇分くらい歩いて西駅へ行ったが、あるとき渡れない。交通量はそんなに多くはなく、道幅もそんなに広くはないが、ひっきりなしに車が来るので渡れない。急ぐわけでもなく、駅ビルはとても立派な現代建築で、ちょっと宮殿風のかわら屋根である。午後の日をあびたモダンなビルディングを眺めながら、車が途切れるのを待っていたが、ダメ。目の前に時計塔があり、四〇分たったころバスがUターンするので、いったん車がとまり、そのときに渡った。もう一度、同じことがあり、そのときも四〇分たっていた。おそらく誰かが見ていて、バスの運転手に指示したのだろう。

あとは、地下鉄を乗りかえずに、そこからタクシーで来た。タクシーは簡単にすっと横切り、スロープを登って二階の入口へ行く。このとき車の窓から、モダンな駅舎を前方に眺めることができ（見上げる必要がない）、たいへんにリッチな気分だった。しかし、まもなく、タクシーの運転手が道路の手前で車をとめるようになった。あとはもうよく覚えていないが、横断は大変だった。バスで来れば良かったのかもしれない（バス停がどこだったか覚えていないが）。他の人の様子を見ていると、適当に渡ってしまったりあるいは車線上で立ち往生したり、何人も車線の上に横一列に並んでいたりする。

その後、鄭州の町でも同じ光景を何度も見た。言うまでもないことだが、こういうことは絶対にまねできない。中国の町には普通の人は一人もいない、まねできることは何もない、と認識しなければならない。なお、オリンピックのすこし前、横断用の陸橋が建設された。

私はむろん、交差点の信号で渡っているのだが、歩行者用の青信号は最初のものは見送っていた。つまり、途中からなので渡りきれないかもしれないからだ（ここ、珠海の町では歩行者の横断用信号に数字が出る。鄭州でもそういうのがあったが、あるとき、数の進み方が早くなったと感じた。車の数が増えたのだろう）。さらに次の青信号でも渡れないことがあった。自転車が、左折とか右折するため走ってくるので、青信号に変わってもすぐには歩き始めることができないことがあり、なんといっても道幅がものすごく広いので、こういうときも青信号を見送ったりした。ただ、自転車はわりにだんごになってまとまって来るようで、その次、つまり、三度目の青信号で渡ることができた。こういうことは珍しくなかった。

なお、鄭州の町ではあるとき、駅前広場へ渡る信号がたしかしばらくの間だったと思うが、消えてしまった。やむを得ず、その後は五〇〇メートル（？）くらい離れたところの信号で道を渡っていた。

北京西駅の前に陸橋がなかったのは謎だが、いわば第一印象みたいなものによって外国の人に対して、ご存知ないことがありますというイメージを打ち出していたのかもしれない。国によると中国についてのガイドブックがなかったりとか、情報らしい情報が国民に与えられていないといったことがあるのかもしれない。

なお、これらは交通マナーに関することなので、市民が注意を受ければ、様子がさっと変わることはありうる。しかし、本質においては変化はないので、気をつけねばならない。

女の子のグループと一緒に道を渡る――駅前広場にて

旅行に出かけるときは、バスで駅へ行くが、バス停をおりたあと、駅前広場へ入るには、道を渡らねばならない。けっこう車が来るので、二人以上の女の子のグループが渡り始めたとき、その横について一緒に渡った。渡ったあとは、さりげなくその人たちから離れた。

駅前広場の〝道交法〟上の性格

駅前広場と外周の道の間に標識みたいなものが打ち込んであり、切符がどうのという文章だった。広場で横になっている人たちもいたが、不便な所からやっと駅までたどり着いたのだろう。旅行者の専用エリアということだろう。

駅ビル内のスーパーで見たある歌番組

イラク戦争が始まったあと旅行に出かけたが、駅ビルのスーパー（入口は広場に面している）に入ったら、天井から支柱でつり下げたＴＶで歌番組をやっていた。すこしふとった青年（愛想は悪くなかった）が、何かテンポの軽くて（ここははっきりしないが）、すこしシブイ、良さそうな歌を歌っていた。横では（スタジオ内）、おばさんたちが愛想よく（元気よく）、布か何かを振って調子をあわせていた（応援していた）。すこし見ていたが、長く見るものではないと思い、買い物を始めた。政治的なニュアンスがあると判断した。ただ、具体的なニュアンスのイメージは今もわからない（関心はない）。しばらくして、次の旅行のとき、やはりそのスーパーに寄り、そのＴＶを見たら、背の高い男が、何かアイチョーがこもった（？）ような歌を、大きな声で歌っていた。ＴＶ番組だったのか、ビデオ（光ディスク）だったのか、それはわからない。

郵便局で見たある美人の職員

小がらで二〇歳前後の職員だろうか。夕方、カウンターの向こう側の床をモップで掃除していた。腕や肩に力を入れず、軽くというのか自然な感じで掃除していた。どういうわけか、受付の手前にいた数人の客、青年がまじめに眺めていた。女の子は少し、にこやかな驚いたわという表情（日本では見たことがなかった）をしていた。

### サイモンとガーファンクル

あるとき、ラジオを聞いていたら、サイモンとガーファンクルの音楽をバックに若いアナウンサー（ディスクジョッキーだったと思う。すこしふとったくらいの体格の良い、やや北方系の青年だったろうと思う）が、なめらかに何かしゃべっていた。音楽が良いのですこし感ずる所もあります、くらいの雰囲気だったと思う。

### コストゼロでプラスアルファ？

近くに小学校があった。二部授業だったかもしれない（気にしてなかったので、よく覚えていないが）。学校で放送している音楽が聴こえることがあったが、ある時、大人のポップス（？）かムードミュージックみたいなものをやっていた（道を歩いている時、聴こえた）。外国の曲については判断がつかないのかもしれない。しかし小学校を卒業してすぐ就職する人たちも多いかもしれないので、音楽教育に気をつけていたのかもしれない。学校で聴かないと、あとしばらくは聴くことがない人とか、お店に勤めるなら、職場で聴くので、気分をならすため早目に聴かせたのかもしれない。

今ここで収獲低減の法則を論ずるつもりはないが、いつもの音楽をさらにもう少し聴くより、あまり聴いたことのない大人の、外国の曲を聴く方がメリットが大きいかもしれない。ランドセルはカラーでディズニーのマンガを描いたものが多く、セーラームーンのマンガもあった。ああいうものは、見れば感覚を刺激したり、イメージを提供するのだろう。授業がどのくらい大変なのかわからないが、何かについて述べるのは大変でメンドーだ。何かを見てもらって、しかも美術の授業ではなく日常用品・学用品を見ることによって、より多彩なイメージを獲得できれば、いわばコストゼロで知的環境をわずかだが豊かなものにできるのだろう。

ホテル生活していたころ、新聞を買ったあと、ページを切り取ったり、切りぬきにしていたが、国際新聞だか、世界新聞のたぐいで（国防新聞というのもあった）、ニクソンの顔写真が出ていた。夜行列車で旅をしているとき、眠くなったので、その切り抜きをカバンから出してながめていたら、隣あたりにいた青年が、何を見ているんだという調子でのぞいたので、あわててカバンにしまった。政治のことはわからないが、ハクのある雰囲気とかシブイ様子というものがあるわけで、御利益はけっして無視できない。特定の人物をデザイン化することはあまりないと思うが、よいデザインは財産であって、益がある。仮に一〇〇％の努力をしてこれ以上はムリという場合でも、絵・デザインにより、いわばコストゼロで、さらにメリットをもたらすことができる。すでにそのような状況なのかそれはわからないが、コストゼロというのはけっこうなことだと思う。

防腐剤？

二〇〇七年の春、腕などにジンマシンが出た原因はわからないが、ひょっとするとビタミンAの錠剤や揚げ物屋のレバーに防腐剤でも入っていたのかもしれない。レバーについては、食べ残しを台所にしばらくおいていたが、結局、塩なのか白い粉を吹いて白くなり、いわゆる肉の腐ったような臭いとか雰囲気がよくわからなかった。醤油づけだったので、腐ることはなかったのかもしれないが、防腐剤が入っていたのかもしれない。

駅近くの（広場の外、交差する大通りの、駅とは反対側）スーパーで何度か果子パンを買ったことがあるが、保存期間がすごく長い。覚えてないが、二〇日くらいあったかもしれない。製法などに特徴があったのかもしれないが、包装は普通でちゃんとした密封ではない。防腐剤が入っていたのかもしれない。旅行者用ということかもしれない。店員の女の子がアーバン（？）な雰囲気だったかもしれないが、これはっきりしない。それに、駅ビル（入口は外に面している）のスーパーの店員さんは、特にアーバンという印象は受けなかった。

はっきりはしないが可能性としては防腐剤を取り込んでしまい、それが皮膚の表面にしみ出て、アカとか古くなった皮膚が腐敗するのをさまたげていたのかもしれない。つまり、そういったものによる収斂性の御利益がそのころ失われていたのかもしれない。さらにハンドクリームの中に防腐剤は入っていなくても、収斂と拡張性のそれぞれの成分がバランスを保って入っていて、そのために新たな（追加的な）収斂性の効果が弱くなっていたのかもしれない（つまり、五＋五あるいは五対五の状況にプラス一が入って、六＋五あるいは六対五ということだったのかもしれない。〇に対する一は無限大、一に対するプラス一は、一〇〇％の増加だ。が、五に対するプラス一は二〇％の増加にすぎない）。当帰とか肉じゅようの効き目はわからないが、金粉的な作用があったのかもしれない。つまり金粉的な作用が大いに働いて、血栓がはずれて流れ、それが引っかかったあと血流をさまたげ、さらにその血栓自体はそれ以上は動かなくなったのかもしれない。

なお、そのしばらく後（一年後ではなく、何ヵ月かあとぐらいだったと思う）、ＴＶのニュースを見ていたら、日本で言えば厚生省の局長ぐらいの人が、「腐敗」（正確な言葉は覚えていないが、この種のおおざっぱな言葉が字幕に出ていた）で死刑の判決を受け、数日後、やはりＴＶニュースを見ていたら銃殺刑が執行されました、と言っていた。

ねずみ、猫、大型犬

あるときすこし遠くのレストランへ食事に行ったが（その近くにスーパーがあり、最初のころ、買い物していた）、その帰りだったが、車道の端、歩道の縁石の横をネズミが一匹歩くというのか走っていた。前から来たので、すぐ気がつき、すこし眺めた。以前、最初のマンション団地の敷地への入口あたりで見たのと同じ種類だったと思う。

あるとき、衣料品の修理をやっている店があるあたり（レンガ造りの一〜二階くらいの古い家が多かった）で、道の端、コンクリートですこし高くなったあたりの平らな所に、ネズミの死骸があった。すぐ横に猫がいるのだがなぜか変な顔をしていた。路面はガラスの小さな破片（竹ぼうきで掃除しているので大きい破片はない）で汚れているので、食べることができず、それでコンワクしていたのかもしれない。以前、ホテル生活していたころ、北京で道を歩いていたら、飲食店だったかどうかは覚えていないが、古い、レンガの一戸建ての裏口（勝手口）に、首をヒモでゆわえられた猫が座っていたが、変な顔をしていた。ストレスがたまっていたのかもしれない。

大型犬は珍しいのだが、歩道の横に座っているのを見たことがある。あとは、工事現場のフェンスの内側をシェパードが足早に歩いていた。

入れ墨
税関で並んでいたとき、前の女の子は背中に入れ墨していた。鄭州では、このころ、入れ墨屋がふえたみたいだった。床屋が入れ墨屋に転業したり。

スーパーマーケット
よく買い物に行っていたスーパーマーケットは、いずれもギフトショップの性格があったと思う。凝ったデザインのビンのお酒、きれいなボール箱のオートミールやビスケット、楽しそうなケースに入ったお菓子など。
あるお店は、店頭にハンドマイクをかけ、商品の宣伝をしていた（ハンドマイクの中にメモリーが入っていたのだろう。ラジカセは置いてなかった）。何々がいくら、何々がいくらと次々に言っているだけのようだったが、歯ぎれがよいというのか、声の調子がとても良い。何か明るく楽しげで、エネルギーのようなものがあった。誰の声だってかまわないのだろうが、そういうものを見たのは初めてで、誰かがすすめたのかもしれない。声はお店の人の声で、店員なのか経営者なのかわからないが、二五歳（？）くらいの若い女の人で、いつもニコニコしていた。鄭州の町は、繁華街が始まるあたりよりも北には、学校が多かった（南の方はよくわからない）。ＴＶ学校というのもあり（表札が出ていた）、学科の種類はわからないが、俳優とか演劇のコースもあったのだろうか。しかし、皆が皆、俳優をやるわけではないので、就職して店員になる人もいるのかもしれない。

外から聞こえて来た泣き声

あるとき（四番目のアパートに住んでいたころだろうと思うが、もうはっきりしない）、夜、早いころ、裏通りで若い女の人（母親という印象を受けたが根拠はない〈二〇一四年三月に注を追加するが、ひょっとすると子供の声だったのかもしれない。全く判断はつかない〉）が、ワァーと声を上げて一～二分泣いていたが、男が何かビシッと言い、あと静かになった。声が聞こえてきただけなので、なおさら全く様子はわからないが、飼っていた犬か猫が死んだので、念のため、表に出て、声を張り上げていたのかもしれない。あるいはお金だろうか（つまり正義の問題だ）。しかし、声を張り上げるというのは、相手がそのあたりにいないので、やむを得ずそこでさけんでいたのかもしれない。声のイメージでは明らかに小がらな南方型の女の人で、なんとなく、運動神経の良さはあまり感じさせないような印象だった。おとなしく、しかし、とても大きな声で、やわらかく、長くずいぶん長く続いた泣き声だった。むろん、状況などは全くわからない。ひょっとすると〝住民委員会〟で悪人を告発しようとしたのだが、票が足りなかったのかもしれない。

# 一〇月

月末、外出したら、外で家主に会った。室内にベッドが三つ残っていて、それはタテにして壁に立てかけていたが、それを持っていくとのこと。

## 一月

上旬、読書、換気扇は夕方まで。夜、外出したとき、近所で足の関接がおかしくなり、歩けなくなった。五分くらい。クリーニング店の前だった。以前、東京でワンルームマンションに住んでいたころ、買い物で近くのスーパーへ行く途中、やはり、クリーニング店の横に来たら、急に、ウーという感じで耳がかゆいというか痛いような感じであわてて手で耳をおさえたら、ゴソッという音がして、大きな耳カスのかたまりが落ちてきた。

## 二月

読書、テレビ。昼は換気扇。夜は温風機。外食ではレバー料理をよく食べている。もう冬なので、半そで三枚、長そで一枚、冬パジャマの上着を三枚、セーター、薄いジャンパー、ダウンジャケットを、室内で着ている。

# 二〇〇八年

## 一月

上旬、予報ではマイナス四℃～一〇℃。ある夜、TVを見ていたら、ポンという音とともに電球が切れた。三つ目？　はずしてよく見ると、半田のようなものが電球の外側についており、とがっている。ビニール袋で包むように、ささえるようにして取り扱っているので感触はわからないが、見ているうちにはずれて、電球の表面に穴があいているらしいのに気がついた。高熱のタングステンが飛んで来て、内側から穴をあけたのかもしれない。ヒビ割れなどはなかった。机の上はよく拭いた（水で濡らしたチリ紙を何枚か使って）。机の上においていたビニール袋にさわると、かすかにガラスの微粒子の雰囲気だった。

ある日の日記は「たしか、昼は残りの麵と粉ミルク×三とさとう一〇〇グラム、ピータン、みかん、ソーセージ。すぐに夕食のしたくを始めた。ニンニクを球根で一二コ。したくが終わったのが二時ごろで、麵四〇〇グラムとラーメン×四の一／四くらいを三時ごろ食べおえた。朝六時ごろ休んだ」だった。

# 二月

上旬、ＴＶのコントローラーが誤作動。画面がでない。

不良品の砂糖にあたり、血尿が出てしまった。味では全くわからなかったが、しばらくして、脇腹が非常に痛み、一～二時間続いた。その数時間後、血尿が出た。かすかに黒ずんだ赤色をしていた。次は濃い茶色の尿で、さらに次は薄い茶色の尿だった。一日横になっていた。いろいろなものを食べていたので、まさか、その白砂糖がいけないとは思わなかったので、三〇〇グラム入りの袋で残っていた一〇〇グラムを水に溶かして飲んだら、同じような腹痛があり、もう一度濃い茶色の尿が出て、次は色がうすくなり、翌日、黄色に戻った。なお、腹痛のあった晩は頭が興奮して眠れず、二日たいして眠らなかった。

中旬、そのあと三日間、横になっていた（第一編第5章第2節で原因を推測してみた）。病院に行って、尿検査と超音波の検査を受けたが、異常はなかった。受け取ったカードみたいな紙には尿路結石という文字があった。体力が低下していたので、不良食品がきっかけとなってしまったのだろう。

スーパーに寄り、砂糖の品質について一言述べようとしたが言葉はできない。そこで、一〇〇グラム食べた、二〇〇グラム食べたと言ったら、それが〝受けて〟、店員の女の子がそれを繰り返して仲間としゃべっていた。なお、このスーパーについてすこし説明すると、いつも午後夕方くらいに買い物に行っていた。行くと、いつも店員の女の子たちはレジのあたりで何か楽しそうに話しており、店内に入ると客はいない。レジに行くとわりに混んでいる。これがいつもだった。あるとき、いったん、レジから離れ、棚を見ていたが二人連れがしつこく、レジのあたりで「張って」いる。やむを得ず、レジに行ったら、男の方がさっと横に来て、何を買っているか、しっかりと見ている。これはいつもなのだ。〝秘密警察〟とか〝地域防衛隊員〟ではなくても、一部の市民の義務なのかもしれない。あるいは、外国人対応とか〝接待〟とか監視の係かもしれない。

最初のマンション団地に住んでいたときは、園内のスーパーでレジに行くと、後ろにピタッと人が来るので、気味悪かったが、これはすぐ、超音波でも照射されたらいけないな、とすぐ気をつけた。このスーパーの場合は繁華街なので、客が多いわけだが、店名に特徴があり、その関連で〝正しい人にプレゼントしています〟と言って、金の延べ板を渡したり、〝真実を求める人にプレゼントしています〟と言って、何かの暴露本（日本語でないとダメだが）を渡したりするといけないので、外国の情報機関員とかその手伝いが、私の買い物を監視していたのかもしれない。以前何かあったか、ありそうだったか、あるいはそういうのは困る、いやだ、困る、困ると実質的に要求していたのかもしれない。なお、私は金の延べ板をもらっても、立場が変わったり、考えが変わったり、何かの〝義務〟、義務を負ったり、不必要・不適切な感謝の気持ちを持ったりすることはないが、法律が心配なので、弁護士などには相談すると思う。

こういったことで、すでにトラブルが予想されるため、それで、心配して監視していたのかもしれない。つまり、正しい人へのプレゼント作戦というのは大切な目標（希望）であって、私の関連でごたごたが起きて、ダメにされたくないのだろう。つまり、これだったら、対応できる、国内でも似たようなことができる、すでに市民からも提案がある、といった状況なのかもしれない。

しかし、後述するが、これはぜいたくだろう。つまり、この線で勝負しよう、あれはダメだ、それもダメだ、これで決着をつけようという気持ちがあるかもしれない。国によってそれぞれ得意わざみたいなものがあるのかもしれず、中国に対し得意わざを使うなと言っても、表面的にはともかく、本心まで納得させることはできないと思う。たとえて言えば、オレは毒ガスを使うがおまえは通常兵器だけだと言っているのに等しいと思う。あるいは、なぐりあいもやるが、実際には、イスにしばりつけた相手をなぐるのがほとんどだという〝日常感覚〟の延長なのかもしれない。しかし、あまり率直な反論を言って不必要に相手国側を刺激してもいけないので、とぼけた上で、自分の作戦計画に従って準備しているようだ。これは珠海に来てわかった。つまり都合がよい時に（つまり準備がととのったとき）、アメリカの世論を怒らせて、アメリカに先に手を出させようという挑発作戦だろうと思う。

とにかく楽しいスーパーだったが、難しい点はあったと思う。なお、事故品について言うと、シールの不完全で腐っていたソーセージはどの店にもあった。それ以外では、小魚の砂糖醤油づけの真空パックで膨張していたものが、他のスーパーであったくらいで、あとは最初のマンション団地の中のスーパーでかんづめの接着不良とか黒砂糖（ざらめ、小粒）の不良品があったくらいだった。まさか砂糖であたるとは思わなかったが、そのあとは粉ジュースを飲むようにした。

## 三月

マカオに。切符がなく、岳陽から長沙まで、数人乗りのバンで。マカオで、少し安いホテルに三泊。ビザの即日発行の制度は廃止されていた。スロットマシンは合計で一〇〇〇円か二〇〇〇円くらい取った。

中旬、予報では、最高気温が、翌日は、二四℃、翌々日は一二℃。

下旬、天津の船会社に電話して、四月初めのフェリー（天津から神戸）の個室を予約した。二八〇〇元。ファクシミリを近くのホテルの商務センターから船会社に送った。和風レストランでうなぎ定食。銀行の大きい支店で日本円を五〇万円引出した。紙幣のデザインが少し変わったので、実家で以前から世話になっていた税理士事務所に、通りの新聞販売スタンドの公衆電話から国際電話をかけ、紙幣のデザインを確かめた。ついでに、実家の電話番号が変わってしまい、困っていたので、それも教えてもらった。実家の母に電話して、一時帰国を伝えた。パスポートを新しく作るためと弁護士に会うため。

## 四月

夜行列車で北京西駅へ。さらに天津へ。バスとタクシーで新港（天津港客運タン）近くのホテルへ。歩いてみたら港まで四〇分。二泊。朝九時、港で乗船手続き、一〇時ごろ乗船。午後一時ごろ出港。二泊三日の旅。夕方六時ごろ神戸港についた。通関手続、荷物検査。出てから歩いて、三宮駅へ。さらに新神戸駅へ。新幹線自由席。品川まで一万三〇〇〇円くらい。夜一一時ごろ着き、池袋へ。一時間くらい繁華街を歩いてしまったが、駅前のビジネスホテルに泊まった。八九〇〇円。一泊しか取れなかったので、翌日チェックアウトしたあと、公衆電話で次のホテルに電話して、近くだったので出かけて荷物を預けた。区役所で住民票を取った。三時チェックイン、七〇〇〇円。テレビを見ていた。さらに一泊して、別の区役所で戸籍謄本などを取った。次の日、別のホテルへ。予約が一杯で長く泊まれない。区立図書館で新聞の縮刷版など。翌朝、実家に電話。翌日、電話して、午後実家へ。ずっと雑談。不動産の相場は下がっているらしい。東京に戻り、翌日はスロットパチンコというのをやって少し取ったが、そのあと何回かやっていたら、損得はゼロになってしまった。再度、実家に行って、雑談。区立図書館に行ったり、本屋に行ったり。ウィークリーマンションというのを予約して、出かけた。一週間で三万四〇〇〇円。歩きまわっているうち、広告の看板を見つけたのだ。実家に電話したら、毎月五万円くらい送ってもよいとのこと。区役所に行き、パスポートセンターへ。四月末、神戸の船会社に電話して、五月下旬の船の予約をした。

## 五月

パスポートを受け取った。印紙代一万六〇〇〇円。旅行代理店にビザを依頼した。九五〇〇円。

中旬、運送会社に来てもらい、ダンボール二箱を神戸の港へ送った。文庫本約百冊など、一〇万円くらい本を買い込んでしまいそれを持っていくのだ。送料二五〇〇円。

五月一二日の午後、中国の四川省で大地震。その前、七日の夜中、東京で地震があり、震度は三だった。結局、弁護士には会わなかったが、国際電話ですこし話はしていた。出発する前、事務所の女の人に電話であいさつはしておいた。なお、私名義の預金通帳を実家にあずけていたが、二五万円残っていたので、それは引き出した。新幹線で神戸へ。さらに三宮へ。ビジネスホテルに一泊。五五〇〇円。翌朝、タクシーで港へ。一二〇〇円くらい。乗船手続き。まもなく、運送会社が来たので、受け取った。船へは無料。以前、出発したときは四〇箱あり、追加料金が一〇万円だった。昼ごろ出航。個室で三万七五〇〇円。自販機のビールを飲んだ。二〇〇円。販売機の外に「あなたが必要としている全てを提供します」という、広告文のようなものが貼ってあった。大げさだなと思ったが、その時必要なもの、というのがあるだろうか。手順、準備か。天津に着き、四時ごろ下船。荷物二箱は、検査のため、税関に預けた。

# 六月

朝、アパートに戻った。部屋の内外に異常なし。「住宿登記」。写真を撮った。たしか無料。アパートの外で家主に会い、部屋へ。エアコンが二台あり、一台を持っていくとのこと。まもなく、もう一人来て、二人で運んでいった。再度、家主が来て、コントローラーが壊れてしまったテレビを修理のため、持っていった。予報では二〇〜三三℃。

天津へ。バス停をまちがえたりしたが、とにかく新港へ。税関事務所で荷物を受け取った。二箱とあとビニール袋。すごく重く、タクシー乗り場まで、休みながら持っていった。近くのホテルへ。運送会社のことを聞いたら、郵便局から送れるとのことで、タクシーで。歩いたら五分くらいの所にあった。三箱を鄭州の駅前郵便局あてに送った。一六〇元くらい。翌日チェックアウトして、レストランで山いもご飯を食べ、バス停まで一五分歩いて、溏沽駅へ。新線の建設中で鉄道はやっていない。バスで天津へ。行きすぎて、タクシーで駅に戻った。夜行で帰ってきた。中旬、駅前の郵便局で荷物を受け取った。すでに三箱になっていたが、警備員が一箱持ってくれ、オートバイがけん引する車に乗った。

毎日、ＶＣＤや読書。ＮＨＫの短波ニュースを聞いていたら、岩手県のあたりで震度六強の地震があった。部屋の換気扇を取り換えてもらった。音質が良いものへ。シブイというのか、硬い音のものへ。五〇元。今までのはブワァーンとひびく音。今度のは、サーという音。

下旬、予報は二三～三五℃。朝が遠い以前のように感じられる。ニンニクを食べた。今までは、冬たくさん食べていた。先日、トイレの水タンクを修理したが、再度、修理した。水がきちんと止まらないので。近くの大きなスーパー（百貨店の地下）で、食パンとか豚肉のかんづめを買ったが、レバーのかんづめがあった。暑いのでパンツだけ。裏が大きな公園で、水鳥の声がにぎやかだが、夜はわりに静か。かえるの声はにぎやか。

# 七月

レストランで、きのこの肉いため一八元とか麺五元を食べたり。明け方まで起きていることが多い。一〇〇冊買ってきた本のうち、五冊読み終えた。衣服の修理店へ行ったり。ある日、空を見ると珍しく雲があり、その翌朝はたくさん雲が浮かんでいた。日本の空を思い出した。

中旬、ある夜、犬がうるさかった。夜中三時ごろから明け方までワンワンと。ある夜、雷雨が二時間半。その間に、机の上の電気スタンドが切れてしまった。換気扇の音が悪くなり、ゴトンゴトンという振動音がある。軸のフタを閉め直したら、音は正常にもどった。

マカオへ。車内でポータブルテレビ。六〇元。中国領事館で聞いたら、ビザは発行していないとのことだったが、ビザなしでも一五日間は大丈夫とのこと。カジノではスロットマシンで二〇時間くらい遊んでいたが、四〇〇〇円くらい使ってしまった。連絡船で香港の九龍へ。香港の中国領事館で聞いても同様の返事。税関を抜けて深圳へ。日本の銀行の支店に電話で聞いたが、個人の預金は扱っていないようで、広州の支店でも同様だろうとのこと。

帰ってきて、「住宿登記」のため警察署へ行ったら、日本語のできる婦人警官がいた。

旅行中、皮靴を買いかえたが、どういうわけか足の内股が痛くなってしまった。小型液晶テレビの画面がはっきりしなくなったが、アンテナからのケーブルをつないでいる端子をよく差し込んだら、画面はもとに戻った。

# 八月

香港へ。広州まで一九四元。帰りはだいたい立っていた。昼前、鄭州に着き、警察署へ。「住宿登記」しようとしたのだが、必要ないようなことを言っていた（片言の英語）。テレビで北京オリンピックの開会式を見た。このころは、旅行に出る前、台所にある水道の元栓を止めている。銀行で日本から送金可能な通帳をたしかめ、それを郵便で日本に連絡した。

マカオへ。安いホテルへ。スロットマシンは一八〇〇円くらい使った。月末、涼しくなったせいか、読書という言葉が日記によく出てくる。

アゴの一角に皮膚が白っぽくなっている所があり、ヒゲが生えていなかったが、このころすこしヒゲが生えてきた。ある日、面倒なので外出はやめ、一日横になっていた。夕方すこし起き、ＴＶはすこし見た。

土曜日も銀行はやっていたが、通貨の交換はやっていなかった。

いろいろなものを食べていたが、ニンジン一〇〇%のボトルジュースとかパックに入った酢づけの昆布（ラー油風味なので、まず水で洗ったりもしていた）、あるいは、パックに入ったトマトだとかニラのペーストもよく食べていた。

# 九月

上旬、敷布だとか毛布カバーなど洗濯したが、量が多すぎたため、すすぎの脱水のとき、白いにごった水が排水ホースから出ていた。そこで二度に分けて再度すすいだ。

福田内閣が辞職表明していた。マカオへ。長距離バスで広州から珠海へ。が、居眠りして、ガクンと首をたれたとき、唇が前の座席の背もたれの裏側にあたってしまった。ウェットティッシュを持っていたので、よく唇を拭いた。スロットマシンは二日間で五〇〇〇円くらい使ってしまった。税関を抜けると、広場に面した長距離バスセンターで列車の切符も売っていた。広州へ。安全ベルトをしめた。

岳陽で一泊。地下街のゲームコーナーで四元使った。出発するため、岳陽の駅の待合室で列車を待っていたが、遅れている列車があり、表示する電光パネルが不足するのだろう。乗車する列車の番号が表示されない（列車番号が表示されたパネルの前のベンチに座る）。が、突然、改札口の表示パネルに列車番号が表示され、あわてて改札口をくぐった。列車によっては大勢が乗り込むが（とくにその駅始発のもの）、場合によっては数人くらい。おそらく切符が買えないのだろう。切符売り場で列車ごとの予約（販売残量）状況を電光表示で見ていると何日か先まで表示される、まだ一〇〇枚あります、というのから、あと一枚というのまである。あるいは有／無の表示もあった。車内では、買ってきたボトルの緑茶（いつもは紅茶だった）のふたを回して取ると、接合部分は半分くらい切れたが、下のワッカも一緒に取れてしまったので、飲まなかった。そのせいか、ウトウトというよりは、だいぶ熟睡してしまった。

中旬、いつも飲んでいるニンジン一〇〇%のジュースのキャップを開けようと回したら、下のワッカごと上がってきてしまい、念のため、いったんしめ直して、今度は指でキャップの全体をつかんで回していたら、下のワッカごと抜けて、取れてしまった。すこし味見したが、農薬がわずかに残っているのか、ニンジンがすこし痛んでいたのか、いつもと違う味なので、捨ててしまった。口もゆすいだ。

TVのニュースで見たのだと思うが、ある日、日本とインドネシアで地震があった。

預金通帳を発行した支店で調べてもらったら、日本から一五万円送金されていた。電話で実家に礼を言った。

マカオへ。珠海で地図を買った。不動産屋を見つけ、少し物件を見てみた。マカオへ行き、スロットマシンで、一五〇〇円使った。珠海に戻ってきたが、ホテルがどこも満室で、だいぶさがし歩いた。

ある日、洗濯物が翌日乾いていた。室内で干しているので乾きにくい。涼しくなり、上は六枚、下は四枚着ている。

ある日、夜中、ゴボゴボというのか大きなずいぶん変な音で目がさめた。トイレの水タンクのしくみが壊れ、水が便器にたくさん流れ出ていた。元栓をとめた。翌日、すこし元栓を開けたりしながら、外出のしたく。以前頼んだ荒物屋(下水・水道修理の看板も出ている)に行き、修理依頼。見てもらうと難しいらしく携帯電話で別の人を呼んでいた。まもなく来て、二人で結局直した。タンク内の部品をだいたい取り換えた。棒に付いた浮球、排水弁の管、弁、ワッカ。完璧に直った。一〇〇元。二時間くらいかかっていた。

# 一〇月

マカオへ。スロットマシンで三五〇元（四五〇〇〇円）使った。七時間くらいやっていた。調子の良いときがあるが長くは続かない。周期性があるのかもしれないが、その波はずいぶん大きく、一時間ではなさそう。それもよさそうな台で。

帰ってきて、今度はひもなしの皮靴を買った。七八元。

マカオへ。岳陽で一泊。ゲームセンターがある。適当に音楽を聞きながら、つまり、つまらない音楽のときは、ボタンを押して次のかけ（ゲーム）をやり、シブイ良い音楽のときは聞いていた。始めのころ、経営者（？）のおばさんが、このボタンを押すんですよ、とアドバイスしてくれた。マカオでは小さいカジノがあり、スロットマシンでブタさんのかっこうをしたプレスリーみたいのがでてくる画面の台があり、ある当たりに当たると、以前、西城秀樹が歌っていた「ＹＭＣＡ」が流れる。ものすごく歌い方が上手なので感心して聴いていると、店員の女の子がすっと来て、次はこのボタンを押すんですよ、と教えてくれる。そういうことが一〜二度あったので、マカオではあまり音楽に熱中することはなかった。広州へ。鳥もも付きの野菜ご飯が一〇元くらい。珠海で不動産屋。ホテルでは、舞台劇の西遊記をテレビでやっていた。帰宅して、換気扇のスイッチを入れると、ポンという音がして、切れてしまった。その日は、なんだか、さっと時間がたってしまったような気がした。翌日、取り換えた。一〇〇元。

デパートの地下に大きなスーパーがあるが、洋服の修理店（ズボンのウェスト直し）の帰りで荷物が多かったので、ロッカーを利用した。オートロックみたいで、バーコードみたいのが印刷されたレシートを読み取り機にかけるとドアがパタンと開く。バネの力でパタンと開くので、その勢いでスッと開いていく。人が開けるときは、どの戸が開くかわからないので、顔は近づけない方がよい。

# 二月

マカオへ。スロットマシンで六五〇〇円使ってしまった。ある日、電気が切れたので、不動産屋で家主に電話してもらった。階段のおどり場にある配電盤を直していた。

通訳事務所に出かけて行き、日本語の通訳に電話で要件を説明し、それをカウンターにいた人に伝えてもらった。カウンター（店内）にいた人が運送会社に聞いてくれたが、トラック一台珠海まで、五元／キロメートルなので、二五〇〇キロメートルで、一万三〇〇〇元だとのこと（二〇万円）。料金をたしかめるだけだった。二〇元。

不動産屋で、次のアパートの契約。マカオへ。月末、快晴。薄い色だがはっきりした青い色の空。

# 一二月

上旬、次のアパートへ電気掃除機を持って出かけ、床を掃除した。タイルがなく、コンクリートの床だが、すこしデコボコしている。職人を呼んで換気扇を取り換えてもらった。たしか一〇〇元。窓に青いビニールを貼ったり。ある日、引っ越し。五〇〇元。

思い出すことなど

掃除について

生活の様子のせいだろうが、わりに綿ぼこりが床につもった。あと、手を拭いたときのチリ紙のカスなど。テーブルの上にゴミ捨て用の大きなビニール袋を置いて開け、その中に、新しいチリ紙の束とか（トイレットペーパー五〇センチメートルくらいをたたんで一つの束にしていた）、手を拭いたチリ紙とか（ハンカチは使っていなかった）、鼻をかんだチリ紙（一度で捨てるのはもったいないので、何度か使っていた。それに指にしみたらいけないと思い、束〈トイレットペーパーで五〇センチメートル〜一メートル〉を使っていた）を入れていたが、最初のころはおそらく、鼻をかんだチリ紙は古くなればくずかごに捨てていただろう。しかし、そのようないらなくなったチリ紙の束（もちろん乾いているもの）をほうき代わりにつかって、つまり床を拭くようにして掃除した。たまにしか掃除しなかったせいかもしれないがずいぶん綿ぼこりが取れた。

それまで四軒のアパートではどういうわけか床のほこりについて記憶がない。ただ、三軒目のアパートではサンルームの土ぼこりがすごかった。むろん、めったに掃除しなかったせいだが、冬は多かったのかもしれない。最初のアパートでは覚えていない。記憶に残っているのは、開けた窓の下あたりに落ちていたキラキラ光るガラスの粒子である。一般的に言えば、おそらく町はずれの方が（つまり最初のアパート）、土ぼこりは多いのだろうが、そんなに遠くまでは飛ばないのだろう。三軒目のアパートは裏庭が土だったかもしれない（歩いたことはあるのだが、忘れてしまった）。近くに空地があるとけっこう土ぼこりが多いのかもしれない。ただ、最初のアパートは五階くらいで、三軒目は二階くらいだった。比較は無理かもしれない。


職人を呼んで、部屋の外扉の鍵を取り換えた。中からかからなかったので。二〇〇元。

引っ越した翌朝、ツメを見たら、先から二ミリメートルくらいの所まで割れていた。いろんな物をビニール袋にいくつも入れて、口をしばっていたので、指とツメが傷んだのかもしれない。

銀行で日本からの送金を確かめた。少し多めに送ってもらった。

さらに、ドアの修理。内扉にノブを付け（取っ手）、かんぬきも付けた。内扉もちゃんとしまるのだが、鍵をかけても横棒は引っかかって入らない。が、建物が古く、鍵をとめるあたりの木材がくずれているので、クギが打てない。つまり、これ以上の修理は無理なので、スライド式のかんぬきを付けた。一〇〇元。

テーブルとブラインドは必要なかったので、引っ越しのとき、置いてきた。

トイレが再度つまったので、ゴミ捨て用のビニール袋をおまる代わりにした。新しい吸圧器を買った。吸盤が大きく、ゴムが少し軟らかい。これで完全に直した。

日本食店があり、寿司を食べた。まぐろのかっぱ巻きが六個で七五円。サバの塩焼き定食が四〇〇〜五〇〇円。

電気掃除機で掃除。三度目。洗濯機には洗面器で水を入れた。レストランで麵と、きのこと野菜。計一五〇円。

トイレの天井にある排水管から水モレ。ゴミすて用のビニール袋をおまる代わりに使った。

外出したら、路面の水がこおっていた。温風機はいつも低温で使用。夜はサンルームへのドアとかトイレのドアは閉めている。

先日、デパートの前を通ったら、広場で〝背広〟のバーゲンをやっていた。七五〇円の背広上下は糸が弱くてすぐ切れそう。三〇〇円で以前買ったズボンと同じ色。生地の厚さは夏ズボンと同じようだ。五〇〇〇円の上着はしっかりした感じ（どれも見ただけだが）。たしか一二〇〇円の上着だったか上下は疲れてよれよれの感じ。三〇〇〇円の上着か上下は縫い方は丈夫そうだった。

洗面器をおまるとして使うことにした。すこし小さいものをふた代わりに。

レストランで、長ネギと羊肉のいため物と麵。一九元。鄭州家電市場とその隣の家具市場、さらに建材市場を見た。ソケット型の蛍光灯を買った。六〇〇円（四〇元）。

スープにわらいタケ（後述、第二編二〇一一年六月〈？〉〜思い出すことなど）のような形をしているキノコが二つ入っていて、一つをよくかんでみたら食べられそうだったので、飲み込むと、まもなく、ニンニクをかけらで一〇個か二〇個くらい食べたような気分になった。

年末のある日、不動産屋の〝社長〟が、上の階の人に聞いてくれたが、ずーっと上からの漏水が流れてくるらしい。設備が古いので直せない、とのこと。ドアを開けていたとき、硅素のようなものを打ち込まれた。電気掃除機で、壁と天井を掃除した。

# 二〇〇九年

## 一月

上旬、「すこしゴロゴロして、一二時一五に起きた。カイセイ。食事のしたく（コップを洗い、かしパンの袋を開けて、ガスレンジの上に置いたアルミのおぼんの上に置く、ハム、ジュースのボトルを洗う）で三〇分。一ジすこし前から昼食。二ジすぎまで」。手の甲の出血のあとが、茶色いスジのような細長いカサブタになった。

ある日、外出するまで三時間かかった。食堂で麺とこの前のギョーザスープ。きのこは一つ入っていた。スープを飲むとすぐかすかな収斂性を感じた。この前はわからなかった。が、すぐその感覚はわからなくなった。

ひじの下あたり（筋肉？）がすこし痛かったり（厚着しているので圧迫される）、朝、起きると、ひたいのすこし下あたりに血が小さく点のようについているのを見つけたり、背中の肩の下あたりのかゆい所が、さすると痛がゆかった翌日くらいに、ブツブツがすこし平らになっていたりした。

別の店で長ネギを買うようにしたら、目の下のシワが減った。味が少し違っていた。

足の指のツメを切ったが、二〇〇四年から二〇〇五年にかけての冬、〝フトン〟が重かったせいでねじれるように曲がってしまった指は、ツメが伸びていなかった。

台所の流しの排水管が完全につまってしまったので、いままで何度もたのんだ、荒物屋で修理依頼。プロパンガスの配達とか、配管などを扱っている店。かなり大変らしく、大きなシリンダーのようなものに空気を圧縮して入れ、それを排水口からプシューというよりはパン！　とやっていた。流しの横にある、床の排水口でもやっていた。結局、直った。一〇〇〇元。床には黒い水があふれ、掃除が大変だった。

ある日の食事は、かしパン（アン入り）一五〇グラム×二、長ネギ五センチメートル、水にとかしたチキンスープ、三〇％の桃のジュース、大きなみかん（ゆず？）の半分、すこし小さいトマト×三、スイカ一切れ。ある日は、マントウ六個と長ねぎ。

例の足の指のツメはのびてきた。暖かくなったら急にのびて、他の指と同じに。明け方休むことが多い。ある日、一日突風のような風が吹いていた。明け方、台所で手を洗っていたら、シャーベットのようなものが、排水口のまわりにあるのを見つけた。翌日、昼ごろ、手を洗っていたら水がピタッと止まった。まもなくチョロチョロと流れる。栓をいっぱいに開けても変化なし。それで手を洗い終わり、見ていたら、急にたくさん流れ出した。すごく冷たい水だったが。一～二分？　で温度はもとに戻った。

このころ文庫本を読んで要約ノートを取ったりしていた。つまり、荷物を減らすため、読み終えて不要となった本を捨てるわけだが、念のため、ノートを取ったりしていた。あるいはページを切り取ったり。

# 二月

上旬のある日、温風機にあたりながらボンヤリ立っていたら三時間たってしまった。短波ラジオは聞いているのだが、電波が弱くてずっとダメ。通貨は五万円で三七〇〇元くらい。不動産屋でガス代と水道代を五四元払った。大きなみかん（ゆず？）は九・五元で、値段が高くなった。季節が終わりか。ネギは二束計一〇本で一五元くらい。一本二二円。ネギは買ってきたあと、青い所を折って捨て、外側の皮を取り、水で洗って、ビニール袋にしまっている。

今までは、冬、VCDをよく見ていたが、このころは野菜やくだものを多く食べているようだ。

スイッチのひもを引っぱったら、ポンという音がして、青い光が一瞬光りヒューズが飛んだらしい。懐中電灯をつけ、暗い中で、顔を洗ったり、髪を拭いたりして着替えた。台所の窓は明るかった（外の街灯）。中旬、近くの商店街を探したら、家電の修理店があった。来て見てもらったら、室内の壁のヒューズボックスを点検していた。ヒューズを一本取り換え、さらに階段の踊り場にある配電盤のスイッチ装置を取り換えた。六〇元。掃除。タンスの上だったので、一メートル手前にずらしていた。終わったあとたしか、ある程度、元に戻していたが、念のため、タンスを再度、手前に動かし、床をよく見たら、ヒューズの糸（一センチメートル）が落ちていた。ビニール袋に入れ、切れた電球の袋に入れた。

NHKの短波放送によると、某電気会社が大規模な人員削減。

温風機はONにすると、送風モードのみ作動。

気のせいかもしれないが、外に聞こえるはずもない小さな室内の音に、外の大きな話し声が、〝タイミング〟が〝一致〟したように感じたことがあった。あるいは調節（調和）されていると感じたことがあった。偶然かもしれないが、地電流みたいなものの影響があったのかもしれない。あるいは、コンピューターが盗聴しつつ、無電でコントロール下の人間に指令を送ったのかもしれない。目的は、不明。

ある日、早朝、子供のすごい泣き声で目が覚めた。今までのアパートはとても静かだったが、ここでは少し聞こえることがある。

NHKの短波放送。二・二六事件で襲撃された民家の一部を保存とのこと。この時、一秒くらい混信して、おそらく映画音楽の一節だろう、そこだけ聴けば何かアイチョーがこもったような、しかし正体不明のメロディーが聴こえた。しいて言えば、〝兵の気持ち〟をイメージしたとも言えようが、おそらく全く関連性はなく、ひょっとすると金をゆすり取るための国際的謀略だったのかもしれない。つまり、〝秘密は守りますよ。〟というイメージを打ち出しつつ、一〇〇億円くらいゆすろうとしていたのかもしれない。むろん、偶然かもしれないが、国際謀略合戦に聴こえてしまった。

別の某電気メーカーも、人員削減。赤字。

# 三月

ＮＨＫの短波ニュース。鉄鋼業界と海運業界は景気にすぐ連動するらしい。ただし、これは、そのころ聞いたニュース。一般性みたいなものはわからない。

昼は換気扇、夜は温風機。日本からの一五万円の入金を確認した。食事時、寿司屋に入ったら、少し混んでいて、安いものはなかった。回転寿司。

朝、流しの排水口がつまった。トイレ用の吸圧器で押したら、すぽーんと抜けたように直った。短波放送によると、愛知県はうずらの卵の出荷高が全国の七割。鳥インフルエンザに関して。弱毒性とか。

短波放送によると、某電気メーカーは七〇〇〇億円の赤字。護衛艦がマダカスカルへ向けて出航。刑法が八年前に改正され、飲酒運転で、人身事故？　をおこすと、懲役最高二〇年。某社はグループ全体で四五〇〇億円の営業赤字。北朝鮮がロケットを発射した場合、日本列島の上空を通過するとき、ミサイル防衛システムを作動させ、撃墜するかもしれないとのこと。

電気掃除機用の紙パックを買いに、家電市場の近くまで行った。サンヨーの店にあった。普通の布の袋も買った時、付いていたが。

ある夜、雷鳴。一時間くらい。ドーンという近いものもあったが、シュワー（？）という遠い（？）のがとても多かった。シュワードンが多かったような気がした。ドンシュワーについては覚えていない。シュワーではなくバリバリだったか？　雷鳴の前に一〇秒くらいの雨の音を二度聞いた。雷鳴の後半からは雨があった。雨もやみ、雷鳴も聞こえなくなって一〇分くらいして、台所に行き、蛇口に手をのばしたら、ピカッと窓の外で青く光った。まもなく雷鳴。そのあと、五～一〇分の間に数度雷鳴があり、あとは、静かだった。

短波放送。成田空港でMD一一が着陸に失敗して炎上。二人死亡。死亡事故は開港以来初めて。強風だったり、弱かったり。

りんごのジュースを時々飲んでいる。ある日、昼、用を足したとき、パンツの内側にウンコが薄くこびりついているのを発見した。夜、何かカリカリするような感じがあった。

昼すぎ、誰かがドアをドンドンとたたき、すぐ他の部屋を二軒くらいたたき、そのあと話し声。きわめて珍しい。住民か住民に親しい者のようだ。何かの芝居、演技だろうと推測した。その日の夕方、若い女の人がドアをドンドンとたたき、電気代だろうか、何か言っている。ドアは開けず、〝Go away〟と言ったりした。何かの詐欺みたいなものだろうと推測している。金額はたしか言っていたような記憶もあるが、大した金額ではなかったと思う。

様子をさぐるというのが目的だったのかもしれないが、金額ではなく、行為に期待していたのかもしれない。たとえば、テロリストへの支援金（正確には、テロをやめさせるための反テロ、正義の暴力、一〇〇回爆弾を投げ込まれたので一回くらい投げ返さないとバカにされてしまうというので、いやいや同じようなことをさせられたという気の毒な状況、普通の良いことをしたいのだが、現状では高くついてしまうのでやむを得ず、手口を真似しながら一〇〇倍くらいの量やっているゲバルト活動〈ひょっとすると殺人、〝しまつ〟だろうか。命令を受けながら、あるいは、それを予測・推測しながら、ある程度〝自発的〟に行っている粛清活動だろうか?〉の支援金か、つかまってしまった人間の救済という風に言えば、より現実的なのかもしれない）かもしれない。

奉加帳のようなものであって、〝関係者〟の反応をさぐる目的かもしれない。あるいは状況をカモフラージュするため、あの日本人はシンパだというデマを流すのが目的だったのかもしれない。あるいは正体不明の人間が多いので、このデマを信じるか否かで〝関係者〟（いるとすればだが）のレベル（組織の能力）をチェックして、ふるいにかけようとしていたのかもしれない。あるいは、ウソが多いんだ、という親切な警告をするための活動だったのかもしれない。あるいは、比較的まともな人間が、だまされているという理由で排除されている悪魔的な、国際情報合戦の現状を正そうとしての活動かもしれない。なお、全ては考えすぎて、ただ、こまかく金を集める、すこしでも金を集めるということだったのかもしれない。つまり、部外者には、請求しにくい金だったのかもしれない。

ある日、ドアの外で立ち止まってケータイで話している人がいた。偶然だろうが、声の雰囲気は自分のメンツを重んじつつ、しかしプレッシャーをかけるように、しかし、あたかも敗けました、と言おうとしているかのような、微妙な、しかし、大きい声だった。言葉はわからないので、何を話していたのか全くわからない。ただ、声の雰囲気にもとづく、インスピレーションみたいなものである。

不動産屋で聞いたが、とくに水道代・電気代でたまっているものはないとのこと。

ある日、部屋で食べていたものは、マントウ四個、長ネギ二本、みそ、スープ（水にとかしている）、真空パックに入っているゆでたレンコン、アップルジュース、ニンジンジュース、トマト二個（一つ三〇円くらい）。

いつも本を見たり、このごろでは要約ノートを取ったりしていたが、三ヵ国語辞典（英・中・日）を見ていたら（買ったとき、汚れに気がついたので、ページの三方をハサミで切りとってあった。なお、これは二冊目）、頭痛を感じた。左側で、次に左眼の「奥」のあたり、それから、首の上、左側後ろへ。硅素だろう。何かが血管（とても細いものかもしれない）の中をズルッと流れたか、はずれて、ころがったのかもしれない。

トイレに三センチメートルくらいのクモ。短波ニュース。サハリン二プロジェクトの初の？　入港。天然ガス六七〇〇トン。年一〇〇〇万トン。投資二兆円。一五年？　ある日、ガスの検針。かしパンをつかんでいる指のあたりは食べなかった。ある日の午後、子供が大きな声でひどく激しく泣いていた。二時間くらい？

ある日、ノートを取りながら本を読んでいたら、眠い。冬パジャマの上着二枚をさらに着たら、眠気が取れた。すこし涼しかったので、血圧が上がっていたか？

粉ジュースで質の悪いのがあり、それは捨てた。カメラ店（現像）を探して、フィルムを買った。この日はくもりだったが、もやのようなものがあり、遠くのビルが白っぽく見えた。帰り、スーパーに寄ったが、出たら、かすかな小雨。翌日は小雨がずっと。のりの酢づけのパックに網戸で使うような硬い化繊の糸三センチメートルが入っていた。今まで五〇〇袋くらい食べたろうか。小さい袋。

天井からの漏水がひどいので、トレイは使用せず、洗面器をおまるとして使用し、別の洗面器をそのフタにしていたが、夜中三時に用を足そうとして、洗面器（おまる）を動かしたら一センチメートルくらいの玉虫みたいなものが五匹、一〇匹と下にいて、すぐ皆どこかに行ってしまった。

アパートの内外で写真を撮った。

アパートの入り口は細長い通路に面しているが、コンクリートを地面に張ってあり、敷地の境はレンガの壁。なんとなく、アーバンなフンイキ。近くの「音像店」（レコード店）は〝印象的〟なポスターを貼っていたので、断ってから、それを写した。名店街ビルではぬいぐるみをたくさん置いていたので、それを写した（とくに、断らなかった）。雑居ビル（ホテルらしいが、店がたくさん入居している）の中にイレズミ屋があり、その看板（スタンドみたいなもの）が、エレベーター近くの通路にあったので、それもカシャッと撮った。

短波ニュース。今年の経済成長率は、マイナス三・三％。半導体メーカーが統合（合併）。カメラ店で、光ディスクに録画してもらうため、ビデオテープ二本（二箱）を預けた。一二〇元。時代劇など。

## 五月

ある日、夕方、電気掃除機で床を掃除していたが、一〇分くらいで一休み。五～一〇分したら落雷。晴れていた。が、そのうち雨。二時間くらい。

トイレに一センチメートルのクモがいたので取った。台所では五ミリメートルくらいのを取った。一ミリメートルのクモもときどき取っている。

マカオへ。岳陽で一泊。ゲームコーナーにあった、スロットマシンみたいで音楽のよいものはなくなってしまった。映画を見たりして、夜行で広州へ。バスで珠海へ。一泊。部屋の窓がすこしはずれていたので、従業員に直してもらった。通りに面しているが、あとでよく見たら、一階は歩道ギリギリまで建てられていて（中はロビーとかフロント）、二階より上は、すこし敷地の境からさがっていた。

不動産屋で聞いて、いくつか物件を見ていたが、ありそう。見に行くと、一二〇〇元／月、換気扇はガスレンジの上のフードがついたもの（これはダメ。が、そのときは判断がつかなかった）。すこし離れたところに大通りの交差点があり、そこまでは緑地なのでゴーゴーという音は聞こえるが、わりに低いシブイ音。うるさいといっても、私にはあまり害はなく、〝BGM〟かなと思った。

夜九時、契約した。家主のおばさんとあと誰だかわからないが女子高生くらいの女の子が来た。英語ができるみたいなことで念のため、来ていたのかもしれない。たしか口はきかなかった（ずっとだまっていた）。なぜか難しいような顔をしていた。〝誤解〟されるといけないので、〝自分は違うんだ〟というイメージを演技しようとしていたのかもしれない。だいたい普通の女の子だったと思う。支払いは毎月で、来年からは三ヵ月ごとにまとめて払いたいと言った。一二〇〇元（一ヵ月分）＋六〇〇元（手数料）＋一二〇〇元（預かり金）＝三〇〇〇元、三〇〇〇元払った。鍵を受け取った。翌日、新しいアパートを再度見て、再度、マカオに行ってすぐに戻り、切符が手に入らないので、珠海で一泊。

鄭州に帰り、通訳事務所へ行ったが日曜日だったので休み。翌日、再度、通訳事務所に行き、運送店に電話してもらった。五月二五日出発、五月二七日着、九〇〇〇元（一三万五〇〇〇円）、それから、その店へ行って筆談。駅へ行って切符を買い、戻って、それを見せ、さらに筆談。五月二五日の昼一二時に僕がその店へ行く、五月二七日の昼一二時に現地で待つことをきめた。地図などメモを渡した。五〇〇〇元払った。

引っ越し、つまり出発の日、四時ごろ目が覚めてしまい、やむをえず五時三〇分に起きてしたくを始めた。まず、〝フトン〟類をたたんでビニール袋に入れ、箱に入れてテープでふたをして、居間においてあったビニール袋に入れていたものをもっと大きいビニール袋に入れたりして、一二時すぎ終了。バスで運送店へ。一二時四五分。すこし待って、トラックでアパートへ。大型のトラックで、入居したときは、隣接するホテルの敷地内にトラックをとめたが、今回の車は入口の門（ゲートみたいなものがあった）がつかえて入れない。そこで歩道にとめた。大通りだったので、歩道はトラックを止めても、その横を人が通れた。運送会社の人は三人。三時ごろ積み込み終了。トラックが出たあと、不動産屋へ行き、精算。夜行で広州へ。バスで珠海へ。近くのホテルへ。

翌日、一〇時ごろチェックアウトして、向いのスーパーで五五〇グラムの粉ジュースを買い、レストランで一〇元の肉うどんを食べ（お湯を入れたボールの底がすこし丸かった）、バスで一一時三〇分、新しいアパートへ。中庭を歩いていたら、隣の棟に住んでいる家主の一家が手を振っていた。トラックも来ていた。食事中らしい。部屋で待った。まもなく運び込み。不動産屋の人も来た。一時三〇分ごろ終了。四〇〇〇元払った。（計九〇〇〇元）それから窓にテープを貼ったりしていたら、二時三〇分。団地内にコンビニがある。

翌日は八時三〇分に起きた。ガスレンジの上の排気装置を作動させた。日記を書いたり。翌日は七時に起き、一〇時前外出。税関前広場までバス停で四つくらい。マカオへ。スロットマシンは損得〇。

# 六月

コンビニで韓国から輸入したウナギの干物を買った。少数民族風のレストランで山海珍味のうどん三〇元。このときだったたか、店内のBGMがにぎやかというか何か工場みたいな所でいろいろ作業するとこんな雰囲気かなあというようなメロディーだった（実際はそんなことはない）。

ある日、夜も排気装置を動かしていたら、午前中三度大便。ある日、明け方、小便でトイレに行くため、まず、台所で手を洗っていたら、まにあわなくて、すこしモレ、床を濡らしてしまった。数日前、二日間で醤油卵を八個食べていた（二〇一七年六月に追記するが、以前、本をたくさん買い込んで見ていたころだったと思うが、ある通俗科学本によると、卵の白味《しろみ》には血栓をとかす作用があるとのことだった。それで、ベタッと引っかかっていた血栓がはずれて、ころがり出したのかもしれない）。

ある日、昼ごろ排気装置がキーキー言うので、OFFにしてからONにしたら、動かなくなった。ビニール袋でチリ紙の束をつかみ、排気装置の中（外側の底）を掃除した（むろん、電源をOFFにしてから）。ドロッとした黒い油がたくさん取れ、ファンを手で回してみると、すごく軽い。直った。夜はOFFにして、台所のドアを閉めた。

どういうわけか、排気装置のファンが、動かないことがあるので、手で始動させたりしている。しかし、今までどおりすごく重い。油はもう取れない。ときどき、キーキーとかカラカラと言っている。

ある日、マンション団地に戻るとき、正門からではなく、もう一つの門から入ったが人が通る通用門みたいな所を通ろうとしたら、足元の右側スミ、門の壁の下にアイスクリームの透明なふたが落ちていた。その横にステップを踏んだとき、前から来た背の高い屈強な中年の男（ふとってはいなかった）が、赤ん坊か幼児を肩にだいて、僕の左側をスッと通った。その時、門の車道を乗用車が団地内に入るため、スッと通っていった。すこし行った所で、後日のため、時計を見たら（カバンに入れていた）、夕方六時一五分ごろだった。すると、すこし離れたところに高校生（？）のグループがいて、女の子が、オーだか何か叫び声を上げた。それで女の子の顔は見た（今はもう忘れたが）。そこは団地内の広場みたいな所だった。帰ってから、片付けて着替えて、休むまで三時間かかった。

ある日、一〇時に起きて、小便をすませたが、何となく気になるので、カーテンの端から外を見ていたが、一～二度雷鳴。大きな音で、遠い。室内を歩きまわっているうちに、雨。外を見ると、視界が悪く、たくさん降っている。その直前は雨雲で暗かった。ベッドに横になった。大雨のようだ。ときどき雷鳴。が、遠い。そのうち、赤い光がしてパシッといい、一～二秒でドーンと雷鳴。タコ足のように地上近くで雷が枝分かれしていたのだろう。厚いカーテンを通して、光がきらめくのを数度見た。一二時三〇分ごろやんだ。居間のベランダ近く（ガラス戸の近く）に置いていたダンボール箱を、すこし室内奥の方に移した。二時ごろには、空はだいぶ明るくなっていた。ラジオ（ＮＨＫ）、日本の主な地域は梅雨入り。

思い出すことなど

洗濯物は室内で干していた

洗濯物はいつも部屋の中で干していたが、冬だったか乾かないときは、三日くらい干していたことが珍しくなかった。夜はビニール袋に入れてしまい、昼だけ干していた。

物価について

物価を比較するのはあまり意味がないと思う。たとえばスーパーでの値段については、食品とか流通の業界の人でないと無理だろう。種類などが少し違い、量目も違う。私の感覚ではスーパーの商品は日本の三分の一の値段かなあというのが印象だが、正確なものではむろんない。アイスクリームは、どういうわけか珠海ではすごく高いという印象を受けたが、よく見たわけではない。米は日本での価格をよく覚えていなかったのだが、十分の一かなと概算してみた。国際価格だろうか。ただ、うろ覚えの記憶にもとづくものだ。

家賃については、中国に来る前、留学生とか駐在員用のガイドブックを見つけ、それを見ていたら、以前、外国人用のアパートを建設して、器具なども日本から輸入して取り付けたそうだが、家賃は月二〇万円だとあった。スーパーというのか売店も併設しているらしい。私は月一万くらいのアパートに住んでいたが、修理（主に配管とか排水、換気）費は、五〇〇〇円くらいはかかっていたと思う。本来なら家主が請求されるものかもしれない。外国人向けの物件というのもあるのかもしれないが、外国人なら修理費くらいはうるさいことを言わないだろうという推測もあるのかもしれない。最後（六軒目）のアパートは例外としても（短期間ということもあり、安いものを探していた）、いろいろな部屋の状況は、誰でも住めるというものではなかったのかもしれない（四軒目と五軒目は良かったと思う）。

従って、家賃は一万円だったと言っても、一般性はないかもしれない。正確に言えば、私が払っていた家賃は、その金額だったということだ。気持ちとしては、家賃は日本の十分の一かなあと思っているのだが、これは私の場合は、ということであって、一般的に家賃というのならちょっと判断はつかない。

珠海にはやむを得ず引っ越して来た

二〇〇八年の冬の初めのころ、引っ越しのすこし前のころ、クリーニング店の前を歩いていたら、ひざがおかしくなり歩けなくなってしまった。五分くらい立ち止まり、それから歩き始めた。この時、日本へ帰国しようかと思った。つまり、もうだいたい見るものは見た。考えもすこしまとまってきた、という気持ちである。二〇〇八年の三月～五月ころにかけて、第一編の第1章と第2章の主要概念は形成あるいは発見されたと思う。その後、二〇一〇年の五月から六月にかけて第1章の下書きが完成し、あとは法学書を要約したり、日記を圧縮したり抜粋したりしていた。二〇一一年の三月から第2章の下書きを始め、東日本大震災が起きたときは、第2章はほとんど終わっていた。その後、第7章の途中から第二編滞在記の下書きを始めた（今は、二〇一一年の六月上旬）。

コンディションについては以前から自信がないのだが、外国で体調不良というのは困るわけで、それで帰国を検討したのだが、日本でアパートを借りる場合、このごろは保証会社にたのむことがあるそうで、引っ越しの費用など、なんだかんだで三〇〇万くらいないと難しいと判断した。そこで、珠海に引っ越して来たわけだ。やむを得ず、という感覚だった。

続・物価について

二〇一六年の八月に追記するが（二〇一一年の一二月に帰国した）、二〇一四年ごろだったろうか、野毛山にある横浜市の中央図書館を見ていたら、世界中の新聞とか雑誌を集めた本棚が数個あり、中国の「人民日報」だか何かの週刊版があり（「北京週報」だったかもしれない）、日本語だった。その中で世界の物価を解説・報道していたが、一番物価が高いのは西アフリカのナントカという国の町らしい。ハンバーグとコーヒー一杯だったか、一五〇〇円くらいの値段だったろうか。おそらく材料など空輸したチェーンの店の価格だろう。それでもビジネスマンには高くはないのだろう。仕事をしてもらうために人選したわけで、頑強な探検家ではない。ヒマな人間なら腹をこわして一日寝ていてもかまわないだろうが、ビジネスだと影響が大きい。

それ以外の商品だと同じ物はないのかもしれない。マーケットで肉を売っていても、しま馬などであれば牛・豚と比較するのはムリだ。それに肉のかたまりを買ってきて、冷蔵庫にしまうわけで、調理なども手間がかかる。比較はムリだろう。水道代にしても水質の違いがあり、〝旅行者〟なら水たまりの水を飲んでいるかもしれない。一種の警句というのか、奇抜な物の言い方ということだろうが、一面の真理はありそうだ。なお、上海だったか、中国の町の方が東京より物価は高いと述べていた。一つの物の言い方ということだろうが、一定の状況は推測できるのだろう。

このアパートは車の音がとても大きく、低速(?)、停車中のブワンブワンというエンジン音がものすごく大きい。道路から聞こえる音はゴーゴー。いつも、一台のエンジン音だった。台所で水を使っているときは、雷鳴とブワンブワンのエンジン音がすぐには識別できない。

ある日、来客。不動産屋の人、二人。小がらな若い女の子と話した。一五〜一七日に大家さんが家賃を取りに来ます。一二〇〇元とあと少し。ワープロで打った日本語はすごいデタラメ。しかし、要件は、はっきりしているので、実用上は、推測して理解できるのだろう。

もっとも、正確な表現をしても、それはそれだけのことなので、他のこと、一般のことについて、誤解させてしまうのかもしれない。つまり、〝親切〟ということで、きまりきった大した内容でもないことを、謎めいた表現で言っていたのかもしれない。何か、この方が良いという、ノウハウでもあるのかもしれない。ただし、外国人が、堂々とまじめな顔で、恥知らずなデタラメを言うので、そういう世界の風潮にあわせた物の言い方を、翻訳ソフトがまだ完璧ではないのでと言いうる状況で、まねして言ってみたかったのかもしれない。つまり、多少は妥協できるとか、気をつけられることは気をつけたい、ということかもしれない。

若い男の方は、とにかく仕事をしているのだろうが、無表情だったろうか。

以前、小学生用の問題集を解いていたら、算数の問題で、〇〇さんは縄跳びを何回しました、〇〇君は……。二人あわせて何回……というのがあった。有名人の姓名の、「名」と同じで、大人の感覚でいえば、某氏とか某女氏を連想するのだろうが、子供用の問題集なので、あまり意味はないのだろう。

なお、自動車の低速時あるいは停車中のブワンブワンというエンジン音については、ひょっとすると、いろいろ難しい理由があるのかもしれない。たとえば、もし、物体が振動している場合は、放電が多いというのであれば、地面や建物、樹木からの放電を多くして、落雷を防ごうとしていたのかもしれない。もう一つの推測は、前線や雷雲が繁華街の上空を通過するとき、落雷しないように別の地点で地電流を放出させようとしていたのかもしれない。地電流がどこから来るのか、どのように流れるのかわからないが、一種の、自然界における〝強電〟の研究をしていたのかもしれない。〝紙と鉛筆〟では不十分なのだろう。

後述するが、このブワンブワンというエンジン音はとても大きく、しかも長時間続いていた。

団地内を歩いていたら、家主のおばさんに会い、郵便受けの鍵を受け取った。日本領事館に住所を知らせる手紙を送った。マカオへ。スロットマシンで二五〇〇円使ってしまった。ある日、本を読もうとして、イスに座ったら、四時間くらいウトウトボンヤリしてしまった。

ある日昼前、雨。雷鳴もあった。台所で手を洗っていると、中庭から車のブワンブワンというエンジン音がすごい。机に戻っても。ベランダに面したガラス戸に近づくと、たいてい音は聞こえなくなる。建物の構造の具合で音が反射して、焦点となったり、聞こえない所があるのかもしれない。もっとも、その後、ガラス戸に近づくとブワンブワンという音がそこでも聞こえるように変わった。雷雨が始まるころは、流しで手を洗っているとブワンブワンというエンジン音が聞こえることが（かなり大音響で響いていた）、わりに多かった。

アルコールの手拭きで、排気装置のボタン附近を拭いたが、油汚れがよく取れる。シャワーはめんどうなので、濡らしたチリ紙で体を拭いたりもしたが、アルコールの手拭きだと簡単にきれいになる。

机に座って本を見ていたら、その間、半分くらいの時間はブワンブワンが聞こえていたような気もする。低速で団地内（つまり、窓の下の道）を走っている車のエンジン音はすぐわかる。

ある日、一一時三〇分、ピーという音で排気装置が止まった（停電はそれまでに何度かあり、数秒から数分で回復した。そのとき、ピーという音がした）。同時にバンという音がして、机の電気スタンドも消えた。台所に行くと、排気装置の上あたりから煙が出ている。コンセントを抜いて様子を見ていたが、ベランダのガラス戸を開けた。一二時三〇ごろ、不動産屋の人と家主のおばさんが来たので、家賃一二〇〇元、管理料四六元、たしか電気代一五元を払った。排気装置が壊れたことを話したら、知らせておくとのこと。まもなく、一時三〇分（?）ごろ、若い人（引っ越しのときいた人かもしれない）とおばさんと小さい子供二人が来て、若い人が排気装置をはずして持って行った。

台所の床掃除をした。取りはずした排気用のホース（直径が二〇センチメートルくらい）が下がっていたので、念のため、ゴミ捨て用のビニール袋で口をとじ、油で汚れていたので、ペタッと貼り付けた。そのあと、台所の入口近くに小さい机を持っていって、本を見ていたが、バサッという音がするので、見ると、台所のベランダ（ビニールを格子に貼っている。ベランダへのドアは開けていた。このベランダは中庭に面している）ではなく、排気ホースの口にかけていたビニール袋がふくらんだ音だった。はずれるといけないので、上に引き上げようとしたら、空気がたくさん吹き出てきた。一～二分。ビニール袋をたくさんかけ、ひもでしばった。台所のドアの下にもテープを下にはみ出すように貼った。けっこう、スキマがあったのだ。

翌日は、ガラス戸を開けたり、ドアを開けたりで通風。小さい机は居間の真ん中に持ってきたが、やはりうるさい。さらに翌日、排気装置は新しいものを取り付けてくれた。しばらく作動させると（一時間くらいだったろうか）、モーターの上あたりの鉄板はさわれないくらいに熱い。一時間ON、一時間OFFをくり返し、その間、食事をしたり、部屋を片付けたり。排気装置を下からのぞくと、ぼやっとしているが、明かりが奥に見える。ネジをはずしてホースの受けの部分をはずすと（イスにのぼって、テーブルのはしに足をかけて）、逆流防止用の弁が一つ、つまり半分、閉まっていない。重みとしてコインを貼り付けた。通電して、ファンをＯＮ、ＯＦＦすると、今度はパタン、パタンと二度聞こえる。のぞいても、中はまっ暗（排気用のホースは、たしか、半透明だったかもしれない）。弁の手直しの準備中、のぞいたら、小さな音でゴーゴー言っており、すこし排気が吹き出ていた。なお、装置の上、ホースの受けのあたりにすこしスキ間があり、ＯＮにするとけっこう排気が吹き出ていた。そこは弁の外側だったので、ＯＦＦにしているときは他家の排気がすこし吹き出るのかもしれない。それに、弁自体完全な密閉ではなく、多少はスキ間がある。つまり、窓を閉めて、ずっとＯＦＦにしていると、台所には他家の排気がすこしたまるのかもしれない。

台所のベランダに面した小窓に網を張った。

うれしいのは、寝室ではブワンブワンの音はしないことだ。ただ、ゴーゴーという車の走行音だけが聞こえる。

下旬、夕方、排気装置をＯＮにようとしてスイッチを押しかけたら、階段で人の話し声。行ってしまってからＯＮにしたが、その前、押しかけている間にパタンという弁の音がした。その日は午後、洗濯をしていたので、台所のベランダへのドアは開けていた。風が吹いて、いつもすぐパタンと閉まる弁が吹きあげられていたのだろうか。あとで、もう一つの弁（つまり、異常なく閉まっていた弁）にも、重しとして、コインをセロテープで張った。

ある日、レストランを出たら空に変な雲が見えるので、ウェートレスを呼んで、空の一角を指し示したのだが、怒ってすぐ中に入ってしまった。すこし曇りくらいで、空の下、つまり、すこし遠方で、上の雲と下の雲の間だったと思うが、すこしロート状の細長い雲が見えたのだ。形としては、龍巻に似ているが、まわりにたくさん雲があり、少なくとも龍巻のような状況ではない。帰り道があるので心配しただけだ。

別のある日、ブワンブワンのエンジン音がうるさいので、〝調査〟した。居間の机のあたりでうるさい。そこで、さっと歩いて二メートル離れたら、パッとエンジンを切った。引き続き（つまり机のあたりに戻るとやはり音が急に聞こえる）、もう一度同じことをしたら、全く同じ。無電の指令でエンジンを切ったのだろうが、ずいぶん長くうるさいので、住民への被害があるだろう。そうすると、天井などに〝放送〟設備を取り付けて、この部屋だけで聞こえるようにしているのだろう。他の可能性は構造の具合で音の焦点があるのではないかということだ。しかし、停車中のエンジン音だけが聞こえるというのも変で、しかも長すぎる。それにガラス戸のあたりははじめ静かで、後にブワンブワンがうるさく聞こえるように変わった。

昔、大阪で万博があったころ、新聞を見ていたら、某社の展示コーナーで、真下だけで聴こえるスピーカーというのを天井からつり下げて展示していた。なんでも、二種類の超音波を出して、そのスピーカーの真下あたりで周波数の和だか差が可聴音として合成されるとのことだった。〝放送〟設備によるものならON、OFFは簡単でコストもかからない（住民に被害はない）。さらに、真下だけで聴こえるスピーカーということだろうか。

目的は不明といったところだが、中国については出版物で読んだものも多少あったが、こちらに来てから見聞きしたこともあった。どちらかと言うと、世界の中で（あるいは日本では）、あまり相手にされていない国なのかもしれない。つまり、その主張あるいは何か打ち出したいイメージが無視されているのかもしれない。それで、せめてやって来た人の周辺くらいには話が伝わらないかなあ、ということでいろいろやっているのかもしれない。つまり、宣伝が目的なのかもしれないが、これは要注意だ。つまり、すでに、アメリカあるいはその友好国が何かやっていて、それを中国が間接的に暴露しようとしているのかもしれない。日本人が外国の人と話をするときは、注意が必要だろう。

「水晶膏体」入りのはみがき粉は捨て、別のものを買い直した。ある夜、眠れないので、ボトルのジュース二本と水を飲んだら、すぐ、眠れた。近くに、気温を表示するボックスか、パネルみたいなものがあり、ある日午後二時、三六℃、別の日は夜七時半、三二℃。台所の小窓に網を張り、夜、その窓をすこし開けている。格子のついた窓。風が吹いてカーテンがゆれた日があった。二日くらい。四日に一度くらい洗濯していた。

# 七月

奥の小部屋で文庫本。この部屋は静か。

レイシはキロ一二元があった。すぐ食べないとダメで、翌々日くらいに残りのものを食べようとしたら、白カビがたくさん出ていて、三分の一くらい捨てたことがあった。

ラジオによると、七月五日、ウルムチで暴動。ある日、昼ごろ出かけたら、三九℃。マカオへ。スロットマシンで一五〇〇円取った。

日曜日、警察署で「住宿登記」したことがある。土曜日に行ったら混んでいて、明日と言われたので。

ある日（七月一五～一六日）、ラジオを横において朝まで眠ってしまった。ニュージーランド南島、西でマグニチュード七・八の地震があり、津波を心配したのだ。部屋は四階くらい、一二メートルだろうか。海抜はわからないが、団地内にはゆるやかな坂道があり、それをのぼる。三メートル？　近くのトンネルを抜けると税関前広場（海が来ている）までまっすぐ。下り道（トンネルを出てすぐ）は一〇メートル下がるとすれば、部屋は二五メートルある。

昔、百科事典を見たとき、一九六〇年ごろのチリ津波で一～二メートル（五～六メートルだったかもしれないが、覚えてない）の波が来たが、三陸の小さい湾には、三角形というのだろうか、奥が狭くなっている形のものがあり、湾の奥では三〇メートルまで津波が高まり、一万人死んだとあった（はっきりした記憶ではない。全然、数字が違うかもしれない）。広州湾のことはわからないが、大きいので直線の海岸みたいなものかもしれない。つまり各部分でせり上がったり、沖へはね返って戻っていったりだろうか。それに珠海は湾の出口の西あたりだ。さらに、海は山の向こう側で、もし水が来るとすれば、バスセンター（海まで坂道はない）からバス停で五つある。途中、気がつく坂道はないが、トンネルはそんなに高くない。目測はきかないのだが、五メートルだろうか。団地の入口はきっと海抜五メートルはある。さらに三メートルと一二メートルで二〇メートルだ。心配する必要もないのだが、気分ということだろうか。

朝六時に目が覚め、排気装置を止め、一〇時三〇分までさらに休んだ。またずれが治らず、右足は甲に靴ズレが出て、皮が五ミリメートルむけ、水がしみ出した。幸い、一〇日くらい前から、両足のスネの出血は急に治り、黒い点となった。

食堂では豚のレバーの入ったかゆをよく食べていた。バスセンターへ行き、そのあたりで地図を買った。

八元。東へ一〇分（？）歩くと歩道橋。そこを渡ると海岸。写真を一枚とった。バスですこし行って、望海楼という所で三枚。

ある日、マカオへ。スロットマシンで三八〇〇円使ってしまった。引っ越ししようと思い、不動産屋へ。五月に見た換気扇が二つある物件はもうない。三〇階建ての高層マンションはことわった。このころの食生活は、初日、弁当（コンビニで売っている）、次の日、ビスケット、それから粉ジュース。

# 八月

レストランで「涼判牛肉」というのを食べた。長ネギがたくさん入っていた。不動産屋で希望を述べた。三〜五階、一二〇〇元／月、静かな所、普通の換気扇。パソコンで探してくれた。案内してもらった。翌日契約した。一二〇〇元／月、預り金は一ヵ月。二四〇〇元と手数料三六〇元を払った。そのあと、家主さんが用意した車で近くの警察署へ行ったが、何かいろいろ話しており、見ると再度「住宿登記」をしているので、その証明書はことわった（手続きをことわった）。

マカオへ。スロットマシンで二五〇〇円使ってしまった。

中旬、不動産屋で鍵を受け取った（取り換えていたので）。家主さんが用意した車で近くのこの前とは別の警察署へ。何か話していた。それから車で、近くのマンション団地内の警備室へ。何か書類を作製しているので見せてもらったら、「人口信息……」という見なれないもので、「住宿登記」はすでにしているので、それはやぶいてもらった。

新しいアパートへ。ベランダの外側に防犯用の鉄格子がついているが、それは少し外に張り出している。外から見るとたくさんの部屋で、そこに植木鉢を置いている。見たら、植木鉢がいくつか、外に張り出した格子の上に置いてある。全部、下におろした。

念のため、広州の日本領事館に電話して「人口信息……」という書類のことを聞いてみたがわからないようだった。不動産屋へ行ったときも、その書類は提出する必要はないと店員に言った。

不動産屋で修理店に電話してもらい、皆で新しいアパートへ。入口で職人と落ちあう。換気扇のコードを直してもらった。三〇元。

マカオへ。スロットマシンで一八〇〇円使った。ある日、一日横に。この前は三日くらいゴロゴロしていた。日記を見ると、もう二〇日くらいゴロゴロしているようなことが書いてあった。

ラジオ（ＮＨＫ）が、民主党の大勝利を伝えていた。

## 九月

Ａ４で二枚、日本語から中国語に翻訳してもらった。四〇〇元。排気装置の弁に重しとしてコインを貼った件についてだ。

雷雨で涼しくなったあと、手の甲の赤いブツブツは出なくなった。腕の赤い斑点も治った。

マカオへ。スロットマシンで四〇〇〇円使ってしまった。
団地内のレストランでナスの油づけなどを食べてから、近くの運送店へ（依頼していた）。入居している建物の入口で待っていたら、トラックが来た。「ファンシンカー」と言っていたが、よくわからない。そういうものはない。とにかく積み込み開始。しかし、団地の出口で待たされた。一時間後、家主のおばさんが来て、守衛所で何か説明してＯＫ。鍵はこのとき返した。

思い出すことなど

食事をするなら、できればレストランへ
以前、食堂で水滴が飛んできたことは述べたと思うが、これは、基本として、外国人は食堂ではなくレストランで食事してほしいという希望がまずあって、その上での、何か意味があるのか、ないのかわからないようなパフォーマンスだったのだろうと推測している。なお、水滴を飛ばした人は、ある人に似ており、以前テレビで似た顔を見たが、当地では似た人がいた。第四編で少し説明しようかと思っている。

硅素のような汚れ
硅素のような汚れという表現を何度か使用したが、むろん厳密な表現ではない。何か血管の中で小さな血栓とかコレステロールみたいなものがはずれて流れ出すという感覚があったが、これも実際そういうことなのかどうかわからない。ただ、「偏硅酸」というのが入ったミネラル・ウォーターがあり、それを一口飲んだときの感じと、珠海における冬の水道水を一口飲んだ感じがすこし似ていた。また、日常的な汚れも口にはいると、表現はむずかしいが、似ていると言いたい。つまり汚れはいろいろな物質がまざっているのであろうが、硅素のような作用の物質が入っていて、その作用が大きいと推測している。

エアークリーナー

すでに述べたようにエアークリーナーは役に立っている。窓からの空気はたまにけっこう汚れていることがある。掃除かあるいは服をはたいているのかもしれない。アパートは大きな建物で、他家の台所の排気に一酸化炭素があれば、良くはない。エアークリーナーにはフィルターの他に活性炭も入っており、たしか説明書はCOを吸着すると述べていた。大げさだなと感じたが、冬、室内で練炭（鄭州では、マンション団地の管理事務所で使用していた。警察署では煙突のついたストーブの中は練炭だった。男の署員が来て、タバコを吸うため、フタをはずして、それを戻さないで行ってしまった。事務の女の人など、つまり婦警さん二人は、夏と冬で顔の感じが違うように見えたが、これははっきりしない。むろん、因果関係もわからない）を使用する場合は、役に立つのだろう。

掃除

ほこりがつもる場所は、きまっているので、しだいにそういう所をよく掃除するようになった。今のアパート（珠海での二軒目のもの）は、昼も夜も換気扇を作動させている。網をその上に張っているので、たまに、そのホコリを掃除している。

家主のおばさんから、電気代振り込み用の通帳をあずかった。マカオへ。スロットマシンはやはりダメ。二一〇〇円使った。

ある日、夜おそく、ものすごく暑くなり、翌日、午前中、何度か大雨。すこし涼しくなった。

アパートの入居契約書を紛失しているのに気がついた。警察署に置き忘れたのかと思ったが、無かった。しかし、パソコン（ワープロ？）でコピーを取っていたので、それを再度コピーしてくれた。

足のスネに点々と出血、手の甲にすこし赤いジンマシン。朝起きると、指のツメに眼ヤニが入っている。頭皮のあぶらが入っていたことがあった。食事は、たとえば、食パンと長ネギとみそ。ニンニクをゆで、ソーメンやラーメンと一緒に食べたり。

居間は西を向いているので午後は暑い。

車のブワンブワンというエンジン音は聞こえる。深夜帰宅したとき見たら、団地内の道路には車がびっしりと駐車していたので、夜、早いころは、車が動いているのだろう。おそらく、順に駐車するとしても、出ていく車があれば、〝車庫入れ〟の逆ですこしメンドーなのかもしれない。幸い奥の小部屋（やはり西向きだが）では聞こえず、居間の机でもこの前のアパートのような大きな音ではない。

マカオへ。一二〇〇円使ってしまった。ラジオ（ＮＨＫ）によると、雇用状況はさらに悪くなるらしい。

# 一〇月

ある日、不動産屋で、家主のおばさんと男の人が来て、家主保存の契約書のコピーに再度両者がサインして、指紋を押した。これで契約書を紛失してしまった件は解決した。

このころは八百屋で買い物して、部屋で調理していたが、ある日の買い物は、にんにく二〇個、にんじん
「住宿登記」しようとして警察署へ行ったが、それでかまわないと言われた。

二本、外側がすこし紫色をしていたが玉ねぎ四個など。

ある日の食事は、食パン（耳ははずし、あとで別の食事のとき甘いものと一緒に食べた）、長ねぎ、みそ。

ある日、にんにく二〇個の皮をむいて翌日の食事のしたくをしていたら、六時間かかった。

涼しくなってから（九月末ごろより）、朝、指のツメに目ヤニが入っていることはない。足のスネの出血（点々とたくさん）も治った。が、またずれは再発。ひげを剃るときは、このごろは、まずハサミですこし切ってからシェーバーを使っている。とくに曲がっているような毛は、シェーバーだと残ってしまう。部屋への日射は減った。

このころは、居間の机は、台所へのドアの前あたりだったか、車の音がブアンブアンではないが、ゴロンゴロンとかゴトンゴトンと聞こえるので、台所のドアをだいたい閉めた。一〇センチメートルくらい開けて。マカオへ。

カジノで翌朝までスロットマシンをやっていたが、一八〇〇円取った。しかし途中、六七〇〇円まで使

い、そのあと、ミニジャックポットというのが出て、七二〇〇円取ったが、全くギャンブルだ。朝八時までやっていた。あるいは台が、パチンコで言えば、遊び台だったのだろうか。

アパートの建物入口のドアの鍵が壊れたとのことで、新しい鍵、丸っこい電子キーのようなものを受け取った。不動産屋で、郵便受けの鍵を受け取った。

郵便受けには、五センチメートルくらいの厚みまでチラシが入っていた。大多数は捨て、以前の入居者宛のものは、不動産屋に持っていった。家主に渡すと言っていた。その後も、何度か以前の入居者宛の手紙を不動産屋に持っていった。中には、防空法のご説明という役所らしき所からの手紙もあったが、それも不動産屋に持っていった。

外出するとき、ベランダへのガラス戸を開けて、サボテンの植木鉢大小三つに水をやった。入居以来、一・五ヵ月ぶり。葉のへりに小さい葉か花のようなものがたくさん出ていた。すみに置いてあったボール紙とかくつ箱を捨てた。

マカオへ。九六〇〇円使ってしまった。月末、家賃を銀行で送金した。水道代は通帳を機械に入れると、日付が印字された。

## 一一月

室内を歩きまわると、机から二メートル離れると音は聞こえない。五回でも一〇回でも（ぐるぐると連続的に歩きまわった)。机を部屋の奥の壁に面した位置(台所の出口正面)から、部屋の中央に移した。ベランダを背に。

ラジオ(NHK)の先日のニュースでは、アメリカのリーマン・ブラザーズという証券会社が前年の暮れ、つぶれた、と言っていた。

にんじん一〇本、ビニール袋に入れていたが、まる二日包んでいたら、カビが吹き出したようについていたので、捨ててしまった。

昼、外出する前、寝室の窓をカーテンの端から見たら、窓が閉まっていた。いつ閉まったか不明。三日くらい前、夜、強い風はあったが。なお、ドアや窓にスキ間があり、計算したら六〇平方センチメートル(六×一〇センチメートル)くらいはあるかなと推測した。

食事のとき水を飲むが、ニンニクの入った麵を食べていたころは、一度の食事につき水一・五リットルを飲んでいたが、食堂の持ち帰り定食では二五〇ミリリットル。パンとねぎ、みそのときは、一リットル。

マカオへ。三〇〇〇円使ってしまった。朝、外に出るとすごく寒い。タクシーで税関ビルに戻った。四八〇〇円。税関を出たあと、やはりタクシーでアパートに帰って来た。三〇〇円。

翌日、外出したときは、下着の半そで、長そでを着て、シャツを着て、薄手のジャンパー。前日は半そでのTシャツだけだった。

荒物屋で網を買い、寝室の開けている窓(たしか、縦に細長い、押し開けるタイプの窓だった。二〇一四年一二月記入)と台所の換気扇に網を張った。バスの中で、顔の片側に硅素の風が吹きつけられたと感じた。帰ってから着がえるとき、シャツなど、どれもその側が硅素風に汚れていた。よくはたいた。夜は換気扇をとめた。

かびた物の洗濯は大変。あるタオルケットは、三回洗って脱水（洗濯モードを三度繰り返した）を二度行ない、あと水を取り換えながら三度すすいだ。

ある日、停電。管理事務所で聞いたら、管理費が未払いだった。二ヵ月ごとに九〇元。マカオへ。四八〇〇円使ってしまった。一一月二六日だったろうか。朝、地震があったのかもしれない。タイルが一枚はがれ、あと数枚はがれかかって、しばらくパリパリいっていた。

# 一二月

外出して、家賃一二〇〇元を送金したりしたが、家電修理の店を近くで見つけ、修理依頼。翌日、六時すぎに来た。背面の下の板をはずし、中、漕の下をガンガンやって、水を床に流し、弁を確かめてOK。三〇元。三〇分くらいだった。一時間かけて床の掃除。まるい毛の糸くずの玉がいくつかあった。

一二月八日、昼ごろ外出して、スーパーで「好麗友」というカスタードパイの箱を手に取って、棚を見ていたら、男の客が肩を僕の背中にこすりつけながら、後ろを通っていった。帰ってから、ジャンパーをよくはたいた。このときの買い物は一食分。蛍光灯を取り換えて、再度外出。道を歩いていたら、硅素を吹きつけられたような気がした。スーパーに寄ったあと、近くの食堂でかも肉定食と魚二匹。五時三〇ごろで客はいなかったが、すぐ人が来た。持ち帰りが多いようだった。魚はいつもより大きかったが、いつもの三元ではなく四元だった。

どうでもいいことだが、何か難しい一日だという印象があり、うっかり、オーと言ってしまった。実は前日外出するつもりだったのだが、洗濯物が乾かなかったのだ。店のおばさんは、別のテーブルに行って、私がこう言っていたとしゃべっていたような気がした（皿を持って行ったとき、ひかえ目な表情で何か話しているのが見えただけ。声は聞こえなかった。それに言葉はわからない。全て気分）。なじみの客なのだろう。

何日か前、バスの中で人の足がくるぶしにあたったくつ下を再度洗ったが、石けんを中に入れ、汚れた側を下にして、ゆすぐように三〇分～一時間（？）洗った。石けんが小さくなり、一元くらい使った。が、あまりきれいにならない。くるぶしあたりが汚れていたので、そこを外側にして袋のようにへこませ、水をそそぎながら、もむようにしてゆすいだらきれいになった。一〇分？　翌日だったが、流しを見るとカビが出ており（よく出る）、チリ紙の束で拭くと青カビだった。いつも汚れは黒っぽかった。

先日、マカオから帰ったときだったと思うが、夜中、団地内を歩いていたら、車が後ろから来て、同時に自転車が前方から来た。僕は駐車中の車の側面の延長線よりも歩道よりにいた。歩道を歩いてもよかったのだが、狭いのと、排水路の上にコンクリのふたをのせているので、ボコンと音がすることがあり、それで車道を歩くことがよくあった。

下旬、小バエを机の上で取り、数日前は手を洗っている最中の泡のついた手で小バエを空中で取った。寿司屋で食事していたが、なぜか小便がもれそうになり、かにもどき二つは食べずに出た。スーパーではレジが混んでいたが、僕が支払ったあとも混んでいた。六時ごろ。

ラジオ（ＮＨＫ）、泊原発三号炉が商業運転開始。新規の原発は三年ぶり。三〇〇〇億円（？）の建設費。これで五四基。九〇万キロワット。北海道電力はこれで四〇%が原発から。

ある日、すこしウトウトして一二時に起きた。ツメを切って一五分、ヤスリをかけて一五分。着替えて、ひげを剃り、ゴミをつつんで、二時三〇外出。レストランで、レバー定食一三元、きのこ料理二〇元、野菜一〇元。

マカオへ。ゲームセンターへ。税関で、健康申告か何かを記入していたら、また青年がボールペンを貸してくれと言ってきたので、ダメだと手をふったら、何か捨てゼリフを言って立ち去って行った。

スーパーの帰り、団地内を歩いていたら、ビニールが切れジュースが一本落ちた。穴は小さかった。

団地内で大家のおばさんに会った。紙に「手続きを」と書いてみせてくれるが、詳しい説明はない。不動産屋がすぐ近くなので、そこで通訳を頼むと、初めは画面にものすごいデタラメな英語が出たので、ダメだと言って、帰ろうとしたら、ちょっと待ってくれというので見ていると、やはり手続きのことを言っていたので、三回ことわった。

家主は帰り、僕も帰った。再度外出して、レストランへ行くため、バス。後ろの席に座ったら、すこし前に女の子が立っていたが、上着だったかセーターが小さいのだろう。腕をあげてつり皮につかまっていたのだろうが、ウェストがよく見える。そういうファッションかもしれない。やせたらジーンズのズボンが下がってしまうのだろうが、しかし、ベルトがあれば大丈夫だ。ただそのときは、そこまでは気がつかなかった。やせると大変だなあ、ということまではすぐ気がついて、それ以上は推測がつかなかった。もっとも、人のことでどうでもいいことであり、心配しなければいけないことはたくさんある。

# 二〇一〇年

## 一月

日本航空は公的資金を投入するため、会社更生法を摘用して透明性を高めるとのこと。債権放棄などが簡単になるらしい。ラジオ（NHK）。

マカオへ。レストランでやはり定食二人前、二三元。ゲームセンター。このころ、大通りをあるいていたら、キャスター（車輪）の付いたイスをかついでいる男を見かけた。ラジオ（NHK）、東京は〇～八℃、湿度一〇%。日本航空の株価は三〇円下がって七円に。一月一二日か一三日だったと思うが、ハイチの首都でマグニチュード七の地震。

下旬。新聞にはいろんな種類があるが、ある日、大通りの新聞販売スタンドでいくつか新聞を買ったら、ある一面では、どこかの国の軍艦が燃えている写真が掲載してあり、見出しで当時アメリカは中国に五〇〇機の飛行機を送ることを計画していた、とのこと（ハワイのパールハーバーのころの裏面史）。

上の部屋がコトンコトンとうるさいので（工事ではなく、日常生活音だが、すごく響くとても大きな音。他の部屋の音とは思えないくらい大きい。ただし、コトン、ゴトン、ギー、バタン、ドン、ガン、ドシン、のたぐいで短い音。回数がとても多い。数えてはいないが、五〇回か一〇〇回だろうか？　一日に。小さい音もある。他の部屋の音は幸い聞こえない。階段を歩く音やドアのバターンという音は、今〈二〇一一年六月中旬〉はとてもうるさいが、このときは日記に記載がなく、覚えていない）、その理由、原因について、日記の中でいろいろ推測してみた。読み返してみると、だいたいデタラメで、根拠もなく、まちがっているのだが、頭の体操や言葉の練習にはなったと思う。

バスに乗ったら、席をすすめられたので、座った。けっこうスピードがあるので、両手でつかまることが多い。

文具店でノートを数冊、三一元で買ったが、レジで次の人（中年の女の人）が、僕が買ったノートの上に物を置き、毛の何かを持った手をノートの横に置き、毛はかすかにノートの側面（開く側）に触れるくらいだった。その前、ノートの棚の前に人がずっといたので、他のものを見て、一〇分くらいしてからノートを取り、レジへ行ったら、だった。帰ってから、ノートの表紙をいつものようにはずしたが、ノートの側面を顔に持っていくとすごく汚れている。そこでハサミで幅五センチメートルくらい切り取った。秘密兵器のたぐいを使ったのだろう。たとえば、ノートの上に置いたサイフみたいな物が磁力を発生し、毛がついた小物からは微粒子が電気力でノートの側面に照射され、さらに磁力か何かでページの中まで飛んでいったのだろう。

目的は不明。悪い人はやたらにはいません、出動して来ます、という宣伝か、最新式のメカをさりげなく宣伝したか、最初から汚れていたノートを棚に置き、ただし、僕はいつも顔のあたりに持っていって様子を見て選んでいるので、短時間で分解する反対の作用の微粒子を吹きつけておいて、あたかもすでに最新式のメカがあるように擬装したか、常に僕に超音波をあてていたのをそのときは中止していたか、しばらくしてから作用し始める薬品・微粒子を照射していたか、いろんな可能性がある。ひょっとすると、話題の提供、議論の材料の提供だったのかもしれない。

新聞を見たら、中米は温戦だという言葉があったが、見出しを見ただけ。言葉がわからないので、記事は読んでいない。意味不明といったことか。ただ、台湾問題があるので、その関連かもしれない。

月末、部屋はおそらくコンピューターによって盗聴されており、人工音が放送されており、それを日本に宣伝しようとしていると推測した。つまり、外に聞こえるはずのない小さな音にあわせて、外から声が聞こえることがあった。偶然ではない（数回から一〇回あるいは二〇回あった）というのが理由だが、たとえば無電装置を外で遊んでいる小さい子供に持たせて、その指令で叫び声を上げさせるというのは大変なので、人工音が放送されていると判断した。

ただし、偶然ではない、ということについての理由は現時点（二〇一一年六月中旬）でのもの。日記に記入したころの感覚はもう覚えていない。理由としては、日本の将来をさぐろうとしているか、話題となるかならないかで各国政府のスケベ根性をさぐろうとしていたのかもしれない。ただし、金をゆするための手段かもしれない。あるいは、まだ金は受けとっていないというイメージ宣伝かもしれない。あるいは自分では無理なので、諸外国の一定の人間にこの線で金をゆすったらどうだという提案をしようとしていたのかもしれないが、実力のあるグループを発見する手段かもしれない。それともすでに金で買収されていて、各国政府のオトリ捜査に協力しているのだろうか。

## 二月

マカオへ。ゲームセンター。あるキャラクターは一瞬顔に表情みたいなものが出るのだが、その顔は会社に勤めていた初めのころ、国内営業の営業課にいたとき、近くにいた先輩の顔だった。モデルにされたのだろう。税関を出て、バスで帰ったが、車内ではクラシックの音楽を放送していた。

この前、台所のお盆の上に朝、小バエが四匹くらい落ちていて、さらに六匹になったので掃除した。三日くらい前だったか、机の上ですこし細身の小バエを取ったら、赤い血がチリ紙についた。蚊のたぐいだったか。

ラジオ（NHK）、メタボリックの注意基準を、ウェスト九〇から、男は八五、女は八〇へ変えたいとの医師の意見。これはむろん、コレステロールの値の高い人（背が高く、体格の良い、北方系のタイプ）については、ということだろう。一般的にこういうことを言ってしまうとジェノサイド、大虐殺になってしまう。文字通りの死体の山だろう。

中旬。「建設銀行で自動支払で電気代九〇元」を〝払った〟（通帳を入れ、記帳するだけ。正確に言えば、すでに支払われているものを記帳しただけ）。そこで通帳がいっぱいになった。名義人でないと新しい通帳は作れないとのことで、不動産屋で聞いたりしたがよくわからない（実は通帳がいっぱいになっても、つまり余白がなくなっても、残高があれば自動的に支払われる。これはあとになってわかった。ただし、他の通帳の場合はわからない）。

くつ下のきついのは足に跡が残るので、ゴムの所を幅二分の一くらい切り取ったりしているのだが、ゆるいくつ下をはいたら、繁華街を歩いているとき（近くで道路工事をしていた）、脱げてしまった。

マカオへ。コイン落としで一八〇〇円使ってしまった。日系のスーパーで買い物。

二月二七日、ラジオ（NHK）、本日午後四時三〇分ごろ、チリの西方沖、太平洋でマグニチュード八・六の地震（アメリカの観測発表ではマグニチュード八・八）。深さ数十キロメートル。三〇〇キロメートルはなれたサンチアゴでは古い建物にすこしダメージ。二メートルの津波が来た。足の裏が痛かった。翌日のニュースでは三〇〇人死んで二〇〇万人が罹災。日本への津波は約一メートル。外房あたりで八〇センチメートル、横浜で四〇センチメートル、あとの津波が高いこともあるとのこと（ノートを取りながらラジオを聴いているわけではない。記憶にもとづき日記に記入したものを、書き写している）。

# 三月

マカオへ。日系のスーパーで買い物。レストランでレバーのおかゆ、野菜料理、ミネラル・ウォーター。戻って、地下街に靴の修理店があったので、接着剤で直してもらった。座って待っている間に、若い小がらな女の子が三人来た。なんとなく、ファッションというよりは質素な身なりで（珍しい）、美人というのかかわいらしい感じだった。

ラジオ（ＮＨＫ）、一年で日本の沿岸に一八万トンのゴミが漂着したとのこと。

家賃を払うのを忘れていた。いつも月末に翌月分を送金していたが、中旬となって送った。水道代については、請求書の下に受領済みというような文言があったので、銀行の窓口で聞いてみたら、支払われていた。しばらくは心配ないようだ。

# 四月

引き続き干していた、落とした衣類をはたいていたら（三〇分～一時間）、空気がにごった。水道の水を一口飲んだ感じにすこし似ていた。銀行に行ったり、実家に電話したり。

四月五日、メキシコの北部でマグニチュード七・二の地震（ラジオ、ＮＨＫ）。歩いていたら、足の指のつけ根あたりがズキンとした（外出中）。室内では手を洗ったりタンをはくため台所に行くとかチリ紙を取るため、寝室へ行くなどで歩きまわったりするが、ソロリソロリと歩いた。

中旬、くつ下が盗まれてしまった。両側とも先に穴があいており、いつも親指が穴にあたらないよう、左右を見ながらはいていた。盗まれたのは片側のみ。目的は不明。〝大義名分〟みたいなものがあったり、〝正義〟にまどわされていたり、内部で争いや脅しがあると、良心はマヒしてしまうのだろう。記憶には自信がなく、片側は穴のないくつ下（つまり、スリ代えられた）、もう片方は今までどおりの指のあたりに穴がたくさんあるくつ下。見ていると、今までこうだったのでは、と思ってしまう。が、たしか両側とも指のあたりに穴がたくさんあり、そのうち捨ててしまおうと思っていたのだ。とにかく、一足捨てた。

四月一四日、ラジオ（ＮＨＫ）、午前中、中国青海省（海抜四二〇〇メートル）でマグニチュード七・一の地震があり、四〇〇人死亡。地下三〇キロメートル。

スリ代えられたくつ下はとても収斂性に汚れていた。一度はいてしまったので、皮靴のその側は中をアルコールの手拭きで拭いた。すぐきれいになった。

マカオへ。日系のスーパーで日本産のイカのスナックフードなどをたくさん買った。コンビニではアルコール一〇〇％の手拭き（レストランで食事するとき、まず唇を拭き、それから手を拭いている）。ゲームセンターで、小銭くずしで二四〇〇円使ってしまった。

実は先日、夕方、三〇分くらい断水があり、日記に記載はなかったが、水質が戻ったのだろう。それまではずっとミネラル・ウォーターを飲んでいた。たとえば一日に三本（一・五リットル）など。

# 五月

ラジオ（ＮＨＫ）、ジャカルタの民家に先月末、隕石らしき物が落下。家はこわれた。インドネシアでは二〇〇〇年以降、四回落下しているが、海とか空地。

警察署で、今回と前回の「住宿登記」の紙を見せたら、今までどおりの書式で再度登録発行してくれた。

ある日、いつも買い物するあたりに、ペットの販売業者がいた。リスの小さいもの、白いウサギ、インコ、小さいカラス、黄色の小鳥、とても小さい小鳥。

ラジオ（NHK）、英国では第三党の自由民主党と連携した保守党が政権を取り、キャメロン氏が首相に。口蹄疫では半数埋めた（牛、豚）。宮崎県。

マカオへ。近くのバス停から税関へ。バス停の前で、キャラクターの風船をたくさん売っている。街の景色を見ながら、税関前広場まで。ビル、ビルの向こうに見えるビル。ゲームセンターで一八〇〇円使った。

外は暑いが風がある。大通りは道を渡るのが大変だが、景色など見ながら、車の流れが途切れたときに渡っている。スーパーで塩の成分表示を見てみると、やはり海の塩で、意味はわからないが、成分でCNとある。そのスーパーでは、みそを置いてなかったので、ビンの醤油を買った。

原稿をまとめようとしていたので、その構想をメモとしてノートに書いてみた。本（『法学新講』）の要約は七五ページまで。

公共料金用の通帳（ページはいっぱい）に三〇〇元預金。入った。残は三八〇元らしい。

原稿の下書きを始めた。第一編の第1章だ。三時間で二・五ページ。短波ラジオの電池を換えた。マカオへ。

# 六月

日記の抜粋ノートを取り始めた。第二編の下書き的なもの。ただ実際に、この第二編を書き始めると、もう一度日記を読み返しながら、だいたいそれを要約するという様子で、抜粋ノートはムダだったかもしれない。ただ最初、日記を読み返したときは、これでは内容が把握できないと思い、抜粋ノートのある部分に食事の内容だけずっと書いていったり、起床・就寝の時刻をずっとそのように書いていったりした。多少統計的に把握しつつ、内容を圧縮してみようとした。結局、要約・圧縮するための練習だった。

外出したときベランダの鉢三つにボトル三本の水をやった。葉っぱのようなものが落ちていたが、茎《くき》があって小さな葉が四~五枚ついており、大きさは五ミリメートルくらい。根があるのかわからないが、さわると（押すと）スッと動き、定着はしていない。種から出て、空気中の水分を吸収しているのだろう。他に、大きな鉢の横、下あたりに軽くさわっても動かないものがあり、それはタイル表面のホコリ（〇・五ミリメートルの厚みか？）に根を出したのだろう。それは、チリ紙を水で濡らしたもので拭き取った。タイルの境目、目地に根を張ったら大変だ。

道を歩いていても人がついてくるという印象は全くないが、レストランに入ると、食事時をすぎていても、しばらくすると客がやってくる。偶然ではないという印象もあるが、これはあてにならない。スーパーに寄ると、入るとまもなく混み出し、一緒にレジで並びたくないので（どんな人たちかわからない。秘密警察かその手伝いか外国の情報機関員かその手伝いかテロリストかそのシンパかもしれない）、棚を見てウロウロしたりするが、いつもあんなにレジが混んでいるとは思えない。

結局、状況とか人が違うというのが基本としてあるのだろう。そして、アメリカが何をやっているのか全くわからず、こちらの人たちが〝なぐられても〟ずっとガマンしているか、それもわからないので、何かが接近してきても良いことはないと認識している。大切なのは正義であるが、量的にいえば〝正義〟がたくさんあるのだろう。つまりただの犯罪かもしれない。しかし、大義名分・理由・根拠といったものがあって、すくなくとも初めのうちは見分けが難しいかもしれない。日本人の感覚が正しいわけで、日本人の判断が正しいわけだが、同じような感覚・判断というものはおそらく外国の人にもあると思う。つまり皆、まちがっているわけだ（日本人以外は、という意味）。そういう、まちがった人とまちがった人の争いが多いので、気をつけねばいけないことは多いと思う。

さて、そのような〝コミュニケーション〟以外にも、客の入り、繁盛の具合をカモフラージュするというのが大切なのかもしれない。市民はスーパーで買い物しているのだろうか？　店の利益・損益は？　店の目的は？　いろいろ気になるのだろうが、真実を説いてもムダであるとして、注意を引きそうなことをすこし熱心にやっているのかもしれない。

マカオへ。ゲームセンターで三〇〇〇円使った。

# 七月

ある日、ラジオのアンテナが折れた。ネジ（?）が弱くなり、立てるとすぐ倒れたりしていた。

マカオへ。かぜをひいて三日くらい横になっていた。

マカオへ。日系のスーパーでイカ製品など一八〇〇円買い物。戻ってレストランでレバーがゆ、野菜の油いため。税関ビルでの温度表示は二九℃（おそらく屋外だと思う）。帰ったあと、服をはたき、ヒモにつるした。いつものようにビニール袋に入れてしまったら、三日後（?）くらいにカビが出ていたことがあったので、以来、まずヒモにつるして乾かしている。

机に置いた腕の下に水がたまらない。流しの排水口には水を入れた（つまりすこし重くした）ボトルを置いているが、それをはずしたあと置くあたりは、カビ（?）か、モ（?）のようなゴミがタイルの上に付着している。メンドーなので、そこはめったに掃除しないのだが、ものすごく小さいアリがやって来る（部屋は五階くらいなのだが）。それが、しばらく前から見かけない。

ある日、曇り。ガラスに貼った新聞紙のスキ間から外を見ると、丸い黒っぽい色のヘリが夕日に輝いていた。つまりそれは青空ではなく、低い所の雲であって、その光っているヘリの背景が青空（灰色に見えたが）だったかもしれない。やはり、手の下に水がたまっていた。

ある日、本の要約に一ページあたり一五分。

七月二三日、夜中すぎ、つまり二四日だろうか、横になったら、まだ眠る前、パリン、ガシャンという音がしたので、くつ下をはき、室内靴をはいて様子を見ると、寝室内の壁の下のタイルが一枚はがれて倒れていた。まだすこし、パリパリ、ヒリヒリと音をたてていた。地震には気がつかなかった。

いつもの食堂（レストラン）でレバー定食。この前来たときは、どういうわけか片目がしみるので、チリ紙で涙を拭いたが、この日は店を出たら、数メートル離れたところに停車しているバンがすごい勢いでバックするので、あわてて、ヨコ歩きで渡った（店の前はずっと続く細長い駐車場。その外側が歩道）。車はすぐ止まった。三メートルくらいは離れていたか。車が動いたのは二メートルくらい。

ラジオ（ＮＨＫ）を聞いていると、猛暑らしく、各地で大雨。

# 八月

上旬、契約を更新しようと思い、契約書を見たら半年契約だった。（二〇一〇年二月五日まで）半年間、無契約だった。更新の希望を不動産屋で述べたら、電話してくれて、家主は今の契約書でかまわない、つまり更新の必要はないと言っているとのことだった。ＯＫと返事した。どういうわけか、右手の親指に血栓が落ちたらしく、ペンを持つと親指がビクンビクンとケイレンした（指のみ）。またずれは治ったのだが、昨日から手の甲、腕などに赤い発疹がすこし出たりする。帰ってからシンクをトイレットペーパーの芯でみがくように掃除し、排水口はまだ、捨てていなかった割りばしで掃除したら、ドロッとした汚れがたくさんとれた。

マカオへ。税関ビルの電光表示だと、三二℃、五五％（屋外だろう）。買い物して戻って来た。帰ってから、ビタミン・ウォーター六〇〇ミリリットル一本と、ココアを二五〇グラム入れたりんごミルク五〇〇ミリリットル二本を飲んでから、風（扇風機）にあたったら、すごく寒かった。

道路工事で車の流れが変わり、信号は三回まで（青）渡ることができなかったので、交差点を「コ」の字型に渡った。

ある日、洗濯。そのあいだ、床の一部を濡れたチリ紙で拭いた（寝室や台所の入口あたり、机とかベッドのまわり）。クモを五〜六匹取った。胴二ミリメートル、足（正確には全体の幅とか長さ）二センチメートル（足が細くて長い）が多かったが、小さいものも。机の近くでは一ミリメートルくらいで、足は見えず、ピョンと一センチメートルくらい飛ぶのがいた。

きのうのニュースでは、都内のマンションの売れゆきが、七月は四〇〇〇戸で（平均五〇〇〇万円）、七割が契約済みで好調とのこと。

扇風機にあたっていても涼しくない。しかし翌日、夏パジャマの上着を着たら、気分がパッと変わった。血圧が下がったせいか。腕の下には水はたまらず、霧を吹きつけたくらい。目ヤニの量が減った（ツメの中のカスの量）。水分は一食ごとにボトル二・五本くらい（一・二リットル）。クラッカーのときは、三・五本くらい。二日くらい前から、小便の量と回数がふえた。ラジオ（ＮＨＫ）、気象庁は、熱中症、川の水の急な増水、低い土地の浸水、龍巻や突風への注意を呼びかけていた。台所のタイルの張り出し（テーブル）で五ミリメートルの足が短いクモをチリ紙で取った。かすかに黄色。ピョンピョンはねていた。

マカオへ。日系スーパーで買い物。

ラジオ（ＮＨＫ）、大阪・京都三五℃。口蹄疫は昨日終息。中国がレアメタルの輸出を削減。七割？　ネオジム（？）は三倍の値段に。カメラのレンズ、何かの研磨剤、電池の材料。三万トン？　本の要約は進まない。一ページ三〇分？　月末、ラジオ（ＮＨＫ）、昨年の強盗は全国で四五〇〇件。全国で飼われている犬猫は二二〇〇万頭、一七歳以下の子供は一七〇〇万人？

## 九月

マカオへ。日系スーパーで買い物、一五〇〇円。

ラジオ（ＮＨＫ）、都心は三六℃、名古屋は三八℃。『法学新講』の要約を清書した。一時間半で、ノート二ページ。

中旬、寝室の出口よこの小さい机でいろんな本（このごろずっと）。空気の通り道なので本が汚れていても大丈夫。居間だと部屋の空気が悪くなるのでダメ。雷雨、雷鳴がこのところ（？）多い。ラジオ（ＮＨＫ）、某銀行（平成一六年ごろ設立）が倒産した。ペイ・オフ（？）が発動。一千万円（？）までは大丈夫。ある日、小さい机で読んでいた本のほこりが、居間で干していた洗濯物にかかってしまった。はたいた。まくらカバーをはずすと、中のまくらの表面に黄色のよくわからないものが付いていたので捨てた。まくらカバーのみ、敷いた。少し涼しくなっていたのだが、そのころから朝起きたとき、ツメに目ヤニは入っていない。

要約の清書はだいたい一ページ一時間くらいだが、抜けていた所があり、二ページを清書ではなく新たに要約していたら、三ページで六時間かかった。

マカオへ。帰り、コンビニで買い物。弁当など。

食堂。出たら小雨。傘をさして歩いていったが、しばらく行くとピカッと青い光りがあり、二メートル建物寄りを歩き、コーヒー店（二階が）の入口で雨やどり。まもなく雷鳴と光り。暗くなったり、明るくなったり。出かけていく方向が暗くなり、その方角でずっとピカッピカッと光っていた（そのあたりは山・丘陵がある）。風向きが変わったとき、すこし気温が下がった。終わりのころ、強い風が吹き木の葉が横に飛んでいた。一時間とすこしそこにいたが、雨がやんだので戻った。スタンドで新聞を買ったら、台風らしい。

ある日、敷布に急にカビが生えた。油で汚れていた。

大きいダンボール箱から衣類を取り出すと、全てカビていた。しまってから二年たつ。春、洗ったものも、ランニング二枚はダメ。外出するとき、シェーバーの網に小さい穴があいているのに気がつき、近くの大きな電気店で探したがない。先日、机をさらに移動した。九〇度向きをかえ、台所の壁が左手、前方は奥の小部屋。要約を清書しているとき、机の上にノートや本を置くが汚れているので、空気の流れを考慮して。

ある日、昼起きたら、青空の青はうすい色でずいぶん白っぽいが晴れ。空の下（西側）はずっと雲。すぐ洗濯をした。ラジオ（ＮＨＫ）、某サラ金が倒産、負債総額四三〇〇億円。翌日のニュースは、尖閣列島領海において海上保安庁の巡視船に体当たりした中国漁船の船長の逮捕にともない、実質的に停止していたレアメタルの日本への輸出が再開された。九〇％が中国からの輸入？　ネオジムは半年で四倍の値に。モーター用の磁石の材料（船長は釈放された）。東京は二五℃？　明日は最高気温が一七〜一八℃。

# 一〇月

上旬。ラジオ（ＮＨＫ）、つかまった某建設会社の社員は遺棄化学物質の処理の関連。細い山道を車で入っていき、何か掲示のあるゲートの写真を取り、さらに四〇〇メートル（？）歩いて入っていって掲示をたしかめていたが、後ろから軍の車が来て、ゲートから人が出てきて、〝つかまり〟、ホテルに軟禁された。三人帰国してあと一人。軍の施設で軟禁中。本社での記者会見は、世間に御心配をかけて申しわけありませんとのこと。

ある日、夜、風がゴーゴーといっており、朝、寒くなった。ランニングを二枚、半そでのＴシャツ、半そでの夏パジャマを着た。

ラジオ（ＮＨＫ）、中国で反日暴動。西安、鄭州など日本料理とか日本商品を扱っている店など。領土問題らしい。

レアメタルをめぐる会議がアモイ（？）でひらかれた。環境汚染とか物によると一五〜二〇年で枯渇するとか、来年は三割輸出減とか。自由主義国が相手なのでこういうのが親切だと思っているのかもしれないが、〝システム〟が整っていればインパクトは動力・動因かもしれないが、現状では〝哲人〟がいるかどうかさぐられているような気分かもしれない。それも権力機構の内部にだ。

新しい入居契約書にサインした。一年契約。ラジオ（NHK）、四川省の小都市で反日デモ。

ある日、帰ったとき、換気扇が作動しない。イスを持ってきて、ビニールを敷き、さらに窓の前の台、タイルの所にもビニールを敷いて、イスにのぼって、片足を流しの近くのタイルの上にのせ、ゆっくりと回りだした羽にフーと息を吹きつけたら回転し始めた。が、ひびく音。翌朝見たら、外にあるフタ（上にハネ上がる）が閉まっていた。よほど強い風が上から吹いてきたか、鳥がフタの上にとまったのだろう。やはりイスを持ってきて、傘でフタを押し開けた。次に、スイッチをONにしたが動かないので、カラになってまだ捨ててなかったボールペンの芯で押したらOK。

ある日、すごい室内工事の音が聞こえてきた。ドシンドシン、ガリガリ、ギュルギュル。連日。ラジオ（NHK）、米中間選挙は共和党の大勝利。

# 一一月

外出したとき、一階下の階の様子を見た。真下の二部屋は、格子のみの外扉で、内扉は開いていた。どちらも工事の様子はない。奥の一軒（つまり、斜め下）は、黄色いトレーナーの上下を着た小学三〜四年生くらいの女の子が机に向って勉強していて、それは横方面から見えた。その横に母親だろう、若い女の人が立っていて、すこしこわい顔をして、子供の様子を見ていた。その部屋だったか、ドアから見える奥の部屋は、天井に、木でできているのかよくわからないが、厚い板のようなものが垂直に何枚も、おそらく、格子のように取り付けられていた。真下の部屋は人がいなかった。外に出たが、階段、踊り場はきれいで、工事の雰囲気はない。外は小雨。見ると、玄関のひさし（四畳くらい）の外に残さいを積んだあとがあった。朝、トラックにそういうものを積む音が聞こえ、出ていく音が聞こえた。

ある日、先日案内された団地内の事務所に行ったら、家主のおばさんがいた。元栓の漏水、工事のこと、トイレの汚水の漏れ（〇・五ミリリットル／日）について説明した。〝筆談〟。どこかに電話していた。まもなく皆で、アパートへ。工事中なのは二階で、今日は窓枠も取りはらい、中はコンクリートの地が見え、天井の煙感知器だろうか、機器がぶら下がっていた。動かしてはいけないとのこと。修理代は一〇元。すぐ二人帰っていった。部屋へ。元栓は取り換えず、調整で直った。

トイレで小バエを靴でふんで退治。ガラス戸の前の床に二匹いたので、二センチメートルはなれていたが、チリ紙の束でまとめて取った。食後、机の上で一匹、さらに一匹。五ミリメートルくらいの甲虫が寝室の床を歩いていたので昼、取った。前日、流しで一匹。先日、食事中だったか、五ミリ角の普通のクモが、ふとももの上にいた。その日、ゴキブリがベッドの端、頭の側にいた。

ある日、大通りを見たら、片側五車線だった。

ある日、買い物の帰り、団地内を歩いていたら、幼稚園くらいの女の子が横からタタタと走ってきて、僕の前方に現れ、シューシューと言って、手に下げていたパックのおりづめ（持ち帰り弁当）を指して何か言った（二〇一六年四月に追記するが、このときは持ち帰りの弁当を三つ買っていた。いつもは二つ）。言葉がわからないので（日本語でわからないんだと言ったが）、後ろに三メートルくらい引き返し、道の反対側の歩道に移って歩き出した。女の子は近くに立っていた女の人にナントカナントカと言って話しかけていた。

税関を出たあと、広場前の道を人と一緒に渡るとき、センターラインあたりの途中で立ち止まった。ちょうどバスが来て、背後を通って行ったが、私は右手を軽くあげ、手の甲を胸の横一〇～二〇センチメートルくらいのところ（空中）にあるようにして、ガードしていたが、右側のおばさん（三〇～四〇歳、一五〇センチメートル、あと何人かいた）の肩にふれた。見ると、すこし真剣な顔で横（こちら）を向いた。横顔が見えたのだ。ちょうど車がスーと来た。つまり、前後を車両が通った。渡り終えてから、すこし見ていたが、夕方四時ごろで車が多い。皆、センターライン上でいったん立往生していた（いつもは地下広場を出たあと、もうすこし離れたところで渡っていた。それに、たいてい夜、遅かった）。その先の交差点は人が大勢でも渡る気がせず（信号が点灯していない）、様子を見たあと、二人ぐらいの横について渡った。

地下街は改装中だった。珠海の町の道路工事はかなり終わったらしく、立体交差ができ（地下式）、横断用トンネルができ、大木の街路樹がかなり撤去され、自転車用レーンが歩道内にできたかもしれない（以前どうだったか覚えていない）。あとは共同溝が建設された。

歩いて繁華街へ。途中、公園のあたりを歩いたが、熱帯（亜熱帯？）の木を植えてある。根元あたりはわりに太く、下から一～二メートルはどの木も細く、上の方が太い。強い風はあまり吹かないのだろう。

名店街のビルのトイレを利用したが、いつも大便用の個室で小便をしていたが、電子式らしいのに水は流れなかった。センサーのあたりに表示があり、言葉はわからないが、……や、……や、足を洗ったりするな、感電するぞ、という注意みたいだった。はだしの人はいないと思うが、サンダルやゴムゾウリの人が、水洗トイレがあまりきれいだと足を洗ってしまうのかもしれない。

家賃一二〇〇元を送った。戻って、家主のおばさんと〝筆談〟。男の人が出てきて、すこし英語が話せる。部屋に行き、台所の元栓の漏水を見せた。一日、五〇ミリリットルくらいだろうか。まもなく職人二人が来て作業。すこし壁のタイルをこわし、逆T字型のパイプをはずして、白いプラスチックの管をつないで、そこにバルブを取り付けた。一時間くらい、二〇〇元払った。

# 一二月

ある日、歩道に停めてある車の横を通ったとき、左側から、さっと、黒い、トンボより小さい細長い虫が飛んで来て、ひざの五〇センチメートル前で、すっと直角くらいに曲がって右へ飛んでいった。普段からそのような飛び方をしている虫なのかもしれない。つまり、漫然と空中をとんでいると鳥につかまってしまう。何かの表面みたいなものをカーブするように飛んでいれば、小さなエサも見つけやすい、ということか。魑魅魍魎《ちみもうりょう》のたぐいだろうか。出がけ団地内では、紫色のシジミがたくさん飛んでいた。数匹。

小さい机の上には電気スタンドを二つ置いているが、机を拭いていたら（机は揺れた）、以前から使っていた大きい方の電気スタンドがパッパッと点滅した。スイッチはＯＦＦ。蛾を台所の壁で取った。

バスでよく行っていた小さいカジノへ。五〇〇香港ドル札（六〇〇〇円）を入れて、やってみたが（スロットマシン、いつもの台）、六七五香港ドルまでは行ったが、あと一進一退。減ると速く、ゼロに。わりにこういうパターンが多い。全くのランダムとか、周期性（波）だけでなく、何かの人工知能かソフトみたいなものがあるのかもしれない。以前、映画室（旅行中、駅の近くのビルでよく映画を見ていた）で見た香港映画風のものでは、〝コントロール〟室みたいな所で、TVの画面を見ながら、出玉率みたいなものを調整しているという場面があった。一般的には、このぐらいに見ていればよいのかもしれない。

最初のころ、肩からかけていたカバンがすこしきついので、それをはずして、ベルトには腕を通すようにしたら、息が楽になった。すると、スロットマシンの当たりがよくなった。何度もそういうことがあった。ゲームをやっているときは緊張しているので、多少酸素不足でも大丈夫なのかもしれないが、店を出たあと、調子をくずすことがあるのかもしれない。そうすると、結局、あーだ、こーだと言われるので、店を守るため、酸素吸入量が多い方がすこし当たりが多いという仕組みになっているのかもしれない。赤外線で皮膚の温度を見ているか、電波を受信して脳波あるいは体の表面の電流を検出しているか、振動センサー（まれに台をたたく人がいる。店員がそのあたりにあまりいない大きいカジノ）が入っていて振動を解析しているか、何らかの方法で呼吸量を割り出しているのかもしれない。もっとも体質まで検出する方法があれば、これは南方系の人間への配慮だ。

私の場合はわりに緊張というのか収斂性の気分のとき、数字が増えていたが、因果関係の問題はある。つまり、数字が増えていたので緊張していたのかもしれない。なお、深呼吸を連続的に行うみたいにして、すこし〝シビレル〟くらい酸素を吸収したことが後日あったが、このときはダメだった。すこし呼吸量を落として普通の状態に近づくと、とたんにたくさん出始めた（当たり始めた）。だが、結局ダメだった。つまり、自分のことしか考えず、儲けることができるときは常に儲けるという主義なのかもしれない。

スーパーのチラシ広告をすこし見ていたが、葉物野菜とかキュウリは五〇〇グラムで二〇円くらい。これのようなきのこ（細長い）は三倍、肉類は五〜一五倍、カボチャは二分の一倍くらいだった。今ごろの季節のチラシ。ランドセルのようなカバン（ディズニーなどの絵）は五〇〇〜一〇〇〇円。

下旬、外出しようとしたが咳がとても出るのでやめた。その前、三日くらい、鼻をかむと、鼻血が出た。外出したときマスクをかけた。

室内工事の音はしばらく前から静かに。結局、正味で二〇日間くらいムダにした。

二〇一二年一月　新宿のビジネスホテルにて。

第二巻（出版未定）に続く。

中島仙太　なかじま・せんた

私立大学の文系学部を卒業後、弱電通信機製造会社で九年間、主に営業で勤務。以後、無職。

# 最近《さいきん》私《わたし》が気《き》がついたコミュニケーションの基礎《きそ》とその関連《かんれん》及《およ》び中国《ちゅうごく》滞在《たいざい》心象記《しんしょうき》と帰国後《きこくご》の体験談《たいけんだん》　第一巻《だいいっかん》

二〇二〇年三月二五日　第一刷発行

著　者　中島仙太《なかじませんた》

発行者　堺　公江

発行所　株式会社講談社エディトリアル
郵便番号　一一二－〇〇一三
東京都文京区音羽一－一七－一八　護国寺ＳＩＡビル六階
電話　代表：〇三－五三一九－二一七一
販売：〇三－六九〇二－一〇二二

印刷・製本　株式会社新藤慶昌堂

定価はカバーに表示してあります。

落丁本・乱丁本は、購入書店名を明記のうえ、講談社エディトリアル宛てにお送りください。

送料小社負担にてお取り替えいたします。


ISBN978-4-86677-062-8

# 待ったなし！
# あなたの事業承継

令和４年までに社長がすべきこと

齋藤淳一
千葉和彦
菱沼　敏

## 推薦の辞

社会の複雑な事象を、専門用語を用いて専門家に説明することは、それほど困難な事ではない。それを専門としない人々に対して、平易な文体で分かり易く語る、それを実行された齋藤氏、千葉氏、菱沼氏には、先ずは敬意を表したい。

かの本田宗一郎氏は、社長業の傍ら、浜松工業高等学校（現在の静岡大学工学部）機械科聴講生としての通学経験を持つ。齋藤氏は、起業した会社を軌道に乗せた後、経営を譲渡されて、現在は宮城大学大学院で、これまでの経営者としての経験を経営科学の視点から研究し、学術的知見に留まらず、広く地域社会への貢献に尽力されておられる。本書は、齋藤氏の修士論文の研究テーマと表裏一体の位置関係にある。

本書の最大の特徴は、そのタイミングにある。『特例事業承継税制』の特例措置の届け出期限（2023年3月）を考えると、これ以上にない最適な刊行であろう。おおよそ人間とは、期限まで時間が長いと当事者意識が喚起されず、一方で時間がないと焦りから質的低下を招く行動に陥る。事業承継が喫緊の課題である経営者のみならず、5年後、10年後の承継を考える方々にも、有効な示唆が得られる労作である。経営者の最大の仕事は、「意思決定」とされる。この時期に事業承継を決めるのも、あるいは見送るのも、どちらも重要な意思決定である。本書が、たくさんの中小企業経営者に対して、事業承継を考える有効な機会提供となることを切に願うものである。

２０２１年５月

宮城大学大学院事業構想学研究科　教授・博士（学術）　櫻木晃裕

# 目次

# はじめに
# 「10年後あなたの会社が無くなってもいいの？」

——きのう、息子と母ちゃんとケンカした社長に——

齋藤淳一

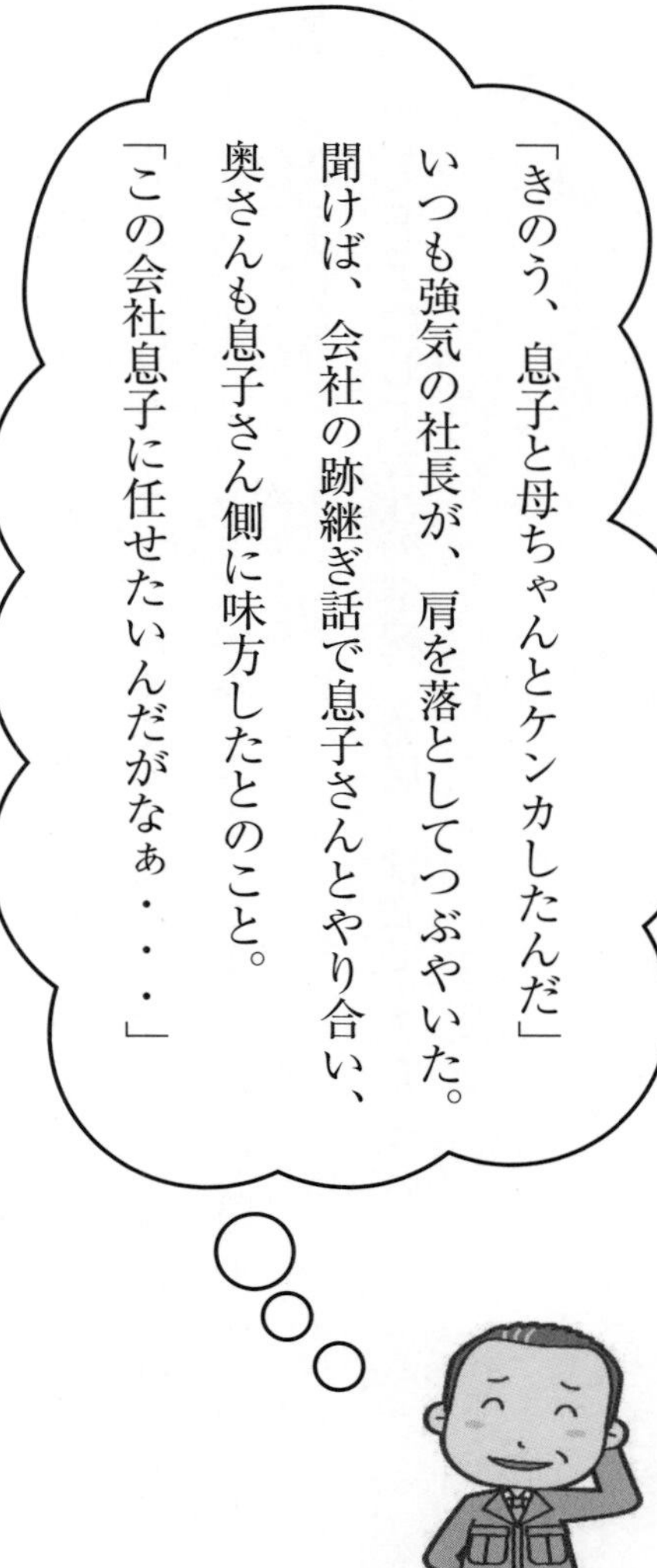
「きのう、息子と母ちゃんとケンカしたんだ」

いつも強気の社長が、肩を落としてつぶやいた。

聞けば、会社の跡継ぎ話で息子さんとやり合い、
奥さんも息子さん側に味方したとのこと。

「この会社息子に任せたいんだがなぁ・・・」

事業承継の実務の本は、たくさん出ています。しかし、公認会計士や弁護士、税理士など専門分野の方々の著書は、細かく専門的に書かれており、やさしく読めません。

本書は、毎日忙しいビジネスマンがやさしく読めるように、会社の承継をおこなうにはどうすれば良いか、エッセンスのみを書きました。手軽に読みやすくなるよう、文字も大きくしました。

ぜひ、本書を参考にして会社の継続、発展に役立ててください。

## 1 事業承継ってなに？

### 会社創業時は、みな必死で働きました

私ごとで恐縮です。私は、約20年前に、44歳で起業しました。建築資材の工事会社です。従前勤務していた会社の経営状態が悪化し、同僚二人と共に、会社を設立しました。創業時、信用力いわゆる与信が無かったにもかかわらず得意先や仕入れ先からも支援していただきました。

その後、会社は少しずつですが、順調に成長しました。従業員も増えて、10年経過

した頃には10人を超す社員数となりました。この間の経営者としての仕事ぶりは、今振り返っても「年中無休でよく頑張った！」と思います。しかし、その頃からある悩みを抱くようになりました。それは、「この会社、私の後は誰が継ぐのだろうか？」ということでした。

会社設立時の二人の同僚は、技術者で経営者向きではありませんでした。私には、息子が一人います。息子が中学生になる時に会社を設立しました。その時、息子から「自分はやりたいことがあるので、会社を継ぐつもりはないよ！父さんいいね！」と言われたことが、ずっと脳裏にきざまれて来ました。現在の彼は、自分の考えたとおりの人生を生きています。一度きりの人生、それはそれで良かったと思っています。

**軌道に乗ると「次ぎ」を考える**

さて、50代半ばとなり、自分の体力も創業時からは、少しずつ落ちてきていると感じたある日、当時の顧問税理士に「社員に会社を継がせたいのだが」と相談しました。顧問税理士は、「血縁の無い人への社長交代は難しいことが多いですよ！」と言う。二人の従業員が技術者という点も考慮してのアドバイスでした。私は、「そんなに難しいことがあるのか?!」と半信半疑でその理由を聞きました。

そこで初めて、「順調な会社ほど、他人に会社を引き継ぐことは、大変なことだ!」と知ることとなります。なぜ、順調な会社ほど大変なのかは、第1章と第3章の「自社株評価」でお話しします。ほとんどの経営者は、たいへんだった創業時が過ぎると、ホッとする間もなく「次ぎ」はどうしようかと、必ず考えます。

## 「次ぎ」を考えることが『事業承継』のスタートです

私は、「誰を次期社長にすれば、上手くバトンタッチして行けるのか?」悩みました。経営者になったこと自体、ある意味ハプニングでしたので、その地位に対する執着は、あまり無かったことも事実です。世の中には、悩める経営者向けに、たくさんのセミナーが開催されています。私も、いろいろなセミナーや勉強会に参加しました。無料のセミナーもあれば、有料もあります。「会社の引き継ぎをスムーズにするための経営者セミナー」に参加したところ、実は経営者の資産を残すためのセミナーだったこともありました。

私は、数多くのセミナーに参加して初めて、「親族間承継」という言葉や「第三者承継」ということを知ることとなります。

人間は、生まれた時から死に近づいていると、言われることがあります。会社も同じです。創業した時から「次はどうするか」の問題を抱えています。事業承継とは、次の後継者を選定し、スムーズに会社経営を引き継ぐことです。そして、会社を維持、発展させることです。

## 第三者への事業承継を考える

私の場合は、「子も継がない」それではと、「従業員へのバトンタッチ」を検討しました。

「外部から人材をスカウトして育てて行こうか」とも考えました。しかし、「いずれもかなり難しそうだ」と感じた私は、結果的に第三者への事業承継を選択しました。流行りの言葉で言うと『M&A』です。日本語では『合併・買収』と言います。

合併・買収なんて言うと、「会社を乗っとられたの?」とか、「会社を手放したの?」などと言われたこともありました。『M&A』については、第4章で詳しく説明します。

新聞やマスコミの報道では、この言葉を聞かない日は無いと思います。

M&Aでの事業承継に絞り行動を開始し、一年後に会社の規模と事業領域の拡大を目指していた会社と事業譲渡の契約を締結しました。その後、約二年間の引継ぎを経て、創業した会社の役員も離れました。これが、私が会社設立してから事業承継をして役員を退任するまでの経緯です。

## 2　会社を現状のままに維持する方法はあるの？

### 積極的な経営戦略でも目指す結果は難しいのが現実

今いる業界で、わが社が唯一の会社である独占状態は、99％ありえません。常に、同業の企業と競争をしているのが現実でしょう。経営の戦略を立てる時は、多くの場合自社が攻める側となり戦略を立案し、それを実行しようとする会社がほとんどでしょう。それでも、思うような結果を出すのは難しいのが現実です。自社が攻めて新規の客を奪うこともありますが、逆に奪われたり、客先が倒産したり、廃業してなくなったりすることもあります。前向きな経営戦略をとっても、思うような売り上げや利益の伸びにつながらないのが残念ながら常と思われます。

## 現状維持の考えは企業の衰退へ

新規の客を増やし、売り上げを増やそうとしても、良い結果を得るのは、なかなか難しいのが現実です。もし、売り上げは現状維持で良い、という戦略を立てたならば、間違いなく売り上げは減る結果になります。新規開拓をせず、ライバルから攻め込まれることもあります。「現状維持の考え＝企業の衰退」です。

私が敬愛する稲盛和夫氏（京セラ名誉会長）は『人生の方程式』を左記のように説いています。

**人生の・仕事の結果**＝**考え方**×**熱意**×**能力**です。

この中で「**能力**」は大きな個人差はないと思われます。また、会社を大切にしたい「**熱意**」も大差無いのではないかと思います。しかし「**考え方**」が現状維持のゼロ、もしくはマイナス思考では、かけ算の結果は、ゼロかマイナスとなります。これは、事業承継を考える上でも言えることです。

「とりあえず身体は動くし、後継者も適任が見つからないので、しばらく社長は自分で良いか…」と経営者は考えがちです。これは先ほどの現状維持の話と同じです。会社は、創業した時から次へのバトンを誰に託すかを考えて良いのです。

## 3 会社を成長させる方法

会社の業績を、現状維持ではなく、成長路線に乗せる方法を考えてみましょう。

### 会社を上場させる…簡単ではない?!

創業した会社が大きくなった〝証し〟の代表は「株式の上場」です。当地宮城県でも、上場している会社は、２０２０（令和２）年現在で21社を数えます。地方銀行や電力会社、商社などは良く知られています。最近では、酒販、外食レストラン、住宅資材、警備保障などの企業も上場されています。しかし、日本企業の99％は中小企業です。中小企業でも業績の良い会社はたくさんありますが、株式上場のハードルは非常に高いのが現実です。大きく成長し長年にわたり利益を出し、それなりの組織形態も伴った会社にのみ与えられる勲章が、株式の上場なのです。

上場を果たせば、多くの一般投資家が株主となります。毎年の業績も、前年を上回る成長が求められます。成長が止まれば、株主からは経営者責任が問われます。社長の意に反して、経営者が代わる事態にもなります。よほどの力量と運がなければ上場はできませんし、上場を維持するのも並大抵のことではありません。

２００７（平成19）年に東京証券取引所に「TOKYO PRO マーケット」という新たな上場の市場ができました。創業後間もない中小企業が、特定の株主に対して、株式公開ができる市場です。上場のハードルはジャスダック市場よりは低めに抑えています。現在の上場企業も創業時は中小企業でした。資金調達や人材獲得のために、このような市場を目指すのも良い目標かも知れません。

## 先を見すえて経営する

上場が難しいとなれば、別のやり方で、会社を成長させる方法を考えなければなりません。それは、先を見すえた経営をすることではないでしょうか。先を見すえて、従業員を採用する。得意先を増やして行く。仕入れ先を増やして行く。また、金融機関との付き合いも深めて行く。さまざまな分野で先を読み、経営戦略を立てます。社長一人では難しいならば、税理士さんや取引先金融機関などの外部の関係先の力も借り、従業員と一緒に、会社の将来展望を作成し、その達成のためのアイディアを出して行くのも良いのではないでしょうか。それを「経営計画書」にまとめ、社内外に示してはどうでしょうか。

## 4 事業承継は大切か？

### 後継者選考も先を見すえて

「誰に会社を継がせようか」とつねづね考えている経営者は、とても多いと思います。息子にしようか、娘婿にしようか、専務にしようか…と悩んでいる経営者のなんと多いことか。しかし、「彼にしよう！決めた！」と決断しても、準備期間は必要です。これは、後継者の力量と経験年数により変わります。一年で準備できる場合もあれば、数年かかっても不十分な場合もあります。このためにも、後継者を決めたら、いち早く経営者として育てる準備を始めねばなりません。後継者と定めた人物には腹を決めてもらい、承継に向けてスタートを切らねばなりません。決断したならば、早いに越したことはありません。

企業生存率

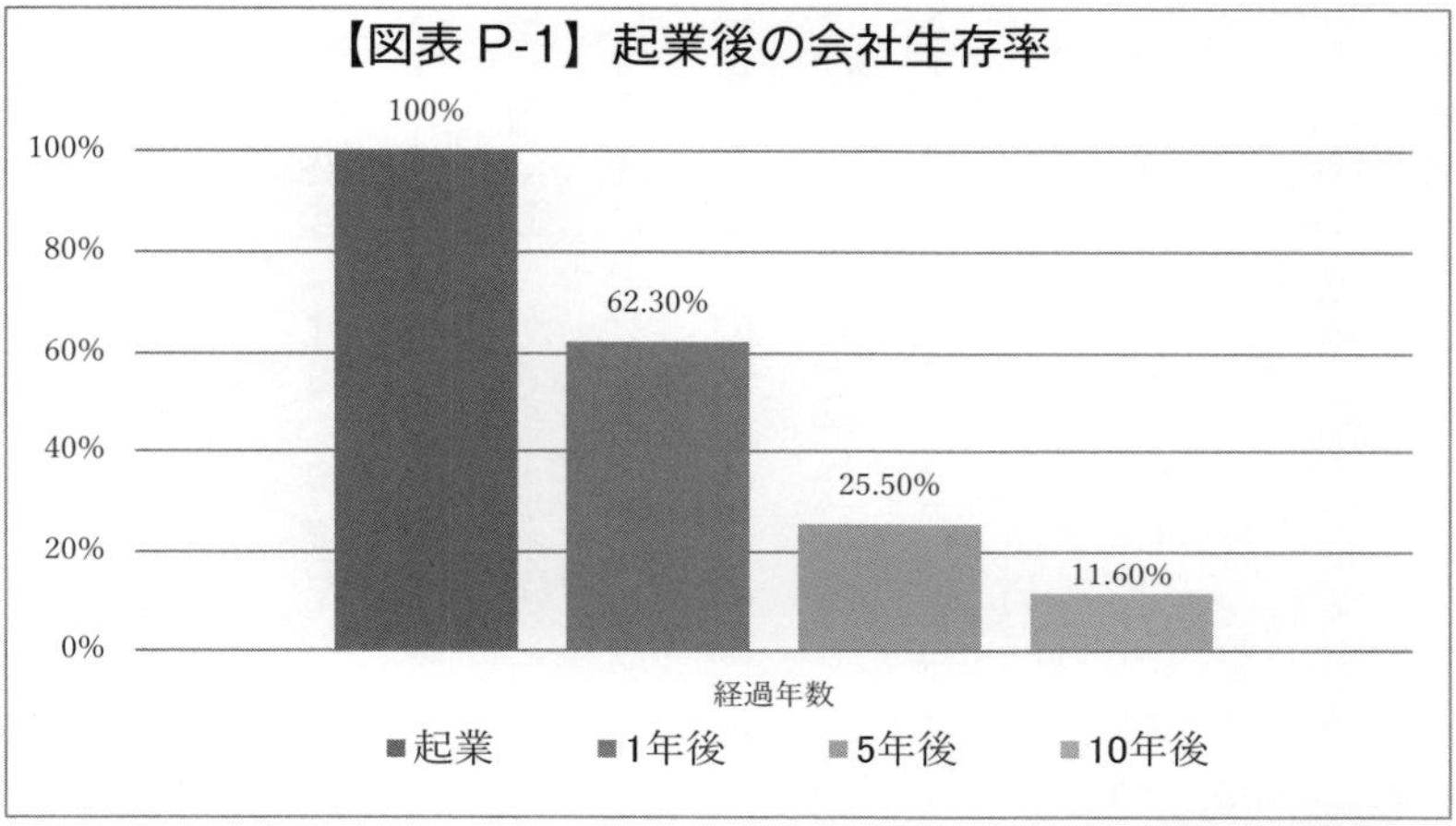


出所）2006年版中小企業白書

## 法人とは人間と同じ、成長も死亡もする

会社は「法人」とも呼ばれます。これは税法でよく使われる言葉ですが、文字どおり、法の下にある組織を指します。生身の人間と同じで、会社（法人）も歳月が経れば老化します。老化対策は当然必要です。上記の【図表Ｐ－１】は、中小企業白書（２００６年版）から作成した「起業後の会社生存率」をグラフで示したものです。これによると、10年後の生存率は11・6％です。

ここでいう生存率＝生存する割合とは、会社が倒産や廃業をして寿命が尽きずに、生存していることです。「会社は生き物」

です。誤解しないでいただきたいのは、後継者不在＝倒産・廃業ではありません。社長も、会社も健康な時に、次の一手を打っておきたいものです。

**事業承継は【社員・得意先・仕入れ先】の幸せの為＝地域安定の為**

会社が、持続して経営されることのメリットは何でしょうか。社員にとっては、安心して働くことができ、家族を安定して養うことにもなります。得意先にとっては、長い付き合いができる会社と考えられ、取引量が増加します。仕入れ先にとっては、先行き安定している取引先には、価格も物量も安定した供給をおこない、応援しようとなります。そして社会的にも、雇用の維持は地域社会の安定につながります。一度つくった会社を維持して行くことは、このようにたいへん意義のあることです。

## 5　中小企業の現状はどうなっている？

日本の中小企業（個人企業を含む）の、現在おかれている状態を、【図表Ｐ－２】にまとめました。

**【図表 P-2】中小企業のおかれている現状**

| 項目 | 現状 | 参照 |
|---|---|---|
| 企業数（個人事業主を含む） | 平成28年、全企業の99.8%は中小企業 | 中小企業≒358万社<br>大企業≒1万社 |
| 中小企業経営者の年齢 | 経営者年齢のピークは70歳と推定 | 平成7年47歳、平成27年66歳から推定 |
| 後継者不在率 | 60歳以上の経営者で48.7%が不在 | 60歳代 49.5 %、70歳代 39.9 %、80歳代 31.8%が不在 |
| 休廃業解散件数 | 令和2年5万社 | 平成26年3.3万社<br>令和元年4.3万社<br>※令和2年はコロナ禍もあり増加 |
| 黒字での廃業率 | 平成28年50.5% | 後継者不在が理由1位 |
| 経営者の平均引退年齢 | 小規模事業者70.5歳 | 中規模企業67.7歳 |

（出所：2018・2020年版中小企業白書、日本経済新聞社より作成）

この図表からわかることは、日本経済を支えているのは中小企業であり（日本企業の99・7％は中小企業）、経営者は高齢化しており（経営者年齢のピークは70歳）、事業の後継者が不在の傾向（60歳以上の経営者の約半数）である。結果として、後継者不在が理由の休廃業・解散企業が増加している（令和2年5万社。半数以上は黒字企業）。以上のような傾向がわかります。

## 【P-3】事業承継自己診断チェックシート

【参考資料①】事業承継自己診断

中小企業庁「事業承継ガイドライン」掲載の『事業承継自己診断チェックシート』です。この機会に、貴社の自己診断をお勧めします。

<事業承継診断票（自己診断用）>

### 事業承継自己診断チェックシート

以下の設問について、「いいえ」という回答があった方は、次ページをご覧ください。

| | | | |
|---|---|---|---|
| Q1 | 事業計画を策定し、中長期的な目標やビジョンを設定して経営を行っていますか。 | はい | いいえ |
| Q2 | 経営上の悩みや課題について、身近に相談できる専門家はいますか。 | はい | いいえ |

【以下の中から、当てはまる設問へお進みください】
・私には後継者がいる【子ども、親族、従業員】　・・・☆へ
・私には後継者にしたい人材がいる【子ども、親族、従業員】　・・・Q6～Q7へ
・私には後継者がいない　・・・Q8～Q9へ

☆後継者に対し将来会社を託すことを明確に伝え、後継者として事業を引継ぐ意思を確認しましたか。
※「はい」の方はQ3～Q5を回答してください。
「いいえ」の方はQ6～Q7を回答してください。

| | | | |
|---|---|---|---|
| Q3 | 後継者に対する教育・育成、人脈や技術などの引継ぎ等の具体的な準備を進めていますか。 | はい | いいえ |
| Q4 | 役員や従業員、取引先など社内外の関係者の理解や協力が得られるよう取組んでいますか。 | はい | いいえ |
| Q5 | 法務面や税務面、資金面などについて将来の承継を見据えた対策を進めていますか。 | はい | いいえ |
| Q6 | 後継者の正式決定や育成、ご自身の退任時期の決定など、計画的な事業承継を進めるために必要な準備期間は十分にありますか。 | はい | いいえ |
| Q7 | 後継者候補に承継の意向について打診をする時期や、ご自身がまだ打診をしていない理由は明確ですか。（後継者候補が若く、打診するには早すぎる　等） | はい | いいえ |
| Q8 | 第三者に事業を引継ぐ（企業売却・事業譲渡等）場合の相手候補先はありますか。 | はい | いいえ |
| Q9 | 企業売却・事業譲渡等の進め方についてご存知ですか。 | はい | いいえ |

※次ページには、支援機関の紹介等を掲載

チェック後の相談は下記で承ります。
ご連絡お待ちします。

◙一般社団法人事業承継サポートみやぎ
(jsaito3425880@gmail.com)
担当：齋藤・菱沼

◙千葉経営企画株式会社
（siogama-chiba@tkcnf.or.jp）
担当：千葉和彦

※第２章にも【参考資料②】を添付

# 第1章 中小企業の事業承継のしかた

齋藤淳一

【図表 1-1】事業承継のかたち

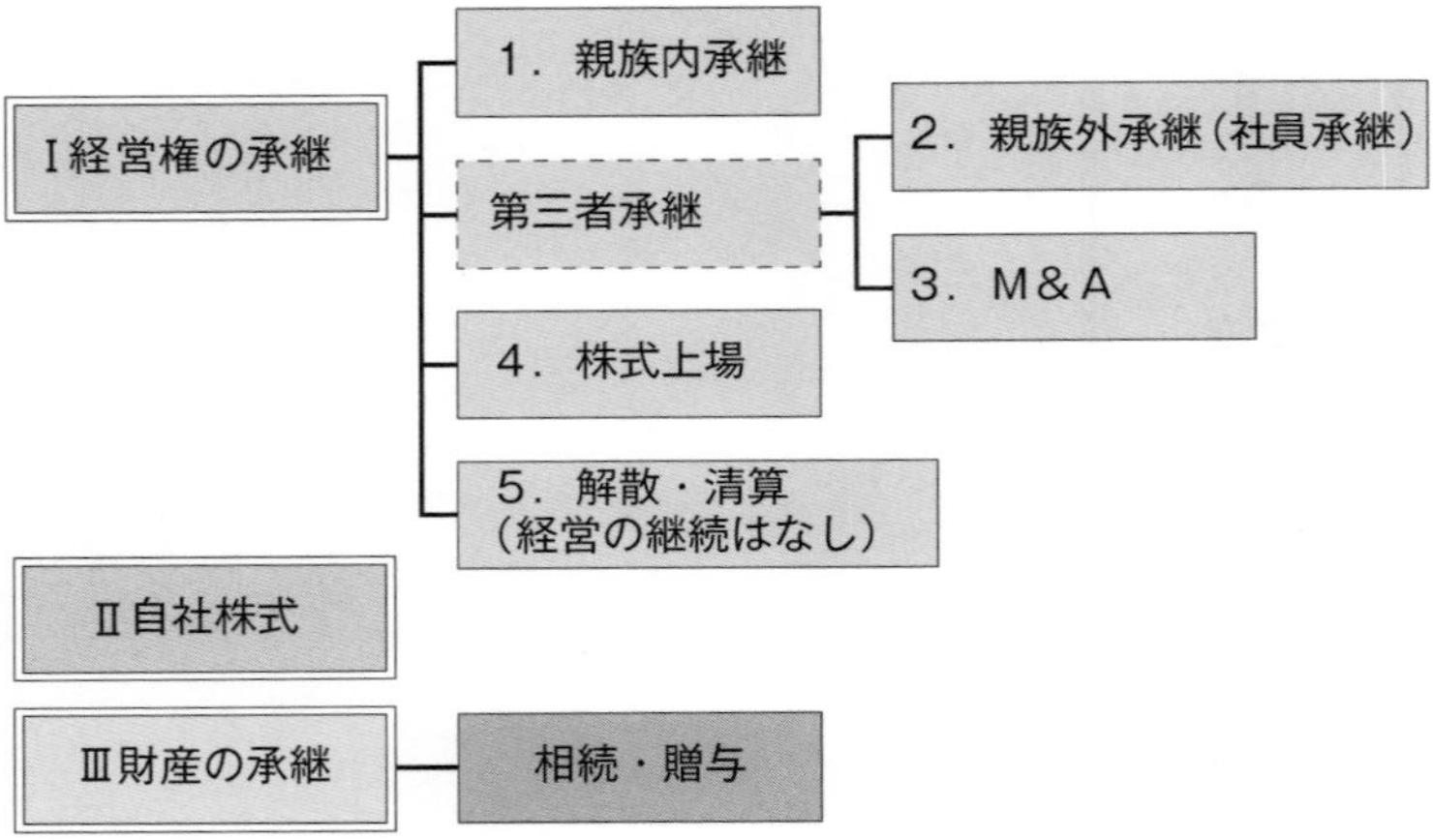


この章では、事業承継にはどのような形があり、それぞれがどのような特徴を持つのかを説明します。社長ご自身に当てはめると、どのような形の事業承継が良いのか、【図表1－1】を基に考えてみましょう。

## 1　親族内承継①　子への承継

**最も理想的な形です。準備は早めに**

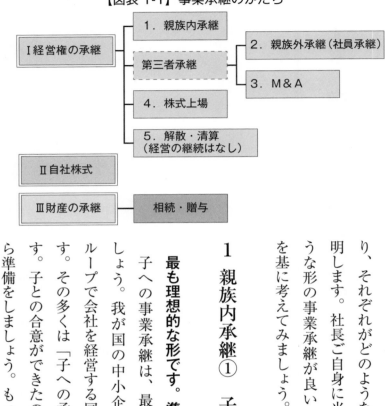

子への事業承継は、最も理想的と言えるでしょう。我が国の中小企業の多くは、親族グループで会社を経営する同族会社がほとんどです。その多くは「子への承継」を第一に考えます。子との合意ができたのならば、早い時期から準備をしましょう。もっとも大切なのは、経

営者としての資質を備えさせることです。そのためには、後継者への教育が必要となります。できれば、修業のための「外の釜の飯を喰って」から会社に入るのが理想です。最初から親の会社に入るのでは、甘やかされてしまいます。修業になりません。外から親の会社を見ると、良さや不足している点も見えてきます。私は、建材メーカーに勤務してる頃に何名かを「後継者として育ててほしい」と、得意先代理店より預かった経験があります。しかし、修業期間が短いほど、親元に返してから親も本人も苦労していた記憶があります。また、長過ぎても修業先の会社の色に染まり過ぎてしまうことがあります。「五年程度」がベターかも知れません。後継者にバトンタッチをして間もなく、倒産した例もありました。後継者が決まったならば、どのように育てるかを両者でよく話し合い、計画を立てる必要があります。

## タイミングはいつ？＝「今です！」

子への事業承継を行うならば、タイミングとしては、令和３年から４年の「今」がその時期です。

その理由は、２０１９（平成31）年に改正された「中小企業の円滑な事業承継を実現するための『特例事業承継税制』」が整ったことです。後継者が先代経営者から贈与・相続により取得した非上場株式等に課される「贈与税・相続税の納税猶予または免除する措置」が創設されました。この税制を利用するのは正に「今が旬」で、大いに活用すべき制度です。詳しくは、第３章で、千葉和彦税理士が説明します。

そして頭を悩ますのが、現社長が金融機関からの借入の保証人になっている場合です。この件についても現在耳寄りな情報があります。後継者は、この債務を引き継ぐ際に二重の保証人になる必要がなくなるようなガイドラインが令和元年、全国銀行協会より示されました。後継者は、迷いなく進むことができるようになりました。

これらの制度は、「今が旬」で大いに利用するべき時なのです。

## 2　親族内承継②　子以外の親族への承継

### 子以外の親族への承継は１割あります

経営者が子以外の親族（具体的には、配偶者・子どもの配偶者・孫・兄弟姉妹・甥や姪など）を後継者とした承継は平成30年に全体の10・２％となっています。子どもがいない、子どもがいても後継者とならない場合に、次に親族内で後継者はいないかと考えるのは、自然なことです。有力な選択肢の一つです。適正な能力を持つ親族ならば、社員や得意先、仕入先の理解も得られやすいかも知れません。

**事業承継税制を有効に活用する。事業用資産では検討必要**

親族内承継は子への事業承継と同様に、２０１９（平成31）年改正の「特例事業承継税制」が有効に活用できます。しかし、後継者が子か否かは、問題になる可能性もあります。この税制が上手く活用できたとして、果たして社長が持つ会社の財産を、子以外の親族に渡すことを、社長が「納得できるか」が問題となるかも知れないからです。中小企業の事業承継の場合、経営権を渡すと同時に、例えば土地建物や機械設備などの、その他事業用資産も渡すことが多く、現経営者は後継の親族にこれらの資産も渡すことに納得することが必要となります。兄弟姉妹や甥・姪の場合に、揉める可能性もあります。経営権のみ親族に渡し、株式の所有権は現経営者（又は家族）にすることは、対立や紛争を招きかねません。充分な検討が必要です。

## 3 第三者への承継① 社員（役員）に会社を継がせたい

「身内に後継者がいないので、番頭格の専務に事業を承継したい。専務は従業員にも取引先にも信頼されている」。このような社員や社内役員への承継を考える経営者は、たいへん多いのではないでしょうか。是非検討したい事業承継のタイプの一つです。この場合は、親族外の第三者への承継となります。

### 「あの社員なら大丈夫」周りの理解が必要

番頭格の役職員など、これまで社長と一緒に事業を支えてきた功労者の場合には、さまざまな関係者からも後継者としての理解が得られ易いでしょう。社員の教育面なども担っていたならば尚更のこと、後継者としては適任と思われます。

従業員への事業承継をスムーズに進めるためには、後継者との意思疎通をしっかりと取り合って、事業承継の準備を進めることが重要です。社内や取引先、金融機関に対して、事業承継の計画を公表して、後継者が次期社長として正しい選択だと繰り返

【図表 1-2】後継者の教育例と期待される効果

| 教育例 | 期待される効果 |
|---|---|
| 各部門をローテーションさせる | 各現場における経験と知識の習得 |
| 責任ある地位に就ける | 経営に対する自覚が生まれる |
| 現経営者による直接指導 | 経営理念や人脈の引継ぎ |
| 子会社や関連会社の経営を任せる | 責任感・資質の確認 |
| セミナー等の活用 | 知識の習得、幅広い視野の育成 |

し説明して行くことが必要です。そうすることで、関係者の理解が得られてゆきます。しかし頭では理解していても、後継者の気持ちがついて行かずに、事業承継に失敗するケースも多いのです。

**後継者としての教育が大切**

周りの理解があっても、経営者としての資質がなければ、経営者として認めてもらえず事業承継は失敗です。後継者候補に対する教育は、従業員承継における重要ポイントです。

上記【図表１－２】は社内での後継者教育の一つの例です。

商工会議所や中小企業大学校等の外部機関のセミナーを活用するのも役立ちます。しかし、もっとも大切なのは、後継者候補が「その気になる」ことです。そして、時間をかけて、多くの関係者とコミュニケーションを取ることです。

## 借入金の保証人の処理

金融機関からの借入金やリース契約に対して、社長が個人保証をしていたり、個人資産を担保に入れているケースは良くあります。後継者が決まっている場合でも、個人保証や担保の問題をうまく交通整理しなければ、スムーズな事業承継はできません。個社員（役員）の後継者候補は、親族内承継と違い、現代表者からの個人資産の引き継ぎはありません。個人保証として、負債だけ引き継ぐことに、抵抗感を持つ人は多いと思います。金融機関との話し合いでも、代表者の個人保証を簡単に外してもらえないことは多く、事業承継の大きな支障になることが有ります。後継者は、経営に無関係になった代表者に対して引き続き担保の提供を求めるか、または、後継者の個人資産を別の担保として提供するか、金融機関に担保を外してもらうか、などの対応が求められますが、いずれもハードルは高く、利害の調整は難しいと考えられます。

このような難しい局面にならぬように、事業承継の準備段階において、会社の収益を高め、できるだけ債務（借入金）を圧縮し、担保となっている資産を外すように、金融機関と粘り強く交渉して行くことが重要です。

この問題については、中小企業庁と金融庁の後押しで「経営者保証に関するガイドライン」が公表されています。当ガイドラインにより、経営者保証を外すことができる可能性もあります。

尚、https://www.chusho.meti.go.jp/kinyu/keieihosyou/ で確認できます。

## 社長の株式を購入する資金の手当て

社員（役員）の後継者候補は、株式取得のための資金力が無いのが普通です。株式購入資金の調達も困った問題となり、外部からの調達を考える必要がでてきます。最初に考えられるのは、金融機関から借入し、その資金で株式を買い取る方法が一般的と言えます。

これについては、地方銀行や信用金庫も融資に応じてくれますが、とりわけ積極的に融資を支援してくれる機関を二つ紹介します。

一つは、「株式会社日本政策金融公庫」です。融資額は7億2千万円（うち運転資金4億8千万円）を限度額として、融資利率は通常1・1％を0・81％の特別利率を適用してくれます（2017（平成29）年4月現在、融資期間5年）。さらに、付加価値向上計画を作成し、これが認められた場合には、0・56％の特別利率が適用されます。

もう一つは、政府系金融機関である「独立行政法人中小企業基盤整備機構（中小機構）」です。中小企業経営者の皆さんの中には、中小機構の小規模企業共済を、高い節税効果があることで、退職金代わりに利用している方も多いのではないかと思います。中小機構は、この掛け金の範囲内で50万円以上1千万円以内の貸付をしてくれます。現在（2021（令和3）年3月）時点の貸付利率は0・9％と、こちらも低金利の貸付をしてくれます。

詳しくはそれぞれの会社のホームページを確認してください。また、各県商工部の中小企業担当課でも相談に乗ってくれます。

## LBO、MBOのやり方もあります

会社の収益性が高く、事業を継続することで将来のキャッシュフロー（会社の現金の流れ）が充分に確保される見込みがあるならば、将来キャッシュフローから借り入れた資金を返済して行く方法もあります。これは、LBO（Leveraged Buyout）と呼ばれています。収益性とキャッシュフローを確保することが必要です。

その他にも、特定の後継者ではなく、経営陣が代表者から株式を買収して経営権を取得するＭＢＯ（Management Buyout）や、従業員組織が代表者から株式を買収して経営権を取得するＥＢＯ（Employee Buyout）などもあります。いづれにしても、少し難しい事柄なので、税理士や会計士など専門家に相談するする必要があります。

## 4　第三者への承継②　Ｍ＆Ａ

親族にも、従業員にも後継者候補がいないケースが、近年多くなっています。先ほどの【図表Ｐ－２】にも示しましたが、「２０１８年版中小企業白書」では、60歳以上の経営者の後継者不在率は48・７％と約半数となっています。それでも社長は経営を継続しなければなりません。そこで、近年増加しているのが、Ｍ＆Ａによる第三者への事業承継です。第三者承継には、「社員（役員）への承継」と「Ｍ＆Ａ」の二つがあります。近年、最も注目されているのが「Ｍ＆Ａ」です。

【図表 1-3】事業承継系 M&A の推移
（大手仲介業者３社の計）　単位：件

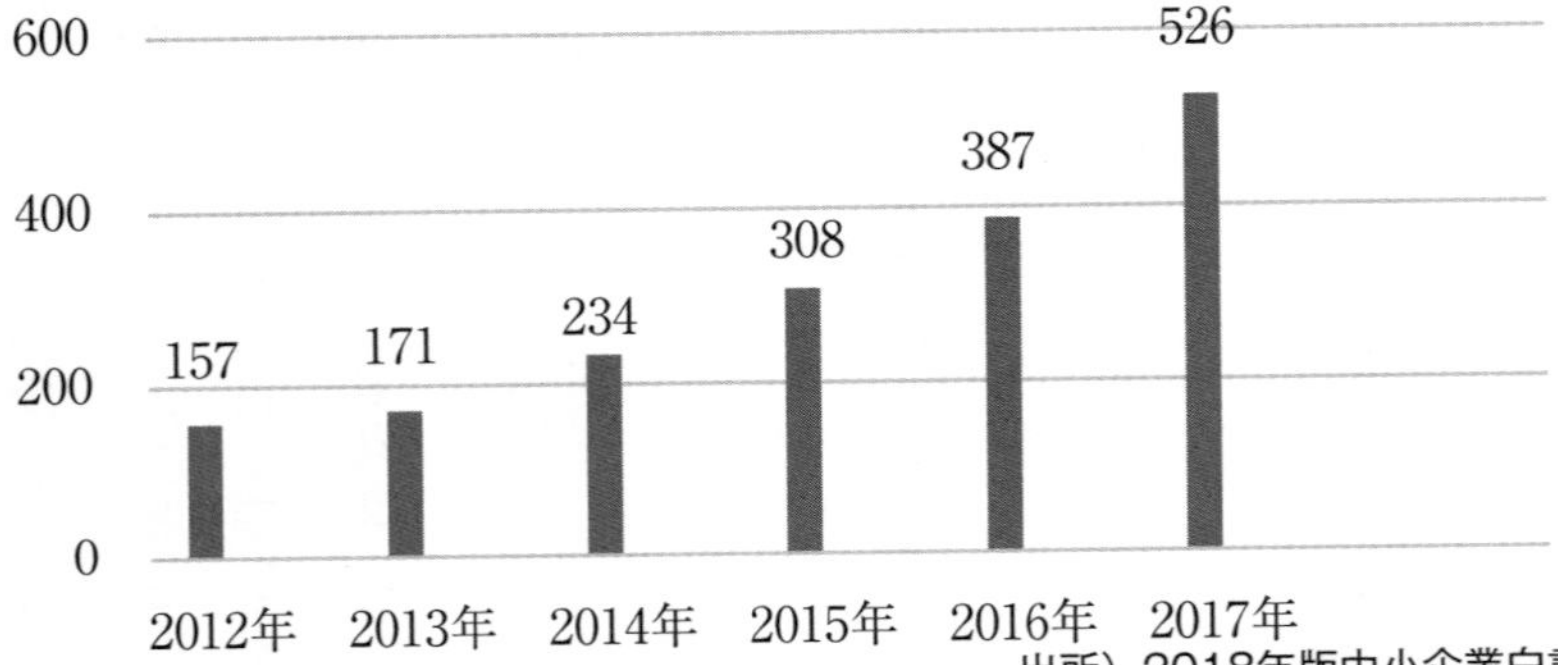


出所）2018年版中小企業白書

## M&Aは近年、急増している事業承継です

「M&A」という言葉は、毎日のように新聞などの報道で触れる言葉です。「Mergers & Acquistions：合併と買収」という意味です。

「合併」というと、大げさなイメージがあるかも知れません。「買収」というと、会社を買われるイメージがあり「乗っ取られる。恥ずかしい」との印象を感じるかも知れません。

しかし、親族内に後継者がいなかったり、社員（役員）にも後継者を見つけることができなかったりと、悩んでいる社長が多い実態を考えると、M&Aも真剣に検討すべき事業承継の一つであり、近年増加傾向にあるのです。

【図表1－3】は事業承継を目的としたM&Aを、大手M&A仲介業者上場企業三社が成約した件数です。大手三社以外で把握されていない件数も多数あります。中小企業の業承継系を含めたM&Aの件数は、２０１７（平成29年）で３０５０件「２０１８年版中小企業白書」確認されています。

毎年着実にM&Aは増加しており、２０２０（令和２）年からのコロナ禍により、益々増えて行くことが予想されています。M&Aについては第4章でさらに詳しく説明します。

## ５　先ずは、『自社株評価』をしてみよう

社長は、自分の会社の株価を評価したことはありますか？

これを「自社株評価」と言います。もし、一度も行ったことが無ければ、是非行うことをお勧めします。自社株評価は、事業承継を検討する場合に、大切な判断材料の一つです。

## 額面株価と評価額が違う？…どういうこと？

たとえば、「資本金1千万円。一株5万円で2百株発行」という会社があるとします。一株5万円というのは会社を設立した時の株価（額面の株価）です。実は、会社の株価の評価は、毎年変わってくることをご存じでしょうか。多くの会社は、設立時に「社長・従業員一致団結して、利益を出して行こう！会社を良くして社員の給料も増やして行こう！」と頑張って運営されます。このような会社は、毎年の決算で利益が積み重なってゆきます。決算報告書の「利益剰余金」がそれです。たとえば毎年、100万円ずつ十年間利益が積み重なれば、十年後の利益剰余金は1千万円となります。単純に会社の資産は資本金1千万円＋利益剰余金1千万円＝2千万円となります。この時点で一株の株価を計算すると、5万円ではなくなっています。単純計算では（実際にはもっと複雑な計算となりますが）、一株の価格は、10万円に近い評価となります。一株の価値が上がっているのです。株価の評価方法は、会社規模（大会社、中会社、小会社）、評価方法（類似業種比準価額方式、純資産価額方式、併用方式）などを基に算出する国税庁のガイドラインがあります。自社株を評価したい場合は、税理士に相談すれば評価額を算出してくれます。できれば、毎年決算書が仕上がった時点で評価をすることをお勧めします。

特に、社員への承継や、M&Aでの承継の場合、親族内承継の際にも、常に念頭に置かねばならないのが、自社株評価です。評価の価額で承継のタイミングも変わってきます。

自社株評価については、第3章でも、千葉税理士が詳しく説明します。

## 【1-4】事業承継計画

**【参考資料②】事業承継計画(様式)**

中小企業庁「事業承継ガイドライン」掲載の『事業承継計画』です。この機会に、貴社の計画を作成してみませんか。

**<事業承継計画(様式)>**

| 社名 | | 後継者 | 親族内 ・ 親族外 |
|---|---|---|---|
| 基本方針 | | | |

| 項目 | | 現在 | 1年目 | 2年目 | 3年目 | 4年目 | 5年目 | 6年目 | 7年目 | 8年目 | 9年目 | 10年目 |
|---|---|---|---|---|---|---|---|---|---|---|---|---|
| 事業計画 | 売上高 | | | | | | | | | | | |
| | 経常利益 | | | | | | | | | | | |
| 会社 | 定款・株式・その他 | | | | | | | | | | | |
| 現経営者 | 年齢 | | | | | | | | | | | |
| | 役職 | | | | | | | | | | | |
| | 関係者の理解 | | | | | | | | | | | |
| | 後継者教育 | | | | | | | | | | | |
| | 株式・財産の分配 | | | | | | | | | | | |
| | 持株(%) | | | | | | | | | | | |
| | | | | | | | | | | | | |
| 後継者 | 年齢 | | | | | | | | | | | |
| | 役職 | | | | | | | | | | | |
| | 後継者教育 社内 | | | | | | | | | | | |
| | 後継者教育 社外 | | | | | | | | | | | |
| | 持株(%) | | | | | | | | | | | |
| | | | | | | | | | | | | |
| 補足 | | | | | | | | | | | | |

【注意】計画の実行にあたっては専門家と十分に協議した上で行ってください。
※様式は独立行政法人中小企業基盤整備機構のサイト(http://www.smrj.go.jp/keiei/jigyoshokei/057111.html)から入手可能。

事業承継計画の相談は下記で承ります。
ご連絡お待ちします。

- **一般社団法人事業承継サポートみやぎ**
  (jsaito3425880@gmail.com)
  担当:齋藤・菱沼
- **千葉経営企画株式会社**
  (siogama-chiba@tkcnf.or.jp)
  担当:千葉和彦

※第1章にも【参考資料①】を添付

# 第2章 休廃業・解散が増えている

齋藤淳一

【図表 2-1】2020 年「休廃業・解散企業」動向調査
出所）東京商工リサーチ

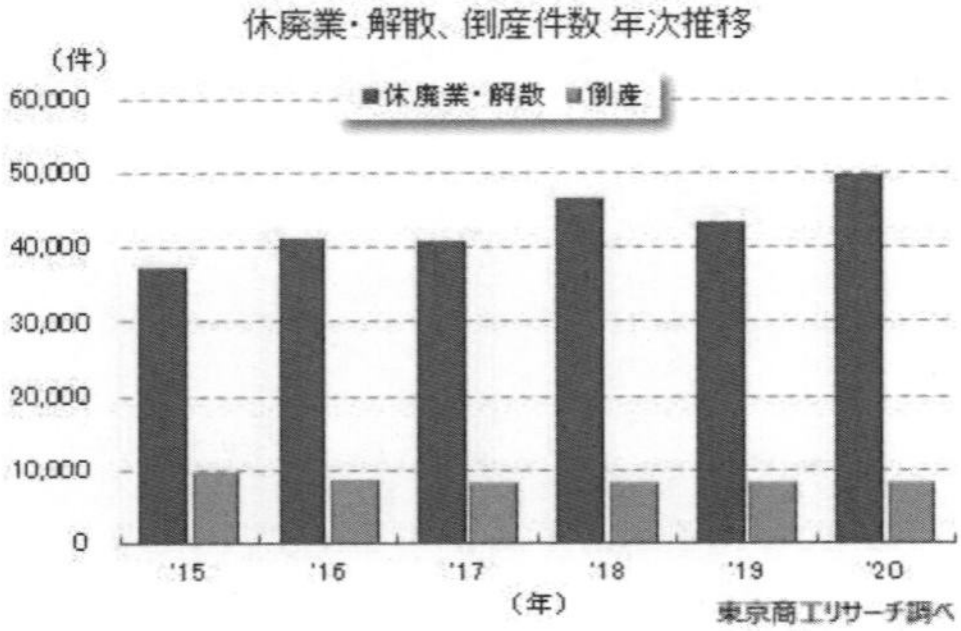


休廃業・解散　倒産件数 年次推移　（単位：件）

| 年 | 休廃業・解散 | 前年比 | 倒産 | 前年比 |
|---|---|---|---|---|
| 2013 | 34,800 | 13.58% | 10,855 | ▲10.47% |
| 2014 | 33,475 | ▲3.81% | 9,731 | ▲10.35% |
| 2015 | 37,548 | 12.17% | 8,812 | ▲9.44% |
| 2016 | 41,162 | 9.63% | 8,446 | ▲4.15% |
| 2017 | 40,909 | ▲0.61% | 8,405 | ▲0.49% |
| 2018 | 46,724 | 14.21% | 8,235 | ▲2.02% |
| 2019 | 43,348 | ▲7.23% | 8,383 | 1.80% |
| 2020 | 49,698 | 14.65% | 7,773 | ▲7.28% |

東京商工リサーチ調べ

この章では、休廃業・解散企業について考えてみます。「休廃業・解散」とは、倒産以外で事業活動を停止した企業を言います。

２０２０（令和２）年、我が国における休廃業・解散企業数は、東京商工リサーチの調べでは４９，６９８件（前年比14・６％増）でした。上記【図表２－１】のとおり、毎年増えています。特に、２０２０（令和２）年は新型コロナウイルス感染症の影響で、２０００（平成12）年に調査を開始して以降では最多となっています。企業倒産数が、コロナ禍での政府や自治体、金融機関の資金繰り支援策が功を奏し、７，７７３件（前年比７・２％減）と減少しただけに、対照的な結果となりました。

## 1　なぜ、休廃業・解散を選択するのか?!

国内の企業数は2016（平成28）で年358万9千社です。2020（令和2）年の休廃業・解散・倒産企業の合計が57，471社で、1・6％の企業が国内から撤退・消滅したことになります。とりわけ注目するのは、休廃業・解散企業についてです。

**黒字なのに休廃業・解散する企業が半数**

それでは、経営が赤字だから休廃業・解散するのでしょうか?実は、そうではありません。経営は黒字なのに休廃業・解散する企業が多いのです。【図表2－2】によると、

【図表2-2】2020年「休廃業・解散企業」動向調査（損益別）
出所）東京商工リサーチ

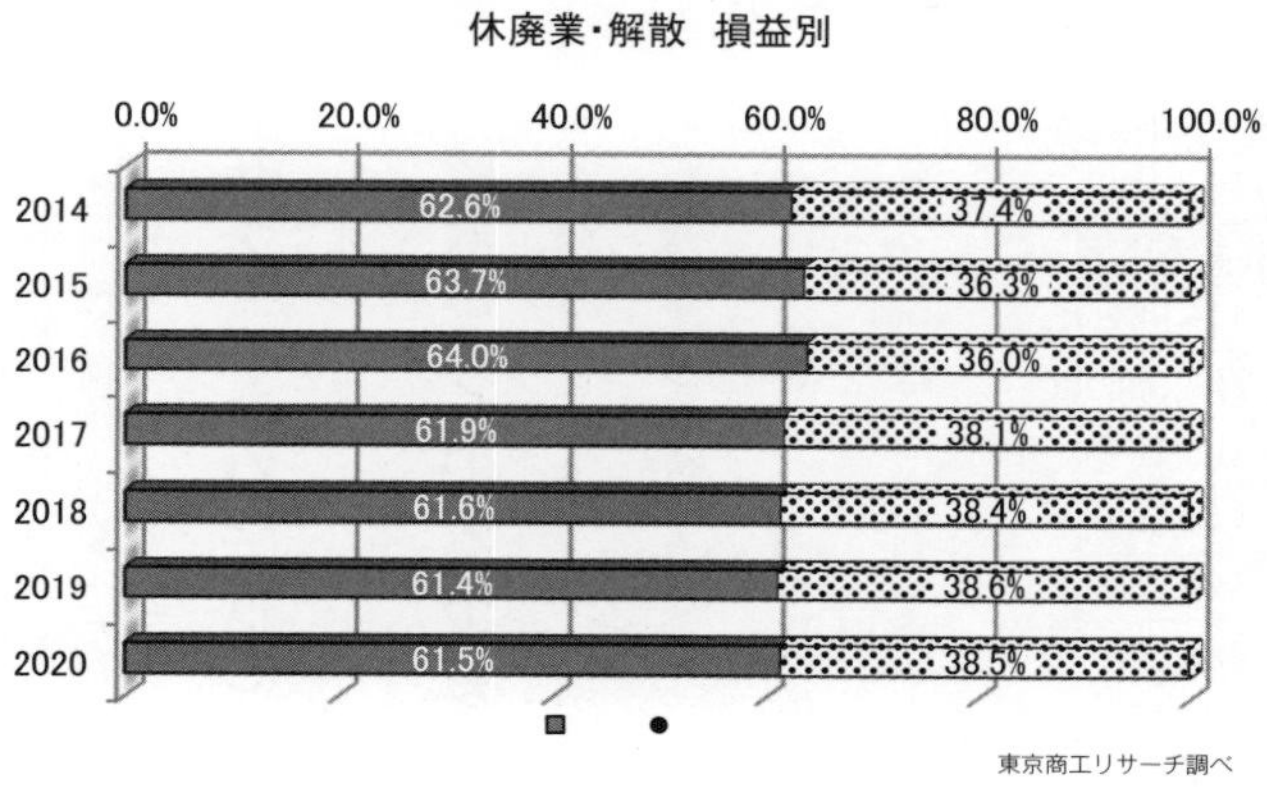

２０２０（令和２年）黒字ながら休廃業・解散した割合が61・5％となっています。この数字は、毎年ほとんど変わっていないことがわかります。「会社は利益が出ているのに、会社が無くなる」。信じられないことですが、これは、事実なのです。

## 休廃業・解散は多くの失業者を生みます

会社が無くなることは、多くの失業者も生みだします。【図表２－３】は、その数を調査した数字です。休廃業・解散による失業者は、毎年10万人以上で、２０２０（令和２）年は12万6千人を超える人が、勤務先の変更や離職を余儀なくされていることがわかります。年齢が若い人は、勤務先の変更にも対応できるでしょうが、これまで会社に長年貢献してきた年配の人は、新たな職場を見つけるのは難しいでしょう。このように休廃業・解散企業の増加は社会的に大きな問題と言えます。

【図表 2-3】2020年「休廃業・解散企業」動向調査（従業員数合計）
出所）東京商工リサーチ

休廃業・解散企業の従業員数合計

| 年 | 従業員数 |
|---|---|
| 2013 | 115,562 |
| 2014 | 106,366 |
| 2015 | 105,189 |
| 2016 | 117,003 |
| 2017 | 107,757 |
| 2018 | 133,815 |
| 2019 | 100,107 |
| 2020 | 126,550 |

東京商工リサーチ調べ

【図表2-4】2020年「休廃業・解散企業」動向調査（代表者年齢別）
出所）東京商工リサーチ

休廃業・解散　代表者の年代別構成比

| 年 | 2020年 | 2019年 | 2018年 | 2017年 | 2016年 | 2015年 | 2014年 | 2013年 |
|---|---|---|---|---|---|---|---|---|
| 20代以下 | 0.22% | 0.16% | 0.16% | 0.15% | 0.12% | 0.13% | 0.17% | 0.12% |
| 30代 | 0.76% | 1.07% | 0.97% | 1.19% | 1.24% | 1.51% | 1.45% | 1.70% |
| 40代 | 4.79% | 4.75% | 4.80% | 5.23% | 5.86% | 5.83% | 6.03% | 5.77% |
| 50代 | 10.01% | 10.52% | 10.36% | 10.19% | 10.73% | 10.77% | 11.04% | 11.87% |
| 60代 | 24.50% | 27.50% | 29.00% | 32.95% | 34.76% | 35.27% | 35.69% | 36.37% |
| 70代 | 41.77% | 39.06% | 37.53% | 35.65% | 33.29% | 33.67% | 33.61% | 32.62% |
| 80代以上 | 17.94% | 16.94% | 17.18% | 14.64% | 14.00% | 12.83% | 12.01% | 11.54% |
| 合計 | 100% | 100% | 100% | 100% | 100% | 100% | 100% | 100% |
| 60代以上 | 84.22% | 83.50% | 83.71% | 83.24% | 82.06% | 81.77% | 81.31% | 80.54% |

東京商工リサーチ調べ

## 休廃業・解散企業経営者の平均年齢は70歳代

黒字経営の企業が、なぜ休廃業・解散をするのでしょうか。それは、【図表2－4】の「休廃業・解散　代表者の年代別構成比」が示しています。

2020（令和2）年の年代構成比で、最も多いのが70歳代で41・7％です。60歳代以上が全体の84・2％と、高齢の経営者が占めていることが分かります。しかも、毎年その比率が増えていることも分かります。この数字からは、「60歳代で事業承継の相手を見出せないままに、70歳代を迎えた経営者が選択する道が『休廃業・解散』である」と推察できます。

経営者は「自分の身体が元気な内に後継者に引き継ぎをしたい」と考えます。もし、それがかなわぬ場合は「世間に迷惑をかける前に『会社を畳もう』」

と考える傾向がわかります。その結果がこの数字です。2020（令和2）年に発生した新型コロナウイルス感染症の影響で、2021（令和3）年は更にこの数が増えることが予想されます。従業員の雇用を犠牲にする休廃業・解散を何とか少なくしたいものです。

ここからは、優良企業でありながら、休廃業・解散を選択した企業の事例を二件紹介します。

## 2 休廃業・解散の事例(1)　岡野工業：無痛注射針で有名になった企業の廃業

**無痛注射針で一躍「中小企業の星」に!!**

平成30年、従業員3人、年商8億円の中小企業、しかしながら世界で名を馳せた企業の廃業が、大きく報じられました。その企業とは、穴の太さ0・2㎜の脅威的な細さを実現して「痛くない注射針」【図表2－5】を開発、一躍「中小企業の星」となった岡野工業株式会社（東京都墨田区、以下岡野工業）でした。この注射針を使用する

【図表 2-5】針の太さ 0.2 ㎜無痛注射針のしくみ
出所）テルモ

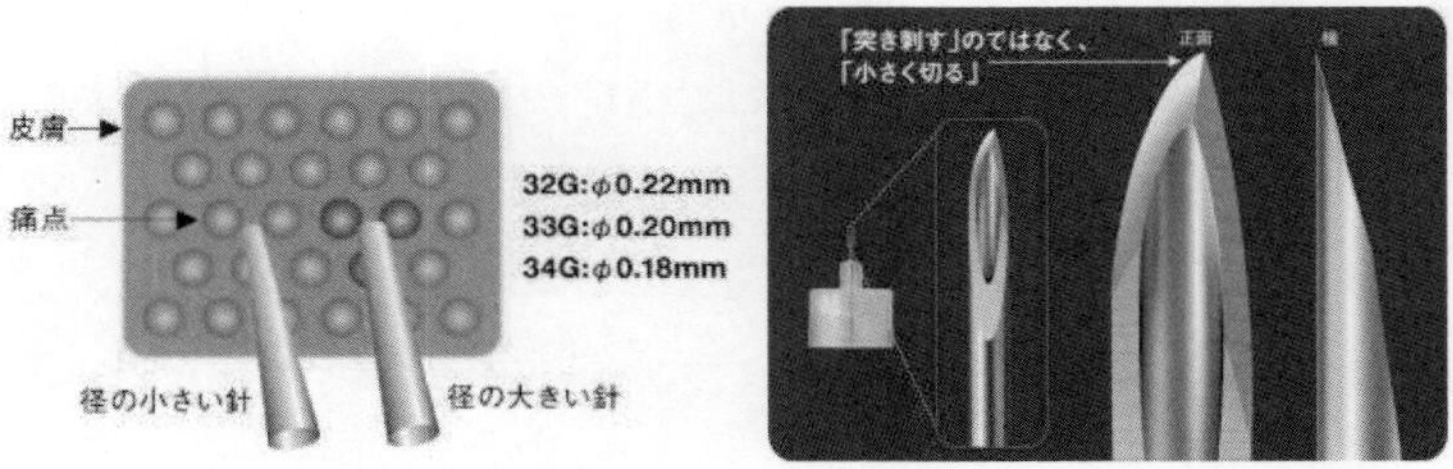


ことで、インシュリン注射を自分で行わねばならない糖尿病患者からは大変感謝されました。２００５（平成17）年、中小企業庁の「元気なモノ作り中小企業３００社」にも選ばれます。これに注目した当時の小泉首相も視察に来たほどです【図表２－６】。岡野工業の強みは、「発想の転換」と「抜群の加工精度」です。世界を驚かせた痛くない注射針は、従来の注射針の製法の金属管を細くする作業ではなく、ステンレスの板金を巻いて加工する発想の転換でした。理論物理学者からも不可能と言われた技術を実現させたのでした。もともとの開発依頼者は、大手医療機器メーカーのテルモ株式会社（以下テルモ）でした。テルモは岡野工業に依頼するまでに１００社以上に企画を持ち込んだがすべて断られ、岡野工業だけが引き受けてくれたという伝説の製品でした。それまでの注射針では考えられなかった技術により、この「ナノパス３３」（テルモの商品名）

【図表2-6】
小泉首相が岡野工業を
訪問した際の画像
出所）読売新聞社

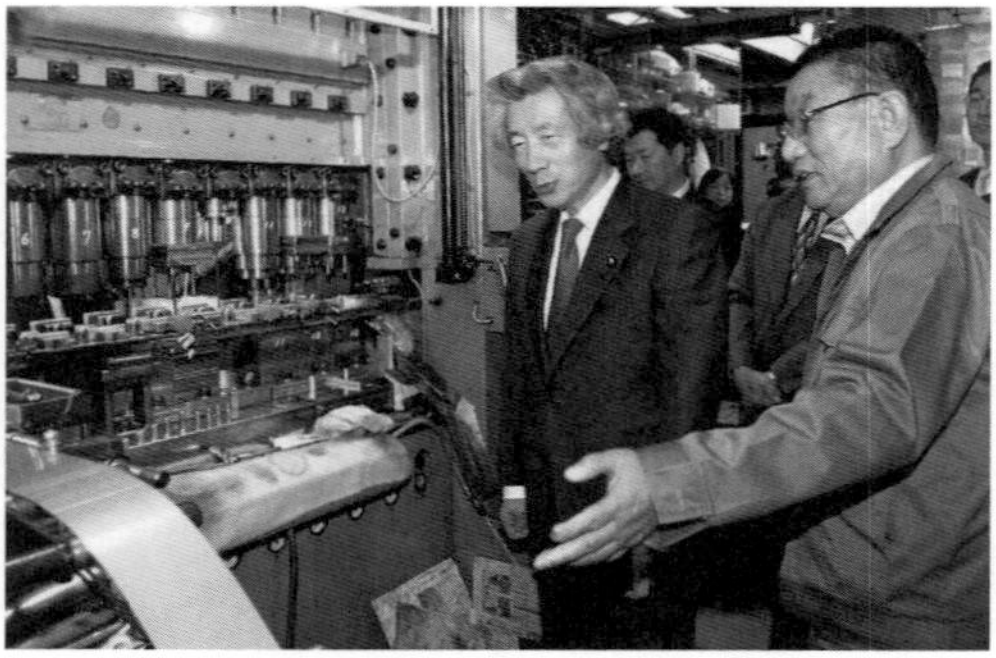

は針の太さ0・2㎜を実現し、テルモとの共同開発で、製品化されました。この製品の共同開発により、岡野工業は一躍注目されることとなります。

## リチウムイオン電池ケースは携帯電話普及に貢献

また、岡野工業は携帯電話やハイブリッド自動車（HV）用の電池ケースの生産においても、一枚のアルミ板を限界までプレスして厚さ0・8㎜以下にする「精密深絞り技術」により、10㎛の加工精度で電池ケースを作ることに成功。その結果、リチウムイオン電池とアルミニウムを一体成形した電池ケースが生産できるようになりました。この技術は、かつて岡野工業がジッポーのライターケースを作っていた技術を、ウォークマン向けに改良し、それが携帯電話とHVの進化に貢献する部品になったと言われています。これも岡野工業が先鞭を作った技術です。

## 世界注目の技術者社長。落とし穴になった税務調査

このような、華々しい業績を持つ企業の経営者が岡野雅行氏です。岡野氏は１９３３（昭和８）年生まれ。終戦の年に国民学校初等科を卒業し、父の創業した金型工場を手伝い、技術力を磨きました。昼は、父の工場の仕事をし、夕方五時から翌朝八時まではその工場を借りて、自ら受注した仕事をこなし技術力を磨いてゆきます。「安すぎて誰もやらない仕事」「技術的に難しすぎて他の誰にもできない仕事」しかやらない技術者（＝職人）でした。１９７２（昭和47）年に39歳で二代目社長に就任し、金型生産からプレス加工に進出しましたが、会社規模は「少数精鋭で数名のまま」でした。２００５（平成17）年日本イノベーター大賞、ジャパンクール賞、そして２００６（平成18）年に勇気ある経営大賞（東京商工会議所）も受賞しました。しかし、経理を社員に任せての相変わらずの技術者社長は、２０１３（平成25）年の税務調査で、外注費手数料の計上漏れによる脱税を、国税局より指摘されます。仕事を出す代わりに後で手数料をバックしてもらうことを、「この商売ではよくあること」として、仕事が欲しい取引先から頼まれて仕事を出した結果を帳簿につけていなかっ

出来事でした。

た問題でした。これは、当時注目されていた岡野社長にとって、たいへんショックな

## 後継者不在。廃業は防げなかったか?!

岡野社長には娘が二人います。二人共に家業を継ぐ意思はなく、後継者が不在でした。岡野社長は「跡取りがいないのは悔しい」と、周囲に本音を漏らしていたとのことです。2018（平成30）年、岡野工業は、廃業を選択します。岡野社長は85歳でした。世間からは惜しむ声が大きい中での決断でした。この廃業で、あらためて感じることは…

① なぜ黒字なのに廃業せざるを得なかったか?
② 身内以外で後継者を探すことはできなかったのか?
③ 同業他社への事業譲渡の選択も考えられたのではないか?
④ 誰か相談相手はいなかったのか。メインバンクや顧問税理士はどのようなアドバイスをしていたのか?
⑤ 法人としての「会社」はなくなっても、「技術」とそれを支える「人」は残せ

なかったのか？

等々、たくさんの「なぜ？」を感じた出来事でした。

## ３　休廃業・解散の事例⑵　梅の花本舗

### 懐かしの「梅ジャム」も姿消す⁉

関東では知らない人がいない駄菓子「梅ジャム」の製造元、梅の花本舗も廃業により姿を消しました。戦後まもなく発売され、紙芝居のミルクせんべいなどに塗って食べる駄菓子の定番でした。これをつくったのは、１９４７（昭和22）年に疎開先の富山から東京の荒川区に戻った高林博文氏が、父と共に創業した梅の花本舗です。昭和20年代、紙芝居師が売り上げを支えてきましたが、紙芝居向け需要が減退すると、駄菓子屋や縁日の屋台で販売されるようになり、平成期では、スーパーマーケットやディスカウントストア、コンビニエンスストアの駄菓子コーナーで売られ、業務用として３００g詰めなども販売され、70年を超えるベストセラー商品に育ちました。人気を支えたのは、その味でした。本物の梅肉を使っているために保存期間も長く、高

【図表2-7】2008年荒川区より取材を受ける高林博文さん
出所）荒川ゆうネットアーカーブ

林社長が調整する味は絶品として多くのファンを生みました。梅の香料を混ぜた類似品が多く発売される中でも、他社の追随は許しませんでした。

## 「味」・「価格」で独占領域を創出

「梅ジャムの製法は秘中の秘」と言われ、都市伝説的に伝えられましたが、実は製造法は実演会を開いたり、公開したりとオープンでした。しかし、仕入れた梅の状態や季節によっても味が変わるため、最後は高林社長の味見による微調整をして出荷しました。これが、他社には真似のできない味でした。また、一個10円という価格も他社の追随を許さない一社独占の領域をつくりました。

## 親が子への承継に難色

高林社長には、息子が二人います。しかし息子たちには、梅ジャムの仕事はいっさい手伝わせませんでした。「自分が梅ジャムを生みだしたように、お前たちも自分の力で道を切り拓け」と常々言い続けました。高林社長の本心が、息子たちへの事業の承継に反対だったのか、それとも、それを翻意させるような申し出を期待していたのかは、わかりません。結果として後継者は不在となります。80歳後半を迎える頃から、高齢化による身体の不調や、製造機械の老朽化、問屋や駄菓子店の閉店、子どもたちの味覚の変化などもあり、２０１７（平成29）年12月に廃業を決意します。創業70周年、高林社長87歳でした。廃業時に、高林社長に70年間で忘れられない出来事を聞いた話しが紹介されています。「めったに褒めてくれなかった父が、亡くなる前に『お前は良くやった』と褒めてくれたことです。あの言葉が、私の梅ジャム人生を支えてくれたのです」。

## 事業承継の申し出は相次いだ

「事業を譲ってほしい」という申し出は、あったようです。新「梅の花本舗」としての事業再生も可能な状況でした。しかし、高林社長はすべて断りました。その理由は、「採算に合わぬコストで、値上げせざるを得なくなる」ことでした。創業時から自宅を工場にして、乾物屋が安く販売していた傷のついた梅干しの果肉を原料として、奥さんと二人で製造する作業をしたからこそ、単価10円で販売できたのです。「需要があれば、価格を値上げしても構わないのでは？」という市場の論理は、高林社長には通じなかったのです。もし、従業員を抱えていたならばこの決断も鈍ったのかも知れません。

## 4 休廃業は悪い選択か？

**場合によっては休廃業・解散は良い選択**

岡野工業と梅の花本舗の事例は、割りと良くある廃業の型です。経営者の意思と、承継のタイミングを失った場合の最後の選択が「休廃業・解散」であることは、間違った選択ではないと考えます。少なくとも、後々に「倒産」するよりは良い選択と言えます。

しかし、希少な技術力や秘伝の味が失われてゆくことは、日本の社会的損失と言うことができます。

## 後継者の高学歴化も中小企業の事業承継の難しさ産む

かつては赤字続きの中小企業が「倒産して取引先や従業員に迷惑をかけるくらいなら」と、廃業を選択するケースが多くありました。しかし、近年では経営が順調にもかかわらず、後継者がいないための休廃業・解散するケースが増えています。中小企業は、同族経営が多く、少子化により後継者候補が減っています。また、黒字企業の経営者は子どもへの教育費を夢の実現のために、ふんだんに使う傾向にあります。その結果、子どもは有名大学に進学し、卒業後の進路も安定した大手企業や公務員への就職となってしまいます。大手企業や公務員では、後継者としての修業にはつながりません。家業が余程の老舗か上場を狙える規模でない限り、戻って来る選択肢はない、というのが実態です。中小企業経営者の中にも、「経営者は楽な役目ではない。どうせ苦労するなら、勤め人としての苦労の方が報われる」と考える方々も多いのです。私の友人の経営者にも、「兄が有名大学を出て地元の有力地方銀行に入社したので、国立大学の工学部を出た次男の自分が、会社を継いだ」という社長もいます。本当は、兄が会社を継いで、自分は研究者になるのが夢だったといいます。

親の家業を継ぐのが運命と考える時代では無くなったようです。そうなると、従業員や取引先の将来を考えての、「事業承継」がいかに重要なのかがわかります。事業承継するならば、タイミングを失わぬ内に早目に行うのがベストです。

# 第3章 今がその時！…「特例事業承継税制」

千葉和彦

## 1　この頃良く耳にする「特例事業承継税制」とは…

中小企業の社長の皆さん！

「自分の会社の株式の評価額が、考えているより高いことが多い」こと知っていますか？

《第1章でもお話ししました『自社株評価』について、改めて税理士が説明します》

### 〔事例1〕創業者社長を顧問税理士が訪ねた際の会話

**先ずは「自社株評価」が重要です**

税理士　今年で会社設立30周年になりますね。おめでとうございます。
設立当初は多難な船出でしたが、30年間の業績は「利益準備金」として相当に積み重なりましたね。

社　長　30年前に会社を作ったときは本当に大変でした。有限会社にはしたくなかったので、株式会社にするのに資本金１千万円を一人でかき集めるのに苦労しましたよ。

ところで先生、出資金１千万円が自分の相続財産になるという考えで良いのですよね。

税理士　社長、ちょっと待ってください！勉強不足も甚だしいですよ。

今時そんなことを言う社長は、珍しいですよ。

社　長　えー！違うのですか？

友人の社長連中も、恐らくみんなそう思っていますよ。

税理士　社長、それでは社長がもしもの時に、残された家族が大変なことになってしまいますよ。

会社設立時、一株５万円で２００株を発行したわけですが、今では一株評価は５万円ではなくなっているのですよ。これは「自社株評価」と言って、たいへん重要なことです。

私の経験では、中小企業の自社株評価の計算をしてみると、額面の10倍くらいになっていることは、良くある話です。

すぐに当社の担当税理士に、会社の株価評価計算をさせないといけませんね。

社　長　先生の言うとおりだとしたら、私の持っている株価の評価は1億円の可能性がある、ということになるのですか？

税理士　そのとおりです。それに社長は自社株式のほかに、自宅や現預金もお持ちですよね。

社　長　そう。最近、含み損かかえているけど株式も持っているし、賃貸のマンションも持っているよ。もちろん、自宅も預金も困らない範囲で持っています。

税理士　社長が万が一の時に、それらの財産が自社株の評価に加算されて、その総額に相続税がかかることになるのですよ。今お聞きする話だけでも、社長の相続財産は低く見積もっても3億円ぐらいにはなりそうですね。もし社長が他界された時の相続人は奥様とお子さんお二人ですから、奥さんの税額軽減を目いっぱい使っても3千万円近くの相続税になりますよ。

社　長　え〜！それは知らなかった。誰も教えてくれなかったな！勉強不足が過ぎたかも知れない！

## 特例事業承継税制の検討をしてはどうですか？

税理士　社長！これは下手をすると相続税の関係で、息子さんが自社株をうまく相続できず、事業承継が暗礁に乗り上げることも考えられます。そうならないように、〝期限を区切って税金の負担を軽くしてあげよう〟との目的で、特例として制定されたのが『特例事業承継税制』です。

中小企業のオーナー社長が、親族に会社を継がせる上で、最も有効と考えられる税制上の支援策が『特例事業承継税制』なのです。

日本の企業の99％が中小企業であり、この中小企業を守るためにも、先ずは親族への事業承継をスムースに進めるための「特例的、時限立法」なのです。

社　長　どのような特例なのですか？もう少し詳しく教えてもらえませんか？

税理士　わかりました。

先ずは、２０２３（令和５）年３月31日までに、「この特例を使います」という届け出をします。その際、「認定経営革新等支援機関（注１）の指導や助言を受けて」都道府県庁に提出することが必要です。認定を受けた後、２０２７（令和９）年12月31日までの間に後継者への贈与を実行した場合に、その贈与税を「とりあえず納税猶予してあげましょう」というものです。届け出の締め切りまで残された時間が少ないですから、必要と判断すれば早く届け出をするといいでしょう。

ポイント

・先ずは自社株評価をしてみましょう
・その後「特例事業承継税制」を検討しましょう
・認定経営革新等支援機関と協働する＝良い税制だが、手続きはちょっと面倒です

（注1）認定経営革新等支援機関とは、専門的知識を有し、一定の実務経験を持つ支援機関等（税理士、公認会計士、弁護士など）を、国が審査し、経営革新等支援機関として認定しています。

## 特例事業承継税制は「納税の猶予」です
### ―創業者社長と顧問税理士との会話が続きます―

社　長　先生、わが社でも届けを出した方が良いのでしょうか？

税理士　社長はこの届け出を検討する前に、先ず「自社株評価」をする必要があります。

この制度は、高くなり過ぎた自社株にかかる贈与税、相続税を納税猶予して、その間にスムースな事業承継をさせてあげようとするものです。ですから、自社株評価額があまり高くない場合は、無理にこの制度を活用する必要はありません。何故ならこの制度はあくまでも「納税の免除」ではなく「納税の猶予」なのです。

将来にわたって、いろいろな条件の縛りがついてきます。手続きも専門家に依頼すると費用も当然かかります。今回は、認定経営革新等支援機関の資格を持つ専門家に依頼する必要があります。

社　長　高すぎる株価か、そうでない株価かの判断基準は、どう考えればよいのですか？

## 特例事業承継税制を利用するかの判断基準：自社株評価額「1億円」以上か?!

税理士　あくまでも私個人の考えですが、経営者の所有する株式評価が「1億円を超えるような場合」にこの制度の活用を考えてみてはどうかと考えます。それ以下の場合は、自社株評価額の「引き下げ対策」をしながら、暦年贈与（毎年110万円まで非課税）などでの対策を行った方が良いのではないでしょうか。

特例税制は将来にわたる維持管理コストがかかります。認定申請後5年間は、毎年、都道府県庁と所轄税務署に届け出の提出が必要です。その後3年毎に1回は税務署に継続届出を出し続けなければなりません。これを税理士などの専門家に依頼すると、結構なコストがかかります。費用対効果を考えると、私は「1億円以上」が判断の目安ではないのか、と考えます。

社　長　私は、前向きに検討した方がよさそうですね…。

**特例事業承継税制：先ずは「届け出」をしましょう**

税理士　私は、この制度を活用して後継者にいつ贈与するか迷われている方は、とりあえず届け出だけでも出されておいてはどうか⁉と考えます。届け出は２０２３（令和５）年３月31日が期限ですので、念のため出しておいて、その後じっくりと考えるのも一つの方法です。その後実行しなくても何の罰則もないからです。事業承継の選択肢を広げておく為には有効な方法ですよ。

社　長　まずは、株価評価か！早速検討したいので、先生から担当に伝えてください。「善は急げ」ですね！

**《「特例事業承継税制」提出期限2023（令和5）年3月31日＝今が決断の時》**

令和５年３月31日に提出期限が迫っている「特例事業承継税制」・・皆さんの会社では検討がお済みでしょうか？まだ時間があると問題を先送りしていると特例の適用が受けられない事態にもなりかねません。「特例事業承継税制」は今が決断の時です。経営者の中には10年以内に提出すればよいと勘違いされている方もいるので、更に注意が必要です。この10年以内というのは、２０１８（平成30）年１月１日から２０２７（令和９年）12月31日までの10年間に発生した贈与または相続が特例適用の対象となるということであり、提出期限はあくまでも２０２７（令和５）年３月31日であることを再確認していただきたいと思います。

この届け出は、すでに後継者が決まっているか、または、まだ確定はしていないが、何人か候補者がいる場合にしか使えません。まだ候補者も決まっていない方はこの機会にしっかりと「事業承継全体」を考えなければなりません。もう問題の先送りは許されません。

## 〔事例２〕先ほどの社長から自社株評価終了後の継続相談
## 経営の見守り体制(1)‥「黄金株」と「持株会社」の活用

### 社長から相談された「黄金株」とは?

社　長　おかげ様で、御社の担当者さんから自社株評価をしていただきました。ありがとうございます。私の所有している株価評価がすでに３億円を超えていました。当社は後継者（息子）も決まっていますし、「特例事業承継税制」を活用する以外に方法はないかと思っています。しかし、息子がまだ若く、本当に経営を任せることができるか不安です。
実は、友人から「黄金株」を持つと、いざという時に息子の暴走を止めることができると聞いたのですが、私も黄金株を持つことができますか？

税理士　それは、「拒否権付株式」のことですね。その特徴から俗称として「黄金株」と言われています。黄金株を一株でも持っていれば株主総会や取締役会の決議を拒否できますから、確かに息子さんの暴走を止めるには有効ですね。しかし、それでは息子さんに経営権を譲ったことになりませんから、今回の特例事業承継税制は併用することはできません。

社　長　自分に株を残すことはできなのですか？
特例事業承継税制と黄金株の組み合せは、できないのですか？

税理士　特例税制と黄金株の組合せはできません。
現在社長が全株式を所有していますので、３分の１は自分に残すことが可能です。その際に、代表権は返上しなければなりませんが、取締役に残り役員報酬を得つつ経営の意思決定に関与することは可能です。

それでも不安な場合は、「持株会社」方式を検討するのも、一つの方法かと思います。

## 「持株会社」方式も有効な方法です

社　長　持株会社とは、よく聞きますね。実際に取引銀行から提案されたこともありました。やはり効果の高い方法なのでしょうか？

税理士　持株会社は、活用の仕方によっては、とても大きな効果を生み出すことが可能です。

社　長　例えばどのような活用方法ですか？

税理士　社長が持株会社の株式を所有して、事業会社を間接的に支配しながら、その持ち株会社の株式評価が上がらないように持ち続けることで、自社株対策と経営の見守りを同時にすることができます。

社　長　取引銀行の提案は、後継者が持株会社を設立して、その持株会社に私の持ち株を全部売却する提案でした。先生の言う持株会社の提案とは少し違いますね。

税理士　そうですね。銀行の提案する持株会社とは、運用の仕方が違います。銀行が提案する「株式の売却」をしますと、その時点で多額の税金が社長の負担になりますし、社長が望む経営の見守りはできなくなります。「株式移転」などの方法で持株会社に移転しますと、そのような問題もクリアできます。

社　長　そうすると、私が経営権を持ち続けることになるのですね。

税理士　そのとおりです。息子さんが一人前になって、社長が株式を渡してもいいと思った時に、持株会社の株式を渡すことも可能です。

社　長　なるほど。先生の話を伺っていたら、その方法が一番良いようですね。今回は事業承継税制を活用することはやめて、持株会社を設立して運営して行く方向で進めましょう。

税理士　社長、少し待ってください！
後で後悔しないように、また選択肢を広げる意味でも特例事業承継計画だけは申請して、その後じっくり考える方法もあります。まずは、期限も迫っていますので、提出だけでもしておいてはいかがでしょうか？

社　長　そうだね。そうしながらいくつかの案をじっくり考えて見るよ。

結局、この社長ですが、今回の特例事業承継税制では、経営の見守り体制が取りにくいということで、持株会社方式を採用する方法で検討中です。贈与税や相続税が100％猶予される特例事業承継税制ですが、忘れずに手続きをし続けなければならないことを考えれば、この社長のように慎重に取り組むことが大事なことだと思います。

## 〔事例3〕「家族信託」の活用：経営の見守り体制(2)　あるオーナー社長の悩み

将来は息子に会社を引き継ぎたいけれど、まだ安心して経営は任せられない。業界も厳しさを増しているので、会社を売却することも考えておきたい。

## 事業承継における「信託」の活用

社　長　先生、某会社の事例１、２を聞かせていただき、ありがとうございます。大変参考になりました。

持株会社も良さそうですが、少し専門的で難しいように思います。ほかに良い選択肢はないのですか？

税理士　「家族信託」を聞いたことはありますか？

社　長　はい。最近よくテレビで宣伝している信託なら聞いたことがありますね。50代の連中が信託銀行に相談に行く、例のテレビＣＭですね？

税理士　社長、早合点しないでください。信託銀行が一般的に言っている信託とは、遺言書作成の手伝いと、亡くなった時にその遺言を執行するお手伝いのことを言っていることが多いのです。しかもそれでいて手数料も結構高いのです。私のこれから説明する家族信託とは少し違うと思います。

社　長　先生、じらさずに早く教えてくださいよ。

税理士　じらしているのではないけれど、初めは少し分かりにくい仕組みだと思います。丁寧に説明します。眠らないで聞いてくださいね。

社　長　先生、わが社の大事な将来に関することですから、眠りませんよ！

## 「信託」では、委託者・受益者・受託者がいます

税理士　社長、次の図を見てください。
「家族信託」には、『委託者』、『受益者』、『受託者』が存在します。
社長を委託者、受益者さらに指図権者として、社長所有の自社株を受託者の息子さんに信託します。信託による議決権の行使は原則、株式の名義人の受託者が行いますが、別途指図権者を置くことで、社長が元気な間は、議決権の行使は社長の指示に従い、受託者である息子が議決権行使を行うことになります。

社　長　すこし、複雑な話しになって来ましたね…。

税理士　このような形を、一般的に「家族信託」と言います。
家族信託により自社株式を信託財産として、「受託者・息子」に株式の名義を移転します。ただし父親が元気な間は、父親を指図権者とすることで、議

【図表：家族信託・関連図】

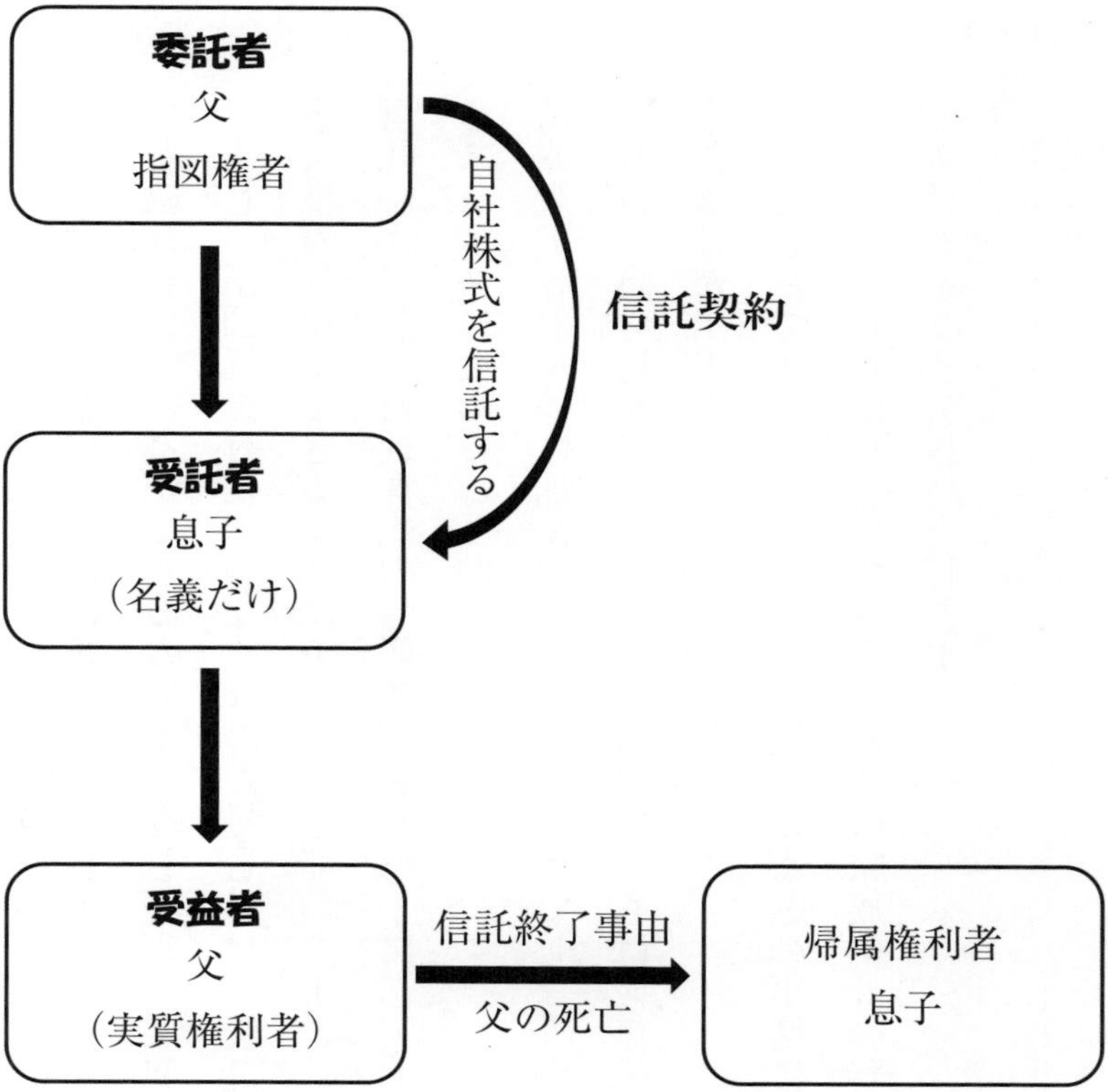
委託者
父
指図権者
自社株式を信託する
信託契約
受託者
息子
（名義だけ）
受益者
父
（実質権利者）
信託終了事由
父の死亡
帰属権利者
息子

決権の行使は「指図権者・父」の指図に従い、受託者・息子が議決権行使を行うことになります。自社株式の名義は息子に移しつつ、父の下で息子の後継者教育も行うことができるのです。もし将来、父親が認知症で判断能力を喪失し、指図権を行使できなくなった場合には、受託者である息子が単独で議決権の行使ができるように予め設定しておきます。父親が死亡した時点で信託が終了し、自社株式の帰属権利者を息子にしておきますと、相続手続きをスムースに進めることができます。

是非選択肢の一つに加えてみては、いかがでしょうか?

社　長　これは、良い提案ですね。私の目の黒いうちは、息子を見守りながら自然に事業承継が出来るということですね。

税理士　そのとおりです。そのほかにも会社やご家庭の事情に合わせて、いろいろな組み合わせが自由自在にできるのがこの家族信託の特徴です。是非、社長もご検討することをお勧めします。

## ２「個人版事業承継税制」もできました…活用すべきか？

### 青色申告者向け：令和元年から10年限定で導入されました

令和元年の税制改正で、法人版事業承継税制（これまで説明してきた特例事業承継税制）の後を追いかけるように、10年間限定の個人版事業承継税制が導入されました。

この適用期間は、法人より一年遅れの令和元年から令和10年までの10年間となります。個人版では青色申告に係る事業（不動産賃貸業は除く）を行っていた事業者の後継者として円滑化法の認定を受けた者が、この10年間に贈与又は相続等により、特定事業用資産を取得した場合に、その青色申告に係る事業の継続等一定の要件のもと、その特定資産に係る贈与税・相続税の全額の納付が猶予されます。

また、後継者の死亡等、一定の事由がある場合には、納税が猶予されている贈与税・相続税の納税が免除されるというものです。この点では、法人版税制と変わりはありません。

## 「特定事業用資産」を取得した場合に限定されています

今回の個人版事業承継税制の対象者として想定されるのは、個人事業の製造業、小売業、旅館、クリニック、各士業などです。画期的な制度と一時もてはやされてきましたが、令和元年度の利用実績はありません。これは、使い勝手が悪いからのようです。

個人版での「特定事業用資産」とは、先代事業者の事業の用に供されていた資産で、贈与又は相続等の日の属する年の前年分の青色申告書（複式簿記を活用した）の貸借対照表に計上されたものをいいます。

主として①宅地（４００㎡まで）、②建物（床面積８００㎡まで）、③②以外の減価償却資産で次のもの、【固定資産税の課税対象とされたもの、自動車税・軽自動車税の営業用の標準税率が適用されるもの、その他一定のもの「貨物運送用など一定の自動車、乳牛、果樹等の生物、特許権等の無形固定資産」】、が対象となります。

後継者は、先代事業者の事業を確実に承継するための具体的な計画を記載した「個人事業承継計画」を策定し、認定経営革新等支援機関（税理士、商工会、商工会議所など）の所見を記載の上、２０２４（令和６）年3月31日までに都道府県知事に提出行われた相続・贈与について承継税制の適用を受けることができます。しその確認を受けなければなりません。その後２０２８（令和10）年12月31日までに

## 使い勝手が良くないのは何故か…

ここで私が問題としたいのは、その贈与を受ける時に、先代事業者である贈与者から、特定事業用資産の「全ての贈与」を受ける必要があるということです。青色決算書の貸借対照表に計上されているものは、すべて一度に贈与されなければなりません。今回は建物だけ、又は土地だけにしようとはいかないのです。また、事業用資産の中には設備や備品など経年劣化するものもあると思いますが、もし買い替えたりする場合には、その都度届け出が必要ということです。実務的に誰がその作業を行うのでしょうか？おそらく何十年と続くそのような手続き面もしっかりと管理できるか、あるいは管理してくれる人がいる場合には大いに活用の余地はあると思いますが、そうでない場合は、かなり慎重に取り組まなければならないと思います。

## 個人事業主が親族に事業承継する際の良い選択肢は？

### 「小規模宅地の特例」の活用を考える。

相続税を大きく減らす制度として注目してほしいのが、昔からある制度なのですが、更に２０１３（平成25）年の改正で大幅に適用範囲が広げられた「小規模宅地の特例」の活用です。

#### ① 小規模宅地の特例とは？

小規模宅地の特例とは、亡くなった人が住んでいた土地、事業をしていた土地、貸していた土地について、一定の要件を満たす人が相続した時に、その宅地の評価額を最大で80％も減額できる特例です。この特例を使うと、その土地を相続していない他の相続人の相続税も減税されるので、他の相続人の同意も得られ易いと考えます。

#### ② ２０１５（平成27）年1月より「特定居住用宅地に対する適用上限面積の見

直し」の改正で、適用面積の上限が２４０㎡から３３０㎡に拡充され、しかも「特定事業用等宅地等」４００㎡と併用できるようになりました。その効果はとても大きいものです。

先日、ある方に相続の申告を依頼されました。亡くなられた方は高齢で、相続人は今回の相談者の息子さん一人でした。息子さんは父親と10年くらい前までは自分たちの工場で一緒に働いていました。その後、事業主も息子さんに変わり、毎年、息子さんが事業主として青色申告をしていました。また、その父親は息子さん夫婦と同居しておりました。自宅と工場の敷地、建物は父親名義でした。勿論、父親への家賃は支払っておりません。自宅も工場も立地条件が良いため評価額が高くなっており、そのままでは相続税も高くなりそうでした。しかしここで、検討の結果、小規模宅地の特例の活用が使えました。自宅の敷地の３３０㎡まで80％の評価減、工場の敷地４００㎡まで80％の評価減を併用して活用することができ、その結果、相続税がほとんどかからなくなったのです。最初、相続人の息子さんが相談に見えられた時は、かなり不安そうでしたが、概算の税額を伝えると、ホッと胸をなでおろしたようでした。

### ③ 同居していたため、大成功！

今回の場合は、亡くなられた父親と同居していたこと、かつ息子さんが事業をしていたことで、特定居住用宅地等と特定事業用宅地等に該当し、この制度が使え、大成功でしたが、もし同居していなかった場合は、いずれの制度も使えなかったと考えられます。このように、評価減の大きな小規模宅地の特例が相続発生時に使えるかどうかはいくつかの条件が整っていなければなりません。しかし、逆に相続が発生する前から、準備をしておくことがこの制度を最大限に活かすコツです。

### ④ 同居していない場合は、事前に対策を！

例えば、父親との同居が難しい場合は、父生前中に息子が父所有の工場に相場の家賃を支払うことで貸付事業用宅地として２００㎡まで50％評価減の特例の適用を受けられます。もし家賃を支払わないでいれば更地評価になります。更に事前対策として考えられるのは、個人事業主からの法人成りです。現在の個人事業を法人組織に変更して、息子が役員に就任し、父へ家賃を支払うことで特定同族会社事業用宅地として400㎡まで80％の評価減を受けられるようになります。このように、事前対策をすることで、評価減を受けられる可能性が広がります。

現在所有する土地が、小規模宅地等の特例の対象になるかどうかは、土地の利用状況と同居（生計一）か別居か問うなど条件が複雑に決められていますので、顧問の税理士等にご相談ください。

個人の事業承継を考える場合は、個人的な見解ではありますが、個人版事業承継税制を活用するより、この「小規模宅地の特例」の制度を活用できるように相続発生前から対策をしておく方法をお勧めしたいと思います。

## 特例事業承継税制の落し穴

1．申告期限から５年以内の主な取消事由は下記のとおりです

① 後継者が代表権を喪失したとき
② 常時使用従業員の数の５年間の平均が贈与時・相続時の８割を満たさず、かつこれを満たせない理由を記載した書面を提出しないとき
③ 後継者が筆頭株主でなくなったとき
④ 後継者が株を譲渡したとき
⑤ 組織再編や会社分割、資本金や資本金準備金の減少をしたとき
⑥ 主たる事業の売上がゼロになったり、風俗営業を行ったとき
⑦ 後継者以外の者が拒否権付株式（黄金株）を取得したとき
⑧ 新税制を適用するための届出を怠ったとき
⑨ 資産保有型会社は資産運用型会社になったとき
（常時使用従業員５人以上といった事業実態要件を満たさなくなったとき）

※この他にもありますので、注意が必要です

2．申告期限から５年を経過した後も下記の主な取消事由は残ります

① 後継者が株を譲渡したとき
② 組織再編や会社分割、資本金や資本金準備金の減少をしたとき
③ 主たる事業の売上がゼロになること
④ 新税制を適用するための届出を怠ったとき
⑤ 資産保有型会社は資産運用型会社になったとき
（常時使用従業員５人以上といった事業実態要件を満たさなくなったとき）

※この他にもありますので、注意が必要です

# 第4章 『M&A』ってなに?

齋藤淳一

この章では、第三者への承継において流行ともいえる『M＆A』について、詳しく説明します。

『M＆A』とは、Mergers & Acquisitionsという英語の略です、「合併・買収」を指す経営学の用語です。

## 1 『M＆A≠会社の乗っ取り』＝前向きな話です

合併・買収などと聞くと、イメージとして「乗っ取り」ではないかと、悪い方向に発想してしまう方々も多いかも知れません。しかし現在では、「会社と会社がお見合いをして、お互いが気に入ったら一緒になる」という、お見合結婚と捉えた方が良い風潮になりつつあります。

大手企業間においては、敵対的ＴＯＢ（Take-over bid）のような株式公開買い付けなどの、いわゆる「乗っ取り」的行為も発生しています。最近では、定食チェーンの「大戸屋」が株式会社コロワイド（ステーキ宮・牛角・かっぱ寿司などを傘下に持つ）に買収（敵対的買収）された話があります。これは、株式を上場していたことにより、高値での公開買付けをコロワイドが仕掛け、最終的に過半数の株式を取得し、買収に成功した実例です。

しかし、本書で言うＭ＆Ａは「中小企業の事業承継」における合併・買収の話で、後継者選定に問題をかかえる中小企業が、継続的・永続的な事業の運営ができるようにする、前向きな話と理解していただきたいと考えます。

Ｍ＆Ａによる事業承継を選択した場合、全株式の売却による資本の移動が発生するケースがほとんどです。バリバリのオーナー社長が、代表権を返上することとなり、買収側企業から新社長が来るのが一般的です。一抹の寂しさが伴うことは、覚悟しなければなりません。これに対して、世間はどうとらえるでしょうか。「順調だったのになぜ？」と思うでしょう。そして、「もう少しの期間社長を続けられたのでは？」とも、言われるかも知れません。そんな言葉を投げかけてくれたのならば、ある意味で勲章をいただいたようなものです。そんな時には、「ありがとうございます。私も会社も元気なうちに、新オーナーが当社経営を継続し発展できる可能性に託しました。従業員も取引先も安心です」と答えることができるとしたら、「この承継もあり」ではないでしょうか。

従業員は「社長はまだ頑張れるのに何故だろう?でも我々従業員としては、これで将来も安心して働ける会社になるか?」と感じるのではないでしょうか。得意先からは「今まで以上に長い付き合いができる会社になった。今後も応援しよう」と、仕入先からは「今後も安定した経営に期待できるので、精一杯の協力を惜しまない」との評価をいただくことが十分に予想されます。これらの評価は、M&Aが実施された後に、実際に聞かれる話です。

## 2 M&Aをサポートする会社が増えた

近年、M&Aをサポートする会社が増えてきました。M&Aが急速に増加した要因の一つです。

これらは、一般的には「M&A仲介会社」と呼ばれています。中小企業のM&Aの実施に際しては、最も多く登場する会社です。買い手側と売り手側とを仲介する、いわゆる「仲人役」を果たします。買い手側の要請で売り手企業を探したり、売り手側の希望で買い手側を探したり調整してくれるのが役目です。営業担当者が買い手と売り手の間を調整して最後の契約まで付き合ってくれます。手間ひまを掛けてくれる分、仲介手数料も相応の金額が掛かります。仲介会社は高い収益が出ているので、株式上場をしている会社も３社（２０２１（令和３）年４月現在）あります。

仲介手数料は、弁護士報酬のような業界での基準価格が設定されていません。この点は、国も対策が必要と感じています。今後は登録制度となる可能性が高く、入札や相見積を取って仲介機関を決定するなどの、ルールの検討も考えられています。

最近では、金融機関や公認会計士、税理士、弁護士がＭ＆Ａのアドバイザー役をしてくれる場合があります。大手銀行では、専門の部署も設置して「顧客の事業承継のため」と、Ｍ＆Ａを進めてくれることも多くなりました。しかし、その多くは「仲介会社を紹介することが業務」となっているようです。紹介をした際には手数料が紹介者側に支払われます。この収益は、金融機関では貸出金利以上の収益につながることが、容易に想像できます。しかしながら、金融機関に相談してＭ＆Ａを始めるケースは、まだまだ多くはありません。それは、顧客の窓口である支店長や営業窓口担当者が数年で転勤などの人事異動により、じっくり腰を落ち付けた相談がしにくい点があるようです。また、借入金に対する「貸しはがし」を求められるのでは？との顧客側の不安も要因となっていると思われます。

今では、仲介手数料を格安に設定した、インターネットによる仲介サイトも出現しました。売り主が小規模だったり、売却を急いでいるなどの場合、売却意向の表明と希望の価格・条件を仲介サイトに登録し、買う側がその情報を検索しマッチングして行きます。数百万円規模の売買もあり、会社員や起業希望者が、起業するよりも手っ取り早く企業経営者になれる点が支持をされて、急速に増えているようです。しかし、M&Aは単なる企業の売買だけでなく、契約後のサポートも大切です。M&Aが契約された時点で公開されていない情報が潜んでいる可能性もあります。インターネット取引では、調整が難しい問題になることも考えられます。これらの点も充分に考慮しなければなりません。

「投資ファンド」が、M&Aと経営支援をセットにした取組みをするケースも増えてきました。この場合の仕組みの多くは、「経営者は投資ファンドに株式を譲渡します。ファンドは経営の専門家を派遣したり、業務の改善や人材の育成など様々な提案で支援をし、事業の成長を加速させて行きます。これらは、従業員の教育にもつながる」というものです。ファンドはリターン（収益率）が出ることで、投資額が何年で回収できるかを判断して投資をします。安定したキャッシュフロー（会社の現金の流れ）の会社や業歴が長い会社は、ファンドの決断も早いと言えます。シナジー効果（合併後に1＋1＝2以上の効果）も期待できます。

増加するM＆Aについて、売り手側にのみアドバイスする企業（専属アドバイザー）も出てきました。一般的な仲介会社は、どちらかというと買う側が「継続的なお客様」になるケースが多く、問題が発生した際の解決が、買う側に添った解決策になりがちと言われることもあります。この点、「最初で最後」の売り手側企業に添った専属のアドバイザリー・サービスをしてくれる企業は、貴重な味方と言えます。公認会計士や税理士が運営している会社が多いようです。

## 3 M&Aが成立するまでの流れ

M&Aの検討を始めてから、成立するまでを【図表4－1】にまとめました。どれくらいの期間がかかるのか、良く聞かれる質問ですが、早い場合は半年位、長い場合には2年程度かかることもあり、ケースバイケースと言えます。

【図表 4-1】M&A 実行の流れ

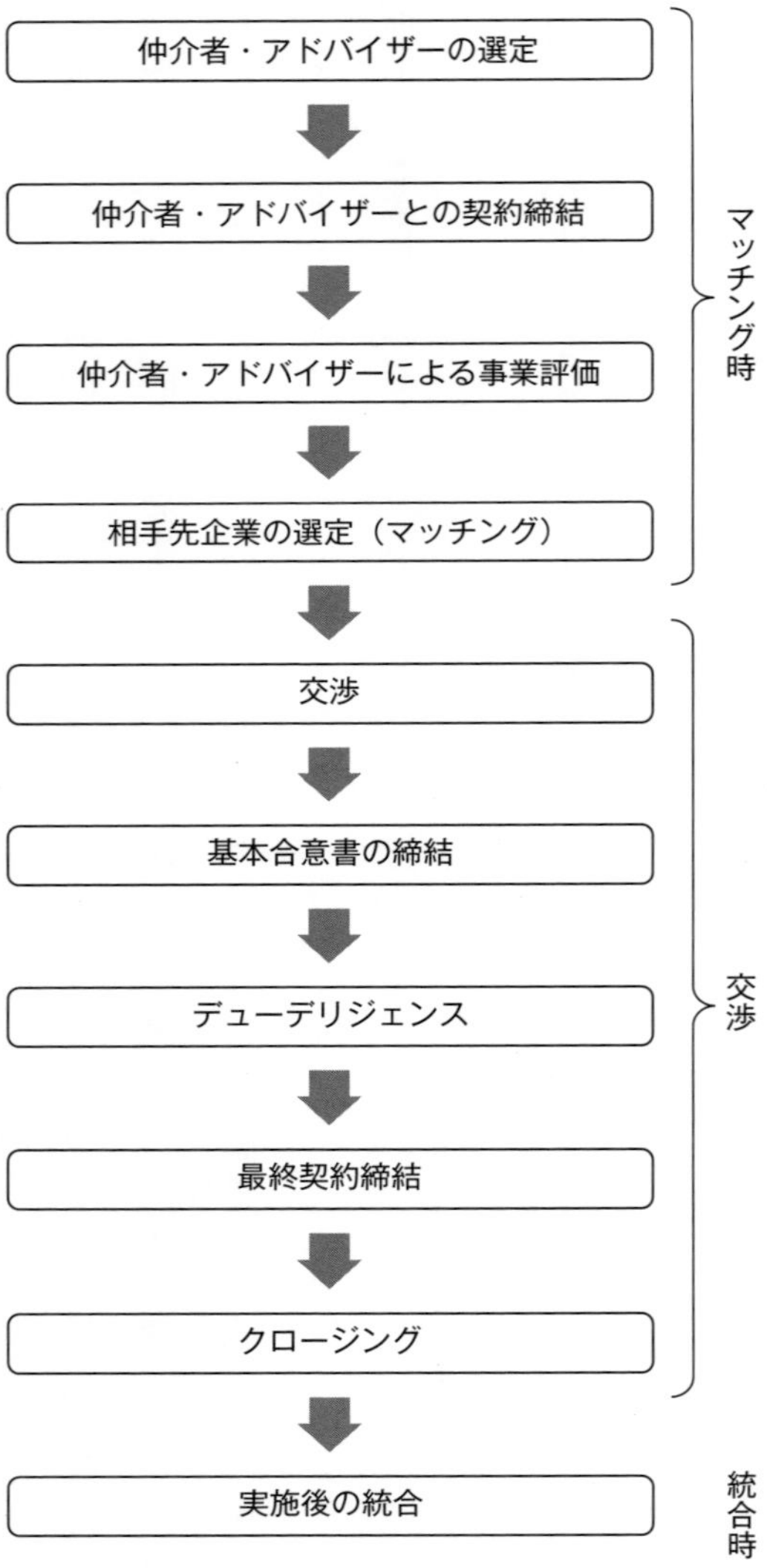
仲介者・アドバイザーの選定
仲介者・アドバイザーとの契約締結
仲介者・アドバイザーによる事業評価
相手先企業の選定（マッチング）
マッチング時
交渉
基本合意書の締結
デューデリジェンス
最終契約締結
クロージング
交渉
実施後の統合
統合時

## 最初に「秘密保持契約」をします

Ｍ＆Ａにおいては、売る側も買う側も守秘義務があることを認識せねばなりません。家族やごく一部の関係者以外には口外無用です。この点を充分に認識する必要があります。初期の段階で、仲介者との間にアドバイザー契約を締結します。仲介者・アドバイザーとの契約締結時には、必ず秘密保持契約も結びます。特に相手方が上場企業の場合には、気を付けなければなりません。秘密が保持できなくなった時点で、交渉が打切りとなります。良い結果を得るために、多くの関係者に相談したいところですが、沈黙を守り、最終的には、社長の孤独な決断となります。

## 相手先企業の選定＝マッチングから基本合意まで

ここからは、「仲介会社」とのアドバイザー契約、機密保持契約を結んだあとの、基本合意までの一般的な進め方を紹介します。

事業を売却したくても、買い手の候補を見つけないと話が始まりません。候補先を見つけるためには、売り手側としての企業の良さを理解してもらわねばなりません。

アドバイザーには、自社が持つ特長を上手く伝える事から始まります。また、抱えている問題点も素直に伝えておけば、後々の交渉時にもそれが「今後の可能性」として伝わることも考えられます。また、アドバイザーに対しては、選定する買い手先の希望を遠慮なく伝えます。例えば、同業は避けてほしい、取引先は避けてほしい、同じ地域にしてほしいなどです。希望する買い手先を具体的に示す方が、アドバイザーも買い手候補先を絞りやすくなります。アドバイザーは、通常では複数の買い手候補先をリストとして提案してきます。その中から候補先を選定して行くこととなります。

選定した候補先に対して、先ずは無記名（ノンネーム）で、会社概要や希望する条件を簡単に記載した「提案書（ノンネームシート）」が作成され、選定した買い手先にアドバイザー経由で提案されます。ノンネームシートに対して、相手先の関心度合いが高く具体的に検討する意思を示してきた候補先にのみ、機密保持契約を締結後、詳細資料の開示を進めて行くことになります。資料の開示に際しては、売り手側の了承も取り付けます。詳細資料は、会社案内や組織図、三期分程度の財務資料に加え、取引に関する詳細な提案資料（ＩＭ）をアドバイザーが作成し、買手先候補に提案します。IMには、第三者承継を決断した背景や会社の沿革、事業概要、過去の財務諸表分析、将来の事業計画、希望する取引条件等が盛り込まれます。買い手候補先は、初期検討段階においては、このIMを中心に検討が行われることになります。この作業が、何度か繰り返されることもあります。こうして、複数の買い手先候補が検討を進め、「参加意向表明書」の提出となります。

参加意向表明書とは、ここまでの検討結果として現段階での買い手側の意向を示すものです。買い手候補先の概要、本件に関心を持つ背景、希望する買収価格とその根拠、買収後の経営方針などが記載されます。この段階で、一社に絞ることもありますが、複数社残すこともあります。

こうして参加意向表明書で選定された買い手先候補と「面談」となります。ここまで来て初めて、買手先候補と直接会う機会が設けられます。この面談は、双方がお互いをより知るために設けられるものなので、買い手候補先から様々な質問を受け、売り手側からも様々な質問を行って、お互いの相性を確かめることとなります。通常は、アドバイザーが同席して、面談がスムーズに行くように行なわれます。場合によっては、買い手企業を売り手企業が訪問をしたり、売り手企業を見学することを目的として買い手企業が訪問する場合もあります。これらは、すべてアドバイザーが調整役を担うこととなります。

面談やその後の質疑のやり取りを経て、買い手先候補を一社に絞り、「基本合意書」の締結となります。尚、面談や質疑を経る中で、修正点が発生した場合二次参加意向表明書の提出をする場合もあります。基本合意書とは、双方がM＆Aの基本的な取引条件に合意したうえで、売り手が買い手に独占交渉権を付与し、デューデリジェンス（買収監査・ＤＤ）の機会を与える契約です。基本合意書の条文には様々なパターンがありますが、一部の条項を除いては、この時点で法的拘束力は未だ持たないようにすることが一般的です。

## 「デューデリジェンス」とは

デューデリジェンスとは、「詳しく調査する」という意味です。買い手・売り手双方が、条件面も合意して最終契約する前に行う監査行為をデューデリジェンスと言います。それまでの経営面の資料が正しいのかを互いに確認する作業です。業務・財務・法務・人事などの専門家の立ち会いにより実施されます。都合の悪いことは隠しておき、契約成立後にそれが発覚した場合には、損害賠償請求を受ける原因にもなりますので、実態を正確に伝えることが重要となります。短かい場合でも２日間、長ければ１週間かかる場合もあります。これまでの会社の資料をすべて開示すると考えていただいて結構です。

## 買収価格はどう決まる？

買収価格は、基本契約時点で両者間のアバウトな合意がなされます。価格の案は仲介会社などが算出しますが、決めるのは両者合意の下です。中小企業の場合には、純資産が基本になるケースが多いようです。これに「のれん代」という無形の資産の評価を上乗せして決定されることもあります。「のれん代」の代表的な例としては、特許や取得の難しい役所の許認可、名の通ったブランドなどがあります。

最終的に決定するのは、デューデリジェンス終了後の両者の話し合いとなります。また、社長が役員を退任する場合に受け取る役員退職金も決定します。役員退職金は、取締役退任後に受け取ることとなります。事業の引き継ぎで会長職などとして一定期間会社に残る場合には、その期間の報酬も決めます。

## 4 菅内閣の目玉政策？＝中小企業のM＆A推進

2020（令和2年）9月に発足した菅義偉首相率いる内閣では、主要政策の一つに中小企業政策があります。「M＆Aによる事業承継の推進」を実施しようとしていることをご存じでしょうか。この政策が意図している内容を正しく理解することが必要です。

### M&A推進による中小企業数の削減が狙い

本書では、政治分野については多くを語らぬつもりですが、2020（令和2年）9月に発足した菅内閣の政策については、少し触れさせていただこうと思います。菅内閣は中小企業のM＆Aを積極的に推進しようとしています。【図表4－2】の新聞記事に掲載された政策です。これは、「買い手企業が計上する準備金が、税務上の損

【図表 4-2】
新聞記事「中小の M&A 法人税軽減」

# 中小のM&A 法人税軽減
## 政府・与党検討、再編促す

政府・与党は中小企業によるM＆A（合併・買収）の税制優遇を検討する。買収時の取得金額の一部を損金算入することを認め、法人税を軽減する案を軸に調整する。競争力の強化につながる再編を後押しする。12月にまとめる2021年度の与党税制改正大綱に具体策を盛り込む。

菅義偉首相は中小の生産性を高めるため統合・再編を促す意向を示していた。

M＆Aでは買収後に隠れた海外債務などが発覚するリスクがある。買い手の企業が不測の事態に備えて「準備金」を積み立てた場合、税務上の損金（経費）に算入できる案を検討する。企業にとっては法人税の課税対象となる所得（税務上の利益）が減り、M＆Aの負担が抑えられる可能性がある。

優遇策を受ける企業が成長計画を国に提出し、承認を受ける仕組みを想定している。政府は買収先の雇用や技術の維持、生産性向上の可能性などを考慮して計画を査定する。

出所）日本経済新聞社

金として算入することを認め、法人税を軽減する案の検討に入っている」という内容です。一見、M＆Aによる事業承継を進めることで、中小企業を保護する政策にも受け取れますが、本当の狙い少し違うようです。

実は、「日本の中小企業は労働生産性が悪く、その数を減らして行くことが必要」という、考えが背景にあります。日本商工会議所などの中小企業が多く属する団体は、この政策に反対の表明をしています。日本の労働生産性が欧米に比べて低いのは、意外ですが事実です。しかしそれは、中小企業のみが低いのではなく、日本企業が欧米に比べて労働生産性が低いのです（２０２０年ＯＥＣＤ加盟36か国中26位）。労働生産性とは、企業組織内の労働の効率を測る指標です。従業員が一人当たりどれだけの付加価値（生産活動を通じて新たに生まれた価値）を生み出しているかを表しています。計算式は付加価値（生産額）

＋従業員数（労働量）です。この値が低ければ、「多くの従業員数で、効率の良くない不可価値を生み出している」ことになります。労働生産性が低いから賃金も上がらない、という考えは一考の価値はありますが、中小企業の数を減らして生産性が上がるのかは疑問が残ります。今後どのような方向に進んでゆくのか、注目したいと思います。

## 5 事業承継は経営者も会社も元気な時に！

いずれは訪れる事業の承継。切羽詰まっての事業承継はできるだけ避けたいところです。余裕を持って準備を進め、余裕を持って実行し、着地後の経過も余裕を持って見て行きたいものです。

### 元気な会社＝将来性がある＝価値が高い

M＆Aに限らず、事業承継をするならばなるべく早い方が良いでしょう。会社が元気で利益も出ている時が、一番高い価値があります。ピークを過ぎて、元気が無くなりかけている会社は振り向いてもらえません。

従業員の成長を考え、顧客・仕入先・金融機関などの対外的な付き合い方を考えて、早めに次世代への承継のストーリーを描くことをお勧めします。元気な会社の社長は、「まだまだやれる。もっと伸ばせる」と考えるのは、至極当たり前です。しかし、どの時点が事業承継するのに良いタイミングなのかを見定めて、経営することは大切なことです。

M＆Aを実行する時も、決算書の自己資本が大きいほど、企業価値は高く評価されます。元気に成長している姿が「のれん代」を産むこともあります。

## 【参考資料一覧】

| 図表No | 図表名・記事名 | 出所（引用先） |
|---|---|---|
| P－1 | 起業後の会社生存率 | 2006年版中小企業白書 |
| P－2 | 中小企業のおかれている現状 | 2018・2020年版中小企業白書、日本経済新聞社より作成 |
| P－3 | 事業承継自己診断チェックシート | 中小企業庁<br>「事業承継ガイドライン」 |
| 1－3 | 事業承継系M&Aの推移 | 2018年版中小企業白書 |
| 1－4 | 事業承継計画 | 中小企業庁<br>「事業承継ガイドライン」 |
| 2－1 | 2020年「休廃業・解散企業」動向調査 | 東京商工リサーチ |
| 2－2 | 2020年「休廃業・解散企業」動向調査（損益別） | 東京商工リサーチ |
| 2－3 | 2020年「休廃業・解散企業」動向調査（従業員数合計） | 東京商工リサーチ |
| 2－4 | 2020年「休廃業・解散企業」動向調査（代表者年齢別） | 東京商工リサーチ |
| 2－5 | 針の太さ0.2㎜無痛注射針のしくみ | テルモ |
| 2－6 | 小泉首相が岡野工業を訪問した際の画像 | 読売新聞社 |
| 2－7 | 2008年荒川区より取材を受ける高林博文さん | 荒川ゆうネットアーカーブ |
| 4－2 | 新聞記事「中小のM&A法人税軽減」 | 日本経済新聞社 |

# おわりに

菱沼　敏／齋藤淳一

自らM&Aを体験し更に学ぶ齋藤淳一
新しい税制改正をいち早く指導する千葉和彦税理士
元東京商工リサーチ社員の菱沼敏は、何故参加しているのか

私、菱沼敏はご縁が合って1979（昭和54年）12月に、東京商工リサーチ（TSR）東北支社に調査員として入社しました。調査会社・調査員と聞いて、嫌な気分に成る事業主・経営者の方もいらっしゃいますから、ここで調査会社の仕事の流れを整理してみます。企業調査会社は企業から依頼を受け、調査員は取材先企業を訪問します。企業の歴史・扱い商品・営業体制・財務内容等々を取材し報告書に纏めます。調査会社はその報告書を依頼企業に提出します。

調査会社・調査員の仕事は、取材先企業の経営者を悩ませる事ではなく、「企業の情報公開」と「企業PR」のお手伝いをしているのです。

私は仙台市の東北支社で調査員として勤務し、その後支店長・地区本部長兼支社長・本社経営企画室統轄部長等を経て、再び東北支社で定年を迎えました。再雇用契約も終了し現在は委託契約社員としてフレックス・タイムで企業の決算取材等のお手

伝いをしています。居心地が良いのですね、私自身も驚いていますが勤務年数は41年を数えます。調査取材で訪問して事業主・経営者の方のお話を聞く。それは業界にひとり身をおき創業し、組織を作り上げ日々戦っている話です。社運を賭けた新商品の開発や大口新規契約迄の経緯を伺うと、それは一編の小説の様に、時には手に汗を握るほどです。元々私は話を聞く事と、事象について考え、お話する事は苦になりません。ＴＳＲの主要業務の訪問・取材が肌に合っていたようです。40年間余りの勤務で調査員としての取材業務と、マネージャーとしての訪問・営業業務等で、延べ２万人の経営者・営業スタッフの方とお会いしてお話して来ました。素晴らしい経営者の方に取材をさせて頂き、ＴＳＲと取引して頂き自分が担当させていただく、という幸運に恵まれて来ました。

起業した時にご縁が合って取材させて頂いた企業。その企業が年を重ねて社員が増え、事業も拡大して行く、これを側で見ているのは大変愉しい事です。勿論、中には不幸にして志半ばで会社を畳む経営者もいらっしゃいます。しかしその企業に勤務していた方が、のちに機会を得て起業し、「また色々と応援してください」と連絡を下さる事が有ります。こんな時には前経営者の企業経営ノウ・ハウがしっかりと伝播していると感じます。定期的な取材・営業で何度もお会いする内に、経営者と親しい間柄となり会社経営の相談を受けて、お付合いが始まります。プライベートで社内の懇親会や周年事業に呼んでいただく事や、子どもさんの結婚式に呼んで頂く等で、ご縁を重ねる機会が増えて行きます。経営者の方々も私と一緒に年齢を重ね、避ける事の出来ない大事な事業承継の時期を迎えます。

今はTSRから少し離れた立場に成りましたが、未だにお付き合いの有った経営者の方々から、様々な用件で連絡を頂きます。もう少し色々な面でお手伝いが出来ないものかと考えている時に、齋藤淳一から連絡がありました。

齋藤は、自ら起業した会社を中堅企業に経営を譲渡しました。自ら起業し自らM&Aでその企業の創業期の幕引きをした訳ですから、大変理想的な経営者人生を送ったと言えます。

齋藤は今、宮城大学大学院事業構想学研究科博士課程前期で経営学としての事業承継について学んでいます。自分の体験した事業譲渡としてのM&Aを学び直して、これから事業承継を行う方々の手助けをしたいと、大変熱い心を持っています。
話を聞き、私もこれまでお付合いを重ねた事業者・経営者の方々に、何かお手伝いが出来ればと思い、一般社団法人事業承継サポートみやぎに参加しました。

自らM&Aを体験し、今も更に学んでいる齋藤淳一
新しい事業承継税制をいち早く指導する千葉和彦税理士

私はこれ迄、2万人の経営者・経営スタッフの方々とお会いして話を聞いて、会社経営のヒントを沢山構築しています。これから皆さんのお手伝いが出来ればと考えています。
私たちは皆様のお役に立ちます。

菱沼　敏

「はじめに」では、私（齋藤）の事業承継の話しで始まりました。「おわりに」も私事で終わりたいと思います。

私は62歳で企業経営を離れ、無我夢中で経営者として企業を運営してきた足跡を、振り返り反省することがあります。現役社長時代から、「経営とは何なのか？」を考えて来ました。格言の一つに、「三流経営者は金を残し、二流経営者は組織を残し、一流経営者は人を残す」があります。「言い得て妙」です。今朝（2020（令和2年11月19日）のNHKラジオ第一で「M&Aは従業員のために大切なこと」と、女性の事業承継アドバイザーが話していました。

人生100年時代と言われます。しかし、経営者の旬が100歳まで続くのではありません。旬は、頭も身体も良く働く時期を指します。「健康寿命」という言葉があります。厚生労働省が、三年に一度の国民生活基礎調査で、「健康上の問題で日常生活に影響がない」と答えた人の割合や年齢別の人口などから算出した年齢を指します。2016（平成28）年、男性72・14歳、女性74・79歳が健康寿命でした。私の知人の経営者だった方は、M&A終了後は奥様と海外旅行三昧をしています。これも人生の生き方の一つでしょう。ハッピー・リタイアでうらやましい限りです。

私は、根っからの貧乏性でじっとして居られぬ性質で、2020（令和2年）4月に、宮城大学大学院事業構想学研究科博士課程前期に入学し、経営学を勉強しています。流行りの言葉では、「リカレント教育」と言われています。修士論文は「中小企業の組織持続性における事業承継」をテーマにする予定です。40年前の学部生の頃は、勉強よりもアルバイト中心でした。現在改めて真剣に「経営学」を学び、「組織持続性」の重要性を再認識しています。

２０２０（令和2年）1月、私と菱沼敏は、「一般社団法人事業承継サポートみやぎ」を設立しました。菱沼は、大手信用調査会社・東京商工リサーチの幹部職を経験し、在籍期間中2万人の経営者や経営スタッフに面談した経験者です。この間、起業はもちろん、多数の倒産や廃業も目の当たりにして来ました。意図せぬ倒産や廃業を回避するための事業承継の重要性を、仕事柄身に着けています。

そして、もう一人の共著者の千葉和彦は、塩竈市で千葉経営企画株式会社／千葉税理士事務所を経営する税理士です。一般社団法人事業承継サポートみやぎの顧問税理士でもあります。毎月開催する経営者向け勉強会「オーナーズセミナー」は２５７回を数え、伝説の勉強会となっています。隔月刊の『仙台経済界』にも、経営者向けのエッセイを寄稿しており、読まれている方もいらっしゃるのではないでしょうか。Ｍ＆Ａ仲介会社のシニアアドバイザーも務めており、私がＭ＆Ａを実行して事業承継をした際には、唯一の後見役になってもらいました。税務会計業務はもとより、中期経営計画などの経営指導（将軍の日）、若手経営者の指導（後継者塾）など、経営指導に力を入れています。是非、左記ホームページをご覧ください。

http://www.chiba-kaikei.co.jp

齋藤、千葉、菱沼の三人に共通するテーマが「事業承継の大切さ」でした。意気投合した結果、今回の刊行となりました。

この本は、税理士や弁護士の士業の方々にすれば、「たわいのないことばかり書いている本」と映るかも知れません。しかし、普段は会社経営で忙しい経営者の方々が、気軽に時間を掛けずに、事業承継のエッセンスだけ読むことができる本にしました。この本により「事業承継は大切なこと」を認識していただければ幸いです。

文化庁「国語に関する世論調査」では、日本の成人が読む読書の量は「年平均一冊以下」との結果がでています。この本を読んだ方は、今それをクリアし、且つ事業承継への意識が芽生えた方々と言うことができます。

もし、事業承継で悩んでいるのであれば、当社にご連絡ください。皆さんに最適の事業承継の在り方を、一緒になって考えて行きたいと思います。
事業承継についての問い合わせは、以下に連絡していただければ幸いです。

一般社団法人事業承継サポートみやぎ
☎０７０－２６８０－９２１５
Eメール：jsaito3425880@gmail.com
できたての会社でホームページは、まだありません
ご了解ください

最後に、本書刊行に際して、アドバイスと応援をいただきました宮城大学事業構想学群事業プランニング学類教授・（兼）大学院事業構想学研究科教授の櫻木晃裕先生に御礼を申し上げます。

２０２１（令和３）年６月

齋藤淳一

## 【著者紹介】

齋藤淳一

１９５７（昭和32）年山形県川西町出身

１９８０（昭和55）年弘前大学人文学部経済学科卒

アルミ建材メーカー勤務を経て、

２００１（平成13）年建設資材会社を設立　代表取締役

２０１９（令和１）年役員退任

２０２０（令和２）年（一社）事業承継サポートみやぎ設立　代表理事

宮城大学大学院事業構想学研究科　博士課程前期　在学

千葉和彦

１９５３（昭和28）年生　出身地　宮城県

１９８４（昭和59）年千葉会計事務所設立

１９８８（昭和63）年千葉経営企画㈱設立　代表取締役（スタッフ数23名うち税理士４名）

日本中小企業経営支援専門家協会理事・あんしん経営をサポートする会・ＴＫＣ会員

Ｍ＆Ａシニアエキスパート認定

毎月オーナーズセミナーを実施　257回実施済　中期経営計画教室95回実施済
2001（平成13）年より仙台経済界にエッセイ掲載…継続中
趣味は15年前に父親の遺品で始めた尺八

菱沼敏
1953（昭和28）年山形市出身
東北学院大学経済学部経済学科卒（経済学士）
ファイナンス会社を経て㈱東京商工リサーチ勤務
東北支社長・北海道支社長・本社経営企画室統括部長を歴任
延べ2万人の会社経営者・経営スタッフと面談・話しを聞く
2020（令和2）年（一社）事業承継サポートみやぎ設立　理事
他2社の企業にも在籍

**待ったなし！あなたの事業承継**
**令和４年までに社長がすべきこと**

2021（令和３）年６月28日　初版
企　画　　一般社団法人事業承継サポートみやぎ
著　者　　齋藤淳一
　　　　　千葉和彦
　　　　　菱沼　敏
編　集　　菱沼　敏
発行者　　藤原　直
発行所　　株式会社金港堂出版部
　　　　　仙台市青葉区一番町二丁目３－26
　　　　　電話：(022) 397－7682
印刷・製本　株式会社東北プリント
ISBN 978－4－87398－139－0